W0173544

Cremes und sanfte Seifen

Jean Pütz · Christine Niklas

Unter Mitarbeit von Heinz Gollhardt

Cremes und sanfte Seifen

Kosmetik zum Selbermachen
Natürlich und gesund

CIP-Kurztitelaufnahme der Deutschen Bibliothek

Das **Hobbythek-Buch** – Köln: vgs
Cremes und sanfte Seifen: Kosmetik zum Selbermachen;
natürl. und gesund/Jean Pütz; Christine Niklas.
Unter Mitarb. von Heinz Gollhardt, – 1986

ISBN 3-8025-6149-X

NE: Pütz, Jean (Mitverf.)

Bildquellen:

The Body Shop Book, Shuckburgh Reynolds Ltd., London
Drugofa, Köln: S. 12, Abb. 3; S. 80, Abb. 57
Greenpeace, Hamburg: S. 30, Abb. 23
Gerhard Prasser, Köln, S. 45, Abb. 34; S. 74, Abb. 52; S. 87, Abb. 61; S. 93, Abb. 65
Klafs-Saunabau, Schwäbisch Hall: S. 90, Abb. 63
Luhns-Werke, Wuppertal: S. 108, Abb. 16
Hans Schwarzkopf GmbH, Hamburg: S. 139, Abb. 40; S. 140, Abb. 41
Alle übrigen Fotos: Holz & Wunsch, Köln
Zeichnungen: Atelier Kremin, Köln

1. Auflage 1986
2. korrigierte Auflage 1986
© vgs verlagsgesellschaft, Köln
Umschlagentwurf: Papen + Hansen, Köln
Gesamtherstellung: Universitätsdruckerei H. Stürtz AG, Würzburg
Printed in Germany
ISBN 3-8025-6149-X

Inhalt

Liebe Leser!

das hatten wir bei den Hobbythek-Fernsehsendungen über Cremes und Seifen nicht erwartet. Noch nie war das Interesse so groß, noch nie hatten wir so hohe Rekord-Einschaltzahlen, noch nie haben so viele Menschen unsere Tips als Anregung angenommen, noch nie haben wir so viele begeisterte Zuschriften erhalten.

Im WDR-Bereich liegen die Einschaltquoten in der Regel um 15 bis 20 %, und damit können wir erstmals im 3. Programm auch mit Unterhaltungssendungen oder Spitzenfilmen konkurrieren. Ob die Menschen diesen Slalom der reinen Unterhaltung langsam satt haben?

Uns würde es freuen, denn es war von Anfang an unser erklärtes Ziel, Ihnen die geistige Mattscheibe im wahrsten Sinne des Wortes zu ersparen und Sie stattdessen zur eigenen Aktivität anzuregen. Dies aber nie mit erhobenem Zeigefinger, sondern nur als vorsichtigen und bescheidenen Anstoß für Sie; als Vorschlag mit so viel Hintergrund, daß Sie sich nach ersten eigenen Versuchen bald von uns abnabeln können. Deshalb geben wir nie nur die Rezepte, sondern sagen stets so einfach wie möglich, was dahintersteckt.

Auch in diesem Buch haben wir es so gemacht – und das mußten wir auch, denn es gibt wohl kein Gebiet, auf dem so viel behauptet und gelogen, so viel Vernebelung mit blumigen, inhaltslosen Begriffen betrieben wird, wie auf dem der Kosmetik. Manchmal lassen sich sogar bestimmte Zeitungen und Zeitschriften der Regenbogenpresse vor den Karren spannen. Vor kurzem glaubte ich meinen Augen nicht zu trauen: In einer Zeitung, die sich speziell an Frauen richtet, las ich als große Schlagzeile, daß Frauen jetzt Dank einer besonderen Kur mit „Mineralcremes" und entsprechenden Kapseln zum Einnehmen in Zukunft um 10 Jahre und mehr jünger aussehen würden; und es würde „nur" 99,50 DM pro Kur von 6 Wochen kosten (für 10 Kapseln, die Mineralcreme offensichtlich nicht eingerechnet). Erfunden hätte dies ein Apotheker. Die Fotos vorher und nachher wurden natürlich mitgeliefert. Seien Sie versichert: Diesen Gesundbrunnen, den gibt's nicht. Lassen Sie sich kein X für ein U vormachen.

Es ist erstaunlich, daß die Konkurrenzfirmen der Branche nicht dagegen Sturm laufen und in Ermanglung anderer Gesetze zumindest das Gesetz gegen den unlauteren Wettbewerb bemühen. Meine Erklärung dafür: Da die meisten fröhlich mitmachen, wirft keiner den ersten Stein – vor allem, weil sie allesamt hervorragende Geschäfte mit der Unwissenheit und Glaubensbereitschaft der Menschen machen.

In diesen undurchsichtigen Nebel ein wenig Aufhellung hineinzubringen, das war das Hauptziel der Sendungen und vor allem auch dieses Buches; denn ein Fernsehbeitrag kann niemals so ausführlich sein, wie das geschriebene Wort. Deshalb haben wir auch die Hobbytip-Heftchen von Anbeginn der Sendereihe angeboten. Aber selbst diese sind aus Kosten- und Gestaltungsgründen im Umfang begrenzt, weshalb wir dort wirklich nur das Wichtigste hineinschreiben können; quasi als Vorgriff auf das ausführlichere Buch.

Wir geben Ihnen hier einen umfassenden Überblick über das Gebiet der Cremes und der Seifen. Noch nie haben wir uns – Christine Niklas und ich – so tief in eine Materie hineinarbeiten müssen, eben weil so viele Geheimnisse um die Rezepturen in dieser Branche gemacht werden.

Großer Dank gilt Professor Dr. Tronnier von der Universität Dortmund, der als einer der renommiertesten Hautärzte Deutschlands uns medizinisch beraten hat. Aber auch einigen Fachleuten der Industrie gebührt Dank. Sie gaben uns – obwohl sie wußten, daß wir die Sache relativ kritisch angehen würden – manch wertvollen Hinweis.

Dank gebührt auch den Versandfirmen, die, wie Sie im Bezugsnachweis prüfen können, für die gesamte notwendige Produktpalette äußerst günstige Preise anbieten. Sicher hat das Prinzip der Konkurrenz da ein wenig nachgeholfen.

Dank schließlich an den Verlag, vor allem an den Verleger Dr. Heinz Gollhardt. Mit viel Aufwand, auch in bezug auf die Bilder, wurde so das bisher schönste Hobbythekbuch gestaltet.

Der Ehrlichkeit halber muß ich es einmal sagen: das Buch war nicht *nur* Plage. Indirekt hat es mir zu 6 Wochen am Meer verholfen. Nachdem wir das Cremethema bereits vor den Sommermonaten abgeschlossen hatten, habe ich mich mit einem Auto voller Bücher und Seifengrundstoffen nach Ibiza zurückgezogen. Dort entstand alles das, was Sie im Seifenkapitel nachlesen können, inklusive der Rezepte. Wie auf einem Gemälde von Karl Spitzweg saß ich täglich 3 bis 4 Stunden als Einsiedler unter einem Sonnenschirm mit der kleinen zugelaufenen Katze „Pussy Cat" und studierte, probierte und schrieb.

Sicherlich ist etwas mehr Theorie dabei herausgekommen, als ich selbst beabsichtigte; aber sie ist nötig. Bei Seifen, Shampoos, Bade- und Duschgelen haben Sie als Verbraucher noch weniger Möglichkeit einer Kontrolle, als bei Cremes. Hinweise auf die verwendeten Rohstoffe, die letztlich bestimmen, ob die Seife sanft oder aggressiv ist, sucht man auf den meist blumig gestalteten

Etiketten oft vergeblich. Bestenfalls steht da, daß die Seife seifenfrei, alkalifrei ist oder der ph-Wert bei 5,5 bzw. 7 läge. Wer kann das schon entschlüsseln? Sie können es nach der Lektüre dieses Buches. Sollte Ihnen aber die Theorie doch zuviel werden, dann lesen Sie oberflächlich drüber hinweg und glauben uns einfach die Ergebnisse, die sich ja in unseren Rezepten niederschlagen.

Bei unseren selbstgemachten Cremes und Seifen können Sie auf die Etiketten pfeifen. Wer es einmal kann, der braucht für einen Cremetopf bestenfalls 10 bis 15 Minuten Arbeit zu investieren; bei Seifen und Shampoos sogar nur höchstens 5 Minuten. Und Sie wissen

stets bis ins Einzelne, was drin ist bzw. können die Zutaten individuell selbst bestimmen – von der Spitzencreme bis zur Spitzenseife.

Im Gegensatz zu früher ist die Qualität dieser Eigenprodukte völlig vergleichbar mit dem, was Sie für 10mal mehr Geld im Kosmetikladen oder der Apotheke kaufen können. Viele schreiben uns, sie hätten damit ihre Allergieprobleme gelöst, denn jeder einzelne Inhaltsstoff kann auf die persönliche Verträglichkeit vorgetestet werden.

Vergessen Sie alle negativen Erfahrungen mit selbstgerührten Cremes aus einschlägigen Naturkosmetikbüchern und lassen Sie sich auch nicht durch Besserwisser entmutigen! Wir haben über 800 unterschiedliche Proben gemixt, bis wir uns auf die Rezepte verlassen konnten. Auch die von uns gefundenen Methoden erleichtern Ihnen das Selbstrühren sehr. Sie brauchen zum Beispiel kaum kleine Mengen abzuwiegen.

So, nun wünsche ich Ihnen viel Spaß und Erfolg mit „Ihren" Erfahrungen.

Ihr

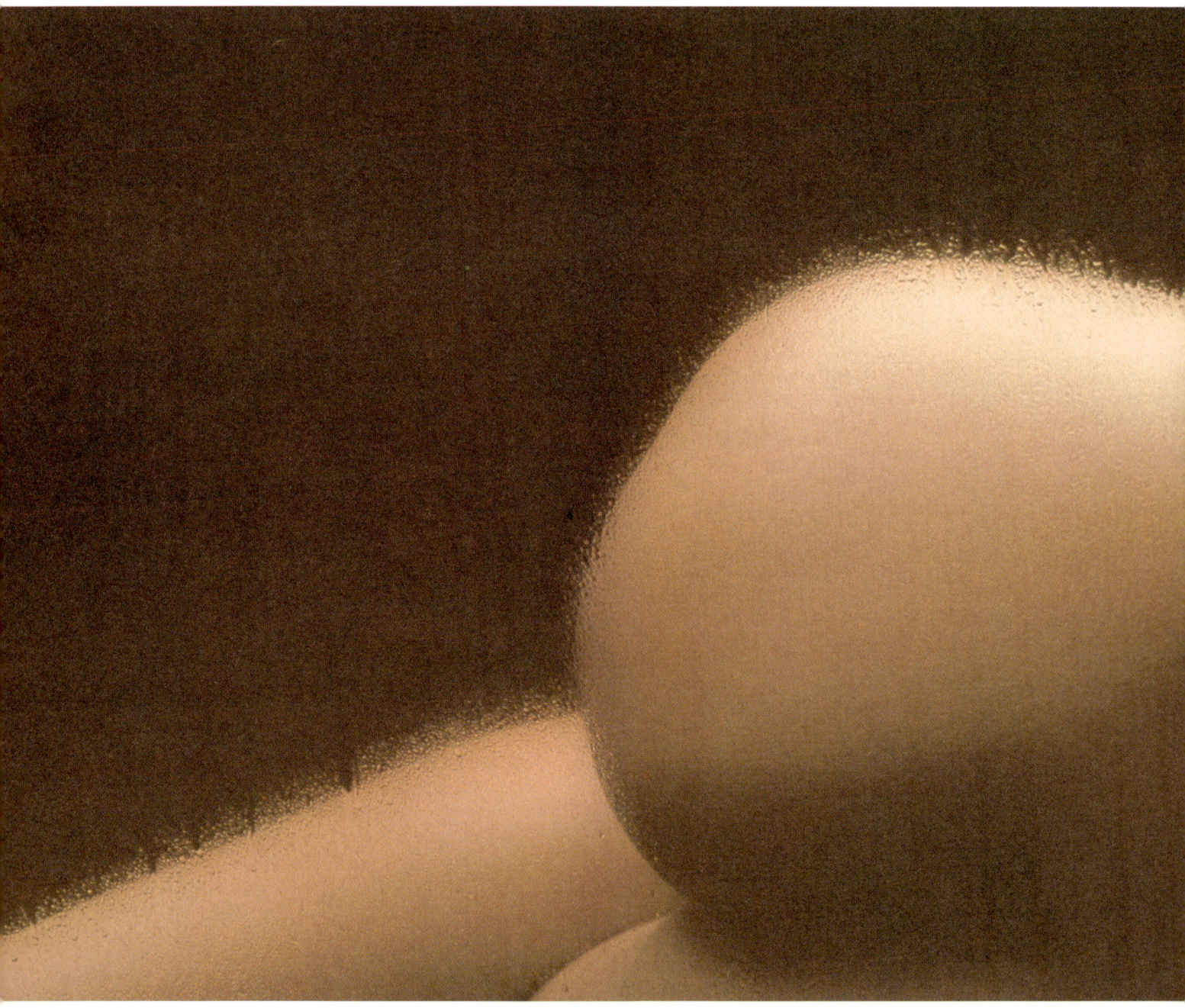

Die Haut – unser größtes Organ

Eine zarte Haut, eine reine glatte Haut, eine straffe elastische Haut, eine Haut wie Samt und Seide – all das sind Schönheitsmerkmale, die fast jedem erstrebenswert scheinen. Die Haut ist sozusagen der schöne – manchmal auch weniger schöne – „Lack" unseres Körpers. Sie sagt eine Menge über ihren Träger aus; sie gibt Hinweise auf das Alter des Menschen, seine häufigste Mimik – die sich zum Beispiel in Lach- oder Sorgenfalten äußert –, die Art sich zu pflegen usw.

Aber nicht nur das: Die Haut steht in sehr enger Beziehung zum Gesamtkreislauf des Körpers; und deshalb ist es kein Wunder, daß Vorgänge im Körper sich auch auf der Haut bemerkbar machen können.

Innere Krankheiten – vor allem Stoffwechselstörungen und Folgen falscher Ernährung – beeinträchtigen die Haut. Alkoholmißbrauch, starker Nikotingenuß, das alles schlägt sich auf der Haut nieder. Geübte Hautärzte können aus den Hautreaktionen und dem Aussehen der Haut auf innere Störungen schließen.

Zu Anfang unseres Jahrhunderts galt weiße Haut als Statussymbol. Die sogenannte vornehme Blässe war den Damen manche Umständlichkeit wert. Sie gingen nicht ohne Sonnenschirm spazieren, weil allein schon einige Sommersprossen als unfein verpönt waren. Man wollte sich abheben von allen, die hauptsächlich draußen körperliche Arbeit verrichteten – wie z.B. die Bauern –, und die deshalb eine braunere Hautfarbe haben.

In den vergangenen Jahrzehnten hat sich die Hautfarbe als Statussymbol ins Gegenteil verkehrt. Braun ist schön, denn braun sind die Leute, die sich Urlaub leisten können bzw. eine Karte für die Sonnenbank.

Allerdings gibt es heute auch längst schon wieder gegenläufige Trends, die weiße Haut bevorzugen. Denn mittlerweile hat es sich herumgesprochen, daß braune Haut nicht nur für Jugend-

Abb. 2: Die vornehme Blässe bewahrte ein zierlicher Sonnenschirm, wie hier auf dem Bild „Frauen im Garten" von Claude Monet aus dem Jahr 1867.

Abb. 3: Sonnenbräune steht für jung und erfolgreich sein.

lichkeit, Frische, Dynamik, Sportlichkeit, Aktivität und Gesundheit steht, sondern leider auch für schnellere Faltenbildung und in extremen Fällen sogar Hautkrankheiten sorgt, bis hin zum Krebs. (Mehr zum Thema Sonne und Sonnencremes ab *Seite 76*.)
Aber auch wenn wir einmal den Gesichtspunkt der Schönheit außer acht lassen, stellen wir fest, daß die Haut ein äußerst wichtiges und im wahrsten Sinne des Wortes vielschichtiges Organ des Menschen ist.

Was ist eigentlich Haut?

Zunächst läßt sich die Haut in drei Bereiche aufteilen: *Oberhaut* (Epidermis), *Lederhaut* (Cutis) und die *Unterhaut* (Subcutis).
Die Unterhaut wird aus lockerem Bindegewebe gebildet, in dem sich Fettpolster befinden, die Druck und Stoß von außen abfangen und verringern, die aber auch gleichzeitig als Wärmeisolation dienen. Außerdem stellt dieses Fett auch eine Nährstoffreserve dar. Die Unterhaut wird deshalb oft als Unterhautfettgewebe bezeichnet.
Die darüberliegende *Lederhaut* besteht ebenfalls aus Bindegewebe, das aber wesentlich straffer ist. Diese Festigkeit und Elastizität der Lederhaut ist auf das Vorhandensein der Kollagenfaserbündel und der elastischen Netze des Elastins zurückzuführen (mehr dazu ab *Seite 16*).

Übrigens stammt die Bezeichnung Lederhaut daher, daß aus dieser Hautschicht von Tierhäuten das Leder gegerbt wird. Sie ist also besonders dehnbar und widerstandsfähig. Diese Lederhaut wird durchzogen von sehr vielen Kapillaren, von besonders feinen Blutgefäßen also. Diese starke Durchblutung dient zum einen der Hauternährung, zum anderen aber auch der Temperaturregulierung.
Ebenfalls nötig für den Wärmehaushalt sind die *Schweißdrüsen*, die auch

in der Lederhaut eingebettet sind. Nach außen hin enden sie als feine Poren. Im Bereich der Lederhaut sitzen auch die *Haarwurzeln*, in deren unmittelbarer Nähe sich die *Talgdrüsen* befinden, deren Aufgabe es ist, das Haar und gleichzeitig auch die Haut zu fetten und damit geschmeidig zu halten. Am Ende jeder Haarwurzel sorgt ein feiner Muskel dafür, daß die Talgdrüsen regelmäßig ihr Sekret abgeben. Bei Kälte ziehen sich diese Muskeln so stark zusammen, daß die Körper-

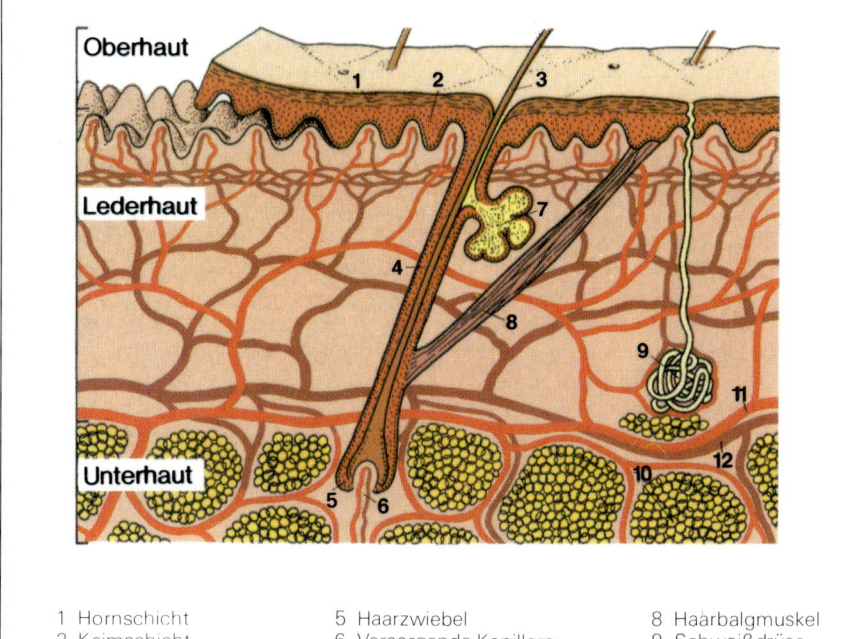

1 Hornschicht	5 Haarzwiebel	8 Haarbalgmuskel
2 Keimschicht	6 Versorgende Kapillare	9 Schweißdrüse
3 Haar	(Blutgefäße)	10 Unterhautfettgewebe
4 Haarbalg	7 Talgdrüse	11, 12 Blutgefäße

Abb. 4: Die menschliche Haut ist ein kompliziertes, aber überaus sinnreich funktionierendes Organ.

haare sich aufrichten. Die typische Gänsehaut entsteht. Das ist noch ein Überbleibsel aus früheren Entwicklungsphasen, in denen der Mensch dichter behaart war. Ein aufgerichtetes Fell wärmt einfach besser als ein glatt anliegendes. Gleichzeitig wird durch die Talgdrüsen vermehrt Fett abgesondert. Die Steuerung dieser Vorgänge erfolgt zentral über die Hirnanhangdrüse, die Hypophyse.

Über dieser weichen Lederhaut liegt schützend die *Oberhaut*. Sie wird nochmals gegliedert in eine Keimschicht und eine Hornschicht. In der Keimschicht entstehen unter anderem auch die Hautpigmente (Farbstoffkörner), die die Haut braun färben und als natürlicher Sonnenschutzfaktor dienen. Die Bezeichnung Keimschicht deutet schon darauf hin, daß hier immer neue Zellen gebildet werden. Eine Zeitlang bleiben sie in der Keimschicht, in der immer mehr Hornsubstanz (Keratin vgl. *Seite 16*) in diese Zellen eingebracht wird. Sie gelangen langsam nach außen und bilden dadurch erst die eigentliche Hornschicht bzw. Hornhaut, wenn sie bei beanspruchten Stellen besonders dick wird. Auf der Kopfhaut können die Hornplättchen, wenn sie sich lösen, als Schuppen zutage treten.

Die Hauptaufgabe dieser normalerweise etwa 0,1 mm dicken Hornschicht ist, die darunter liegenden Blutgefäße, Nerven, Tastkörperchen, Drüsen usw. vor oberflächlichen Verletzungen, Temperaturschwankungen, Druck, Stoß usw. zu schützen. Von diesen abgestorbenen Zellen der Hornschicht lösen sich ständig winzige Schuppen ab, die durch die nachrückenden Zellen aus der Keim-schicht ersetzt werden. Die Haut erneuert sich ständig in einem Rhythmus von rund 28 Tagen.

Wozu die Haut sonst noch wichtig ist

Was die Haut normalerweise von außen aufnimmt, ist Sauerstoff. Schließlich ist sie auch ein Atmungsorgan; allerdings übernimmt sie nur 2 % der Atmung des menschlichen Körpers. Ausgeschieden werden hingegen verschiedene Stoffe: zum einen Talg und zum anderen der Schweiß und mit ihm auch Schlackenstoffe. Pro Tag gibt der Körper durch die Schweißdrüsen rund 1 Liter Wasser ab. Davon sind aber nur etwa zwei Drittel Schweiß; das restliche Drittel ist reine Verdunstung, die nicht unmittelbar auf der Haut sichtbar wird. Wenn die Umgebung besonders heiß ist, schwitzt der Körper entsprechend mehr, denn der Schweiß verdunstet auf der Haut und wirkt kühlend. Außerdem rötet sich die Haut bei Hitze. Das deutet darauf hin, daß sich die Gefäße weiten und der Körper durch stärkere Durchblutung mehr Wärme verbraucht und abgibt. Auf diese Weise schützt er sich vor Überhitzung.

Bei Kälte ziehen sich die Gefäße zusammen. Die Haut wird blasser, die Talgdrüsen geben vermehrt Talg ab und es entsteht außerdem die schon erwähnte Gänsehaut. Die Haut ist also auch das entscheidende Organ, das den Wärmehaushalt des Körpers im Kontakt mit der Umwelt regelt.

Eine zusätzliche wichtige Funktion ist der Schutz gegen von außen eindringende Bakterien und Keime. Schließlich sorgt die Haut dafür, daß nicht zuviel Wasser aus dem Körper verdunstet. Dies wird unterstützt durch eine besondere Filmschicht.

Der Hydrolipidmantel

In diesem Begriff steckt das Wort *Hydro*, das auf den Wassergehalt hindeutet, während die Bezeichnung *Lipide* den Oberbegriff für Fette und Lipoide meint. *Lipoide* sind fettähnliche Substanzen, die im lebenden Organismus vorkommen, und zwar sowohl im menschlichen wie auch im pflanzlichen. Zu den Lipoiden zählt man u. a. auch Wachse und fettlösliche Vitamine.

Die Lipide – oder nennen wir sie einfach einmal Fette – auf der Hautoberfläche sind größtenteils Produkte der Talgdrüsen. Ein geringer Anteil kommt allerdings auch aus der Oberhaut: das sogenannte Hornfett. Eine entscheidende Tatsache ist nun, daß diese Fette sich nicht einfach so auf der Hautoberfläche befinden, sondern eine Emulsion bilden (mehr dazu ab *Seite 20*) mit dem wäßrigen Schweiß. Als Emulgatoren dienen dabei das vorhandene *Lecithin* und das *Cholesterin*. So entsteht der *Hydrolipidfilm*.

Wir sagten schon, daß die Talgabsonderung Haare und Haut geschmeidig halten soll. Würde der Talg aber einfach als Fettfilm auf der Haut bleiben, so hätte das Nachteile. Da normales Fett nicht wasserlöslich ist, könnte der Schweiß diesen Talgfilm nicht durchdringen. Das gleiche geschieht z. B., wenn man Kosmetikcreme zu dick aufträgt. Dieser Fehler wird häufig mit Nachtcreme gemacht. Manche glauben, viel hilft viel und decken die Haut damit völlig ab, so daß sie am nächsten Morgen gequollen ist, weil der Schweiß nicht auf die natürliche Weise verdunsten konnte.

Wird die Kosmetikcreme – die ja auch eine Emulsion ist – dünn aufgetragen, so ist sie durchlässig für Atmung und Verdunstung. Deshalb setzt man als pflegende Kosmetika Emulsionen ein und nicht einfach nur Fette oder Öle. Halten wir fest: Der natürliche Hydrolipidmantel ist eine Emulsion aus Fett und Wasser. Weil dieses natürliche Hautfett sich mit relativ viel Wasser verbinden kann, sorgt ein ausreichender Lipidfilm auch für eine entsprechende Feuchtigkeitsspeicherung.

Es gibt dazu Versuche mit der Haut von Schweinen, die in den entsprechenden Schichten mit der menschlichen Haut vergleichbar ist. Diese Versuche zeigen, daß die Behandlung mit reinem Fett die Haut bei weitem nicht so elastisch macht wie die Behandlung mit einer Emulsion aus Fett und Wasser. Eine Creme oder Milch ist nichts anderes als eine solche Emulsion. Wieviel Fett und Wasser der natürliche Hydrolipidmantel beim einzelnen Menschen enthält, kann grundverschieden sein (vgl. ab *Seite 17*). Solange die Hydrolipidschicht intakt ist, muß sie nicht erneuert werden. Sobald weniger Fett auf der Haut vorhanden ist als normal, stoßen die Talgdrüsen neues Sekret aus, das auch wieder zusätzliche Feuchtigkeit auf der Haut bindet. Wird der Hydrolipidmantel zerstört – zum Beispiel durch Waschen! – so braucht er 5 bis 8 Stunden bis zur vollständigen Erneuerung. Außerdem hat er auch antimikrobielle Eigenschaften, die aber nur sehr ge-

ring sind. Die Hemmung des Bakterienwachstums auf der Haut übernimmt in stärkerem Maße ein anderer Schutzfilm: der *Säuremantel*. Bevor wir uns damit beschäftigen, ein paar informative Grundlagen:

Der pH-Wert

Der sogenannte *pH-Wert* gibt mit einer Zahl an, ob die gemessene Lösung sauer, neutral oder basisch ist. Wenn eine Lösung sauer ist – sie hat dann auch einen mehr oder weniger sauren Geschmack – so weist das darauf hin, daß eine Säure enthalten ist. Säuren können aber unterschiedlich stark sauer sein. Je konzentrierter sie sind, um so geringere Mengen davon genügen, um die gleiche Sauerkeit herzustellen.

Die pH-Wert-Skala reicht von 0 bis 14. In der Mitte bei pH-7 liegt der Neutralpunkt. Das ist auch der pH-Wert von reinem, destillierten Wasser. Gibt man

Säure zu, so sinkt der pH-Wert. Der saure Bereich liegt also zwischen 6,9 und 0. Zitronen haben z.B. einen pH-Wert von etwa 2. Ein Sprung um eine einzige pH-Einheit – also beispielsweise von 5 auf 4 – bedeutet allerdings, daß die Lösung zehnmal so sauer ist wie zuvor.

Alles was höher ist als 7 – also 8 bis 14 – kennzeichnet den alkalischen Bereich. Die *Basen* sind sozusagen das Gegenteil der Säuren. Die wäßrigen Lösungen der Basen nennt man Laugen. Starke Basen sind genauso aggressiv wie konzentrierte Säuren.

Das einfachste Prinzip der pH-Wert-Messung kennen Sie vielleicht noch von der Schule. Dazu gibt es Indikatorenpapier oder auch -stäbchen, deren Farbe sich in der Lösung verändert.

Der Vorteil des sauren Bereiches ist, daß dort weniger Bakterien und Keime wachsen. Deshalb legt man Nahrungsmittel in Essig ein, um sie haltbarer zu machen. Auch die Haut behilft sich nach diesem Prinzip; sie schafft sich eine Art *Säuremantel*.

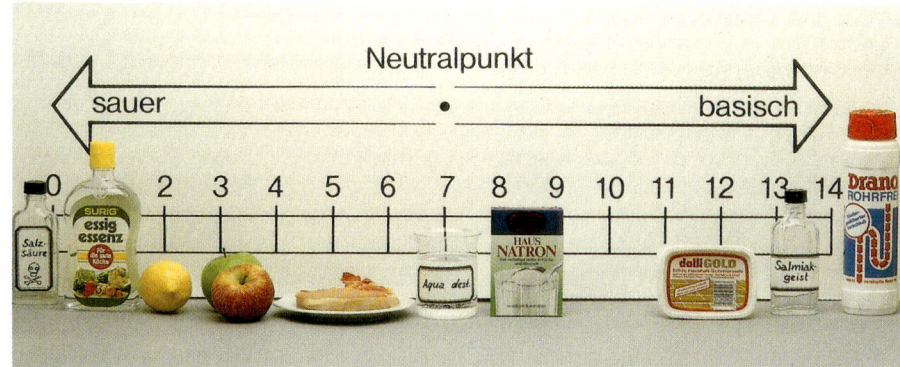

Abb. 5: Die pH-Wert-Skala mit dem neutralen Wert 7 in der Mitte und einigen Stoffen, die wir dem jeweiligen pH-Wert zugeordnet haben. Von 0 bis 7 reicht der Säurebereich, von 7 bis 14 der alkalische Bereich.

Der Säuremantel

Die menschliche Hautoberfläche hat einen sauren pH-Wert, der normalerweise etwa bei 5 liegt, aber auch bis 6 gehen kann. Sinn der Sache ist – wie gesagt – das Wachstum von Bakterien und anderen Mikroorganismen zu hemmen.

Der Säuremantel bildet sich u.a. aus Talg, Schweiß und verdunstendem Kohlendioxid (CO_2). Die saure Reaktion wird verursacht aus organischen Säuren wie Milchsäure, die mit Natrium, Kalium usw. Salze bildet.

Um ein Ansteigen des pH-Wertes in den alkalischen Bereich zu verhindern, befindet sich auf der Hautoberfläche ein regelrechtes Puffersystem. Selbst wenn alkalische oder saure Stoffe auf die Haut gelangen, werden diese vom Puffersystem aufgenommen, das die normalerweise auftretende pH-Wert-Änderung des Säuremantels verhindert. Wird die Haut jedoch mit Seife gewaschen, so bedeutet das eine Beschädigung des Säuremantels, d.h. sein pH-Wert verschiebt sich nach oben und nähert sich dem alkalischen Bereich. Allerdings findet auch hier eine relativ rasche Erneuerung statt. Trotzdem sollte eine solche Verschiebung vermieden werden. Kosmetika mit einem höheren pH-Wert als 8 läßt man nur für kurze Zeit in Kontakt mit der Haut kommen. Vor allen Dingen trockene Haut ist hier besonders anfällig.

Apropos: dies gilt auch für die heute wieder so hochgelobten klassischen Seifen, zu denen auch die Kernseife gehört.

Woraus sich die Haut zusammensetzt

Für den gesamten menschlichen Körper ist Eiweiß einer der wichtigsten Grundstoffe. Ohne ihn wäre ein Aufbau der Zellen nicht möglich. Eiweiß, das normalerweise als *Protein* bezeichnet wird, wird gebildet aus langen Aminosäurenketten. Grundsätzlich unterscheidet man 20 verschiedene Aminosäuren; sie werden oft auch als Bausteine des Lebens bezeichnet.

Jede Proteinart bildet sich aus einer anderen Kombination von Aminosäuren. Dadurch ist jedes Protein in der Lage, genau die biologische Funktion zu übernehmen, die ihm die Natur zugedacht hat.

Hauptbestandteile von Haut und Haar sind die sogenannten *Faserproteine*, die oft in parallelen Bündeln angeordnet vorliegen.

Im Zusammenhang mit Haut und Haar interessieren wir uns besonders für zwei große – übrigens die wichtigsten – Gruppen von Faserproteinen: die *Kollagene* und die *Keratine*, zu denen als dritte Gruppe noch die *Elastine* hinzukommen.

Die *Keratine* sind unlösliche, faserige Proteine, die oft eine stabile Schutzschicht bilden. Auf der Haut sind sie ein wichtiger Bestandteil der Hornschicht.

Ansonsten ist Keratin ebenso im menschlichen Haar wie in der tierischen Wolle, in den Fingernägeln, Klauen, Hufen, Hörnern usw. enthalten.

Ein anderes bedeutendes Faserprotein ist das *Kollagen* (man betont das Wort auf der letzten Silbe). Es ist im Bindegewebe des Menschen und der höheren Tiere das am meisten vorhandene Protein, und es kann bis zu einem Drittel des Körpergewichts ausmachen, evtl. auch mehr. Es gibt verschiedene Arten von Kollagenen, die auch unterschiedliche Aminosäuren enthalten. Kollagene sind lange Fadenmoleküle. Die Länge kann man daraus ersehen, daß sie ein Molekulargewicht bis zu 300 000 haben, d.h. über 50 000 Einzelatome sind an einem einzigen Molekül beteiligt. 90 bis 95 % des entfetteten Trockengewichts der Lederhaut besteht aus Kollagen. Stets liegen die Kollagenfasern als quergestreifte Fibrillen vor. Die spezielle Anordnung dieser Kollagenfibrillen unterscheidet sich jedoch je nach ihrer biologischen Aufgabe und der Art des Bindegewebes.

Abb. 6: So sehen Kollagenfasern unter dem Mikroskop aus.

In den Sehnen, wo es auf große Festigkeit ankommt, wird das durch parallele Anordnung von Kollagenfaser-Bündeln erreicht. Diese festen Strukturen sind aber nicht sehr dehnbar. Dehnbarkeit ist aber wiederum für die

Haut wichtig. Um sie zu gewährleisten, sind die Kollagenfibrillen dort wie ein flächiges Netz miteinander verbunden.

Kocht man Kollagen in Wasser, so entsteht Gelatine. Chemisch gesehen bildet sich dadurch ein Hydrolysat; d. h. die lange Kette des einzelnen Kollagenmoleküls wird bis zu 20mal – und teilweise noch mehr – unter Wasseraufnahme zerteilt; deshalb die Bezeichnung Hydrolysat.

Auch im gesamten menschlichen Körper und speziell in der Haut bindet das Kollagen sehr viel Wasser. Etwa 20 bis 40 % des gesamten körpereigenen Wassers befindet sich normalerweise in der Haut. Das ist einer der Gründe, weshalb die jugendliche Haut so prall, frisch und glatt ist. Mit zunehmendem Alter vernetzt sich das lösliche Kollagen in der Haut zu unlöslichem. Dieses besitzt ein geringeres Wasserbindungsvermögen; die Haut wird schlaffer. Faltenreiche Haut ist gleichzeitig auch immer *trockene* Haut.

Kollagen wird vor allen Dingen auch durch Lichteinwirkung zerstört, insbesondere durch die UV-Strahlung des Sonnenlichtes oder – und das muß auch gesagt werden – durch die Sonnenbank. Deshalb altert die Haut in jedem Fall schneller durch intensive Bestrahlung. Die Gesichtshaut und die Haut der Hände, die ja häufiger der Sonne ausgesetzt sind als die sonstigen Körperstellen, sieht deshalb bei Menschen ab 30 bereits älter aus als die andere Haut.

Dazu können Sie einen einfachen Test machen: Ziehen Sie zwischen zwei Fingerspitzen die Haut des Handrückens hoch und lassen wieder los. Je schneller die Haut in ihre ursprüngliche Lage zurückgeht, um so mehr Elastizität hat sie. Wiederholen Sie dies später mit frisch gebräunter Haut im Urlaub. Sie werden staunen. Übrigens: man wird Ihnen immer Komplimente wegen Ihres braunen Aussehens machen. Kaum einer Ihrer Freunde wird es später aber wagen, Ihnen zu sagen, daß Sie viele Falten haben.

Es gibt noch ein weiteres, für die Haut wichtiges Faserprotein, das man *Elastin* nennt. Im elastischen Bindegewebe bildet es eine flache, sehr dehnbare Netzstruktur. Diese Elastinfasern sorgen hauptsächlich für die Elastizität der Haut, während das Kollagen mehr eine Stützfunktion hat. Nur 1 bis 5 % des Trockengewichtes der Haut bestehen aus Elastin; es ist normalerweise stärker in Sehnen und Blutgefäßen enthalten. Mit zunehmendem Alter des Menschen lagern sich Fette an die Elastinfasern an und beeinträchtigen deren Funktion. Im Volksmund spricht man dann von *Verkalkung*.

Im Zusammenhang mit den zusätzlichen Wirkstoffen gehen wir ab *Seite 45* auf die entsprechenden Protein-Präparate ein. Um eines vorweg zu nehmen: Glauben Sie nicht den Kosmetikfirmen, die behaupten, daß sie durch Präparate gleichen Namens (Kollagen, Elastin usw.) die natürliche Struktur auffrischen können. So plausibel das dem Laien auch scheinen mag; es ist nicht möglich! Selbst wenn diese Produkte in die Haut eindringen könnten, würden sie sofort vom eigenen Organismus als Fremdkörper abgestoßen. Gott sei Dank schützt sich die Haut dagegen. Nur deshalb wird es möglich, diese Substanzen auch in Kosmetika zu verwenden; denn sie eignen sich hervorragend, um Feuchtigkeit zu speichern.

Die verschiedenen Hauttypen

Es ist sicher eine Binsenweisheit, daß jeder Mensch eine andere Haut hat. Trotzdem gibt es natürlich viele Ähnlichkeiten. Grob gesehen unterscheidet man deshalb drei Hauttypen. Davon haben Sie sicherlich schon viel gehört, und wahrscheinlich wissen Sie auch, zu welchem Typ Ihre Haut gehört.

Da ist einmal die sogenannte *normale Haut.* Sicherlich gehören zu diesem Hauttyp auch viele junge Leute, die keine fette Haut haben, denn mit zunehmendem Alter wird die Haut naturgemäß immer trockner. Die Ausscheidung des Fettes aus den Talgdrüsen wird nämlich auch durch Hormone beeinflußt. So ist es auch zu erklären, daß zwischen dem 16. und 20. Lebensjahr des Menschen die größte Talgabsonderung stattfindet. 10 Jahre später läßt sie schon sehr stark nach. Spätestens dann ist es an der Zeit, der Natur nachzuhelfen.

Der Wasseranteil der Haut sinkt im Durchschnitt von 13 Prozent beim Kind auf weniger als 7 Prozent beim alten Menschen. Das steht im Zusammenhang mit der immer geringer werdenden Hautfettproduktion. Zum Beispiel wird die Talgabsonderung bei Frauen über 50 Jahre – bedingt durch die hormonelle Veränderung – besonders stark reduziert.

Die fette Haut ist also hauptsächlich eine Erscheinung in der Jugend. Meist hat diese Haut auch große Poren. Sie braucht keine Creme, die ihr Fett zuführt, sondern vor allem sanfte Reinigung. Oft tritt gleichzeitig die Akne auf, weil durch die übermäßige Talgproduktion die Poren verstopfen und sich entzünden. Auch die Keratinbildung ist gesteigert und es kommt zu einer starken Hautverhornung, die übrigens zusätzlich an der Verstopfung der Poren beteiligt ist. Solange dabei nur Mitesser entstehen, ist es nicht so schlimm. Aber sobald sich Entzündungen mit roten Pusteln bilden, gehört so eine Haut natürlich in die Behandlung des Hautarztes (Dermatologe), denn leider hinterlassen solche entzündeten Stellen später Narben.

Eine fette Haut hat durchaus auch Vorteile: später haben diese Menschen weniger Falten im Gesicht.

Was heute aber ungewöhnlich häufig vorkommt, ist die *trockene* und die *empfindliche Haut* – auch schon bei relativ jungen Menschen. Die weitverbreiteten Allergien geben uns außerdem sehr zu denken. Ein wichtiges Problem ist dabei sicher unsere Umwelt, vor allen Dingen aber auch das falsche Waschen. (Über richtiges Waschen mit den richtigen Mitteln erfahren Sie alles ab *Seite 97*).

Trotzdem sollten Sie sich von der Werbung auch keine empfindliche Haut einreden lassen. Vielleicht ist Ihre Haut problemloser als Sie glauben. Es gibt gerade bei der Haut auch viele psychologische, gefühlsmäßige Faktoren. Das ist sicherlich einer der Gründe, weshalb die Kosmetikindustrie so gut verdient.

Das Problem der trockenen Haut ist, daß sie zu wenig Talg absondert. Der natürliche Hydrolipidfilm enthält also weniger Fett, aber gleichzeitig auch weniger Feuchtigkeit, denn das Fett bindet die Flüssigkeit an die Hautoberfläche. Außerdem ist der Hydrolipidmantel nicht stark genug, um die übermäßige Verdunstung von Flüssigkeit zurückzuhalten. Speziell für diesen Hauttyp ist pflegende Kosmetik unverzichtbar, und hier hilft sie auch besonders gut. Vergessen Sie nicht, daß die meisten Menschen ab 30 bis 40 Jahren in der Regel bereits eine zu trockene Haut haben.

Dann gibt es noch die *Mischhaut*, bei der Stirn, Nase und Kinn fett sind und die restlichen Partien trocken. Die trockenen Bereiche sollte man gründlich eincremen, während die fettigeren Stellen besondere Sorgfalt bei der Reinigung bedürfen. Trotzdem ist es nicht unbedingt nötig, unterschiedliche Reinigungs- und Pflegeprodukte für die verschiedenen Hautpartien zu verwenden.

Warum pflegende Kosmetik?

Vernünftige Hautpflege ist also sinnvoll und nötig. Nur sollte man nicht auf die vielen raffinierten Tricks der Kosmetikindustrie hereinfallen.

Auch die Herren der Schöpfung bedürfen durchaus ein wenig der hautpflegenden Nachhilfe. Männerhaut ist, hormonell bedingt, sogar eher trockener als weibliche; und schließlich wird auch den Männern von der Natur keine ewige Jugend geschenkt. Eine Creme kann natürlich immer nur vorbeugen. Sind sie erst einmal da, läßt sich bei Falten nicht mehr viel ma-

chen. Deshalb tragen Sie sie mit Fassung und freuen Sie sich über Ihre Lachfalten. Trotzdem wollen wir unserer Haut ein gepflegtes Aussehen geben und ihr die Spannkraft erhalten. Einmal ganz abgesehen von dem wohltuenden, erfrischenden Gefühl, das man beim Reinigen und Eincremen verspürt.

Wenn man einen neuen Cremetopf kauft, dann weiß man meistens nicht, wie sich der Inhalt auf der eigenen Haut anfühlt. Interessant ist übrigens, daß die Werbung häufig von individueller Pflege spricht. Wie soll das aber mit einem Präparat für viele anonyme Kunden möglich sein? Kaum ein anderes Organ des Menschen zeigt nämlich so starke individuelle Unterschiede wie die Haut. Was für den einen Menschen gut ist, kann für den anderen ausgesprochen schlecht sein. Ein großes, von der Wissenschaft kaum lösbares Problem stellen denn auch die vielfältigen Formen von Allergien dar, die dadurch entstehen, daß der eine Organismus auf einen Stoff, mit dem er in Berührung kommt, in heftiger Weise reagiert, ein anderer Organismus hingegen nicht.

Wenn Sie dagegen Ihre Pflegecreme selbst zusammenstellen, haben Sie eine echte Chance, etwas ganz zu Ihnen Passendes herauszubekommen. Festzuhalten wäre, daß die Haut außer einer milden Reinigung, Pflege mit einer Emulsion braucht. Außerdem gibt es noch viele zusätzliche Wirkstoffe, die Sie hinzunehmen können, wenn Sie möchten.

Abb. 7: Sich wohlfühlen durch Pflege.

Das A und O einer Creme: Die Emulsion

Fett und Wasser

Die Haut schützt sich selbst nach außen vor allem durch den *Hydrolipidmantel*, d.h. durch eine Mischung aus Talg und Wasser. Der Talg bildet dabei den Fett/Ölanteil, er kommt aus den Talgdrüsen, während das Wasser aus den Schweißdrüsen stammt.

An der Hautoberfläche begegnen sich die beiden Substanzen. Dabei zeigt sich wieder einmal, wie sinnvoll die Natur vorgeht. Normalerweise lassen sich Fett bzw. Öl und Wasser nicht ohne weiteres mischen. Wenn man Öl in Wasser oder Wasser in Öl gießt, dann trennen sich beide Substanzen recht bald, selbst dann, wenn kräftig und lange gerührt wird. Das gilt vielmehr noch für festes Fett und Wasser. Das Wasser bleibt tropfenweise im Fett oder das Fett schwimmt oben auf dem Wasser. Auch ein Aufschmelzen des Fettes bringt keine bessere Mischung zustande.

Beim Hautfett des Menschen, aber auch der Tiere kann man nun beobachten, daß diese Vermischung offenbar trotzdem möglich ist. Ein gutes Beispiel dafür sind die Wollfette. Wolle ist nichts anderes als geschorene Haare von Schafen, Ziegen, Kamelen, Lamas, Kaninchen usw. Diese Haare werden ebenso wie die Haut, aus der sie wachsen, durch Talgdrüsen gefettet. Beim Waschprozeß der Rohwolle fallen deshalb Fette in großen Mengen an. Sie werden zu allen möglichen Zwecken vor allem deshalb verwendet, weil sie im Gegensatz zu normalen Fetten die Eigenschaft haben, Wasser aufzunehmen; zum Teil bis zu 80 %!

Lange Zeit war deshalb das *Lanolin* (das Wollfett des Schafes) ein wichtiger Cremebestandteil. Heute ist es etwas in Verruf geraten, weil es sehr schwer zu reinigen ist. (Zum Lanolin sagen wir noch einiges auf *Seite 42*.)

In den Wollfetten, aber auch im menschlichen Hauttalg befindet sich offenbar eine Substanz, die sozusagen zwischen Wasser und Fett vermittelt. Durch sie entsteht eine *Emulsion*, wie man die Mischung von Öl oder Fett mit Wasser auch nennt. Während Öl und Wasser durchsichtig sind, ist die Emulsion fast immer milchig trüb bzw. cremig weiß. Der Grund dafür ist, daß bei der Emulsionsbildung mikroskopisch feine Tröpfchen aus Wasser und Öl entstehen; an ihnen bricht sich das Licht. Deshalb wird die Emulsion undurchsichtig, in der Regel weiß, wenn keine zusätzlichen Farbstoffe mitwirken.

Wie wir schon erwähnt haben, sollte eine gute Hautcreme wie das natürliche Hautfett stets Wasser und Öl/Fett enthalten. Eine Creme muß deshalb immer eine Emulsion sein. Daher wird Sie, geehrter Leser, sicher einiges zum Prinzipiellen dieses Begriffs interessieren. Sollte es Ihnen aber doch zu theoretisch erscheinen – was wir sehr gut verstehen –, dann überschlagen Sie einfach das nächste Kapitel. Die Fachleute hingegen mögen uns die notwendige Vereinfachung verzeihen.

Kommen wir zunächst zu dem einen Bestandteil der Creme, dem Fett.

Das Geheimnis der Fettsäuren

Fette und Öle haben eine sehr ähnliche chemische Strukturformel. Sie bestehen aus einer oder mehreren *Fettsäuren* und *Glyzerin*. Das Glyzerin bildet dabei quasi die Brücke zwischen den Fettsäuren (vgl. Abb. 8).

Eine Fettsäure sieht zum Beispiel aus wie auf *Abbildung 9*.

Dort ist die Palmitin(fett)säure dargestellt, die im Palm- oder Kokosfett eine wichtige Rolle spielt. Sie besitzt zunächst eine lange Kette von 16 Kohlenstoffatomen, denen jeweils Wasserstoffatome zugeordnet sind.

Bevor wir auf die wasserliebenden oder ölliebenden Bestandteile eingehen, hier einiges Grundsätzliches zur Chemie des Kohlenstoffs.

Das Kohlenstoffatom ist 4wertig, kann also 4 einwertige Wasserstoff- (vgl. *Abb. 10*) oder 2 zweiwertige Sauerstoffatome (vgl. *Abb. 11*) binden; oder – das ist das Geheimnis des Lebensstoffs „Kohlenstoff" – sich auch mit

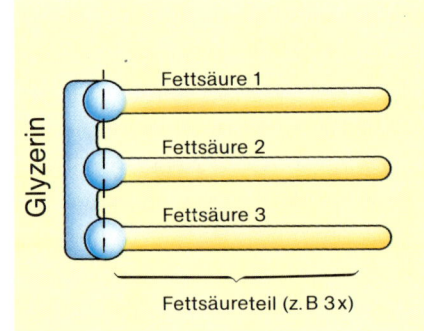

Abb. 8: Struktur von Ölen und Fetten.

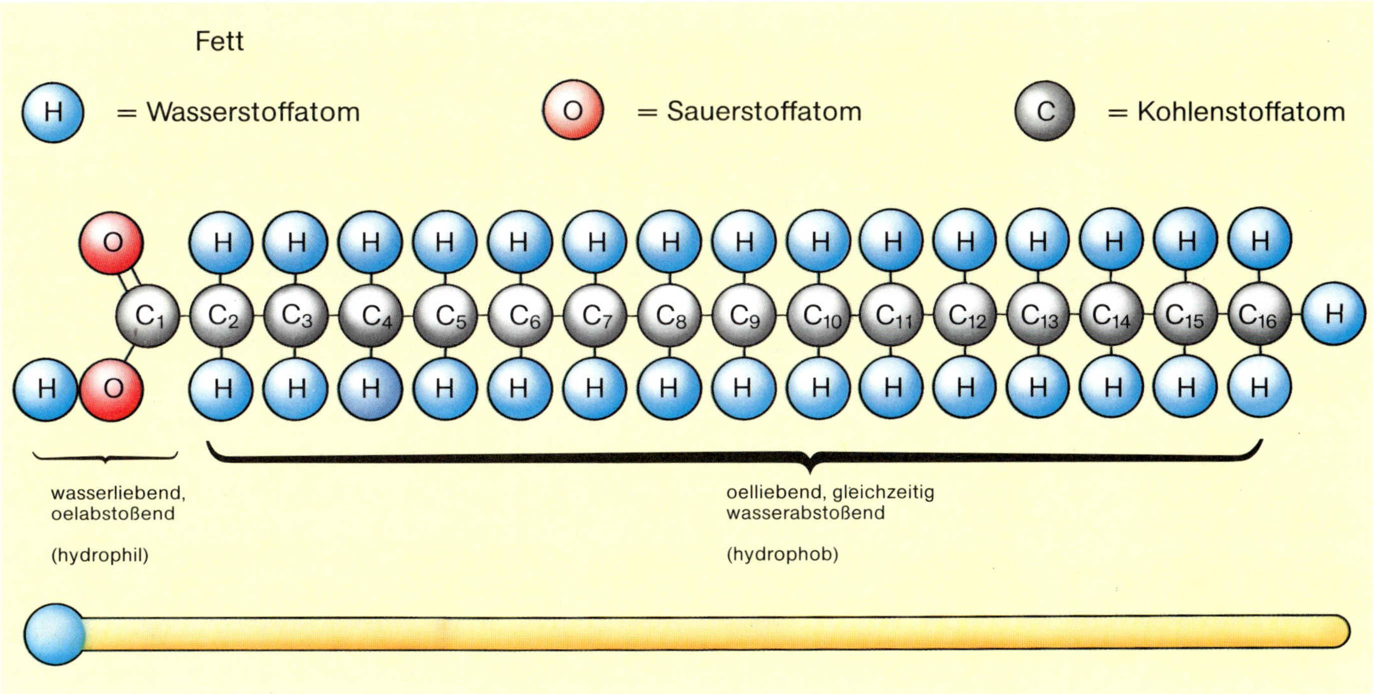

Fett

(H) = Wasserstoffatom   (O) = Sauerstoffatom   (C) = Kohlenstoffatom

wasserliebend,
oelabstoßend

(hydrophil)

oelliebend, gleichzeitig
wasserabstoßend

(hydrophob)

Abb. 9: Molekül der Palmitin(Fett)säure [darunter das vereinfachte Modell mit dem kleinen, wasserliebenden Kopf (hydrophil) und der langen wasserabstoßenden (hydrophoben), dafür aber ölliebenden Kette von Kohlenwasserstoffen]. Wir sprechen abgekürzt vom „Schwanz" der Fettsäuren.

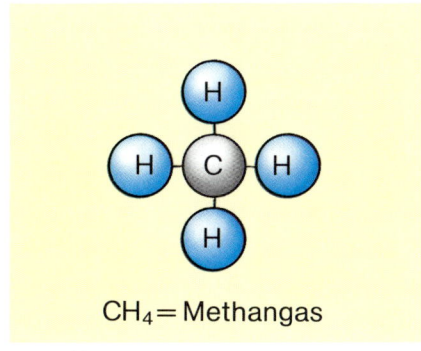

CH_4 = Methangas

Abb. 10

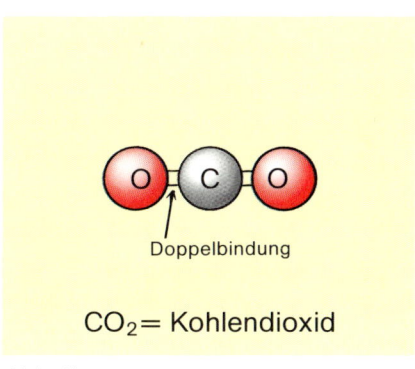

Doppelbindung

CO_2 = Kohlendioxid

Abb. 11

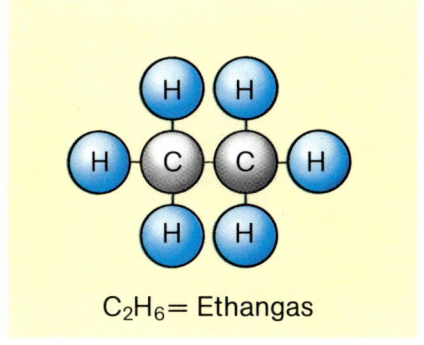

C_2H_6 = Ethangas

Abb. 12

sich selbst verbinden, weshalb sehr lange Kettenmoleküle entstehen.

Eine Bindung des 4wertigen Kohlenstoffatoms wird dann jeweils dazu verwendet, ein weiteres Kohlenstoffatom anzugliedern. Dabei sind fast unendlich viele Kombinationsmöglichkeiten denkbar. Sie ist unter anderem die Voraussetzung für die Artenvielfalt der Natur, aber auch der vielen chemischen Verbindungen. Ein Beispiel zeigt die *Abbildung 12*. Mit 2 Kohlenstoffatomen und 6 Wasserstoffatomen

entsteht das Gas *Ethan,* das im Erdgas enthalten ist (früher Äthan geschrieben). Nimmt Ethan zusätzlich ein Sauerstoffatom auf, dann entsteht daraus *Ethanol* (vgl. *Abb. 13*), was nichts anderes ist als Ethylalkohol, der allseits bekannte und beliebte Weingeist, der dem Schnaps und Wein den „Geist" verleiht. Aber damit sind wir nicht am Ende. Dieser Alkohol kann über weitere Zwischenstufen zum Beispiel mit Hilfe von Bakterien zu Essigsäure „elend" verkümmern (vgl. *Abb. 14*).

An diesem einfachen Beispiel können Sie erkennen, wie wandelbar solche Kohlenstoffverbindungen sind.

Die Kette von Ethan bis zum Essig hat 2 Kohlenstoffatome. Ähnliche Kombinationen gibt es mit anderen Kohlenstoffketten.

Mit 3 C-Atomen beginnt sie beim *Propangas* über *Propanol* bis hin zur *Propionsäure,* ein leider zu häufig verwendetes Konservierungsmittel zum Beispiel für Brot.

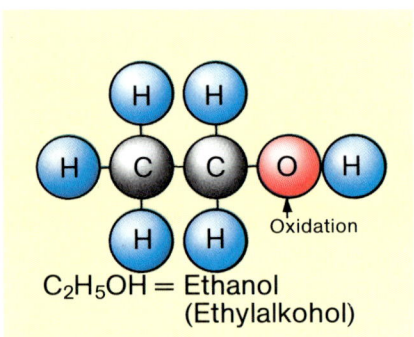

C_2H_5OH = Ethanol
(Ethylalkohol)

Abb. 13

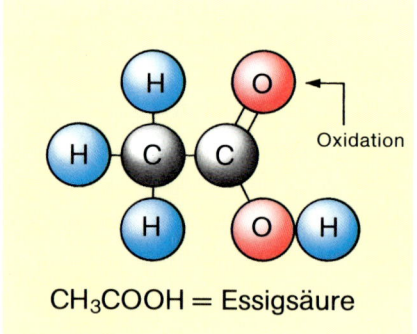

CH_3COOH = Essigsäure

Abb. 14

Tabelle 1:   Die Säuren der Kohlenwasserstoffe

Substanz	chemische Formel	Anzahl der Kohlenstoff-Atome (C) in der Kette	riecht nach:
Essigsäure		2	essigsauer
Propionsäure		3	Schweizer Käse
Buttersäure		4	faulen Eiern, ranziger Butter
Valeriansäure		5	Stallmist
Capronsäure		6	Ziegenbock

Beim *Butan* mit 4 C-Atomen endet die Kette mit der nach faulen Eiern stinkenden Buttersäure, die zum Beispiel auch im Fußschweiß enthalten ist.

Bei 5 C-Atomen schließt sie mit der *Valeriansäure* ab, die dem Stallmist die würzige Note verleiht.

Mit 6 C-Atomen entsteht die *Capronsäure* – mit der der Ziegenbock auf sich aufmerksam macht.

Die *Palmitinsäure* hat, wie erwähnt, 16 C-Atome. Das Molekül ist bereits sehr groß; es besteht aus 50 Einzelatomen. Das aus dieser Fettsäure gebildete Fett ist bei Normaltemperatur fest, denn es besteht ein loser Zusammenhang zwischen der Länge der Kohlenstoffkette und der Schmelztemperatur. Dies gilt aber nur für die sogenannten gesättigten Fettsäuren, wie es die Palmitinsäure ist.

Bei Fetten aus ungesättigten Fettsäuren gleicher C-Atomzahl vermindert sich die Schmelztemperatur so stark, daß sie bei Normaltemperatur flüssig, also ein Öl sind.

Was heißt das: „ungesättigte Fettsäuren"?

Nun, diese haben sozusagen einen Sprung in der Kette (vgl. *Abb. 15*). Bei der *Palmitoleinsäure* beispielsweise fehlen am C_9 und am C_{10}-Atom je ein H-Atom. Dafür entsteht zwischen beiden eine nicht so stabile Doppelbindung, die einerseits die Schmelztemperatur senkt (deshalb sind sie bei Normaltemperatur flüssig), anderseits aber auch dazu führt, daß diese Öle leicht mit dem Sauerstoff der Luft reagieren, d. h. schneller ranzig werden können.

Vielleicht noch ein Beispiel:
Eine häufig vorkommende Fettsäure

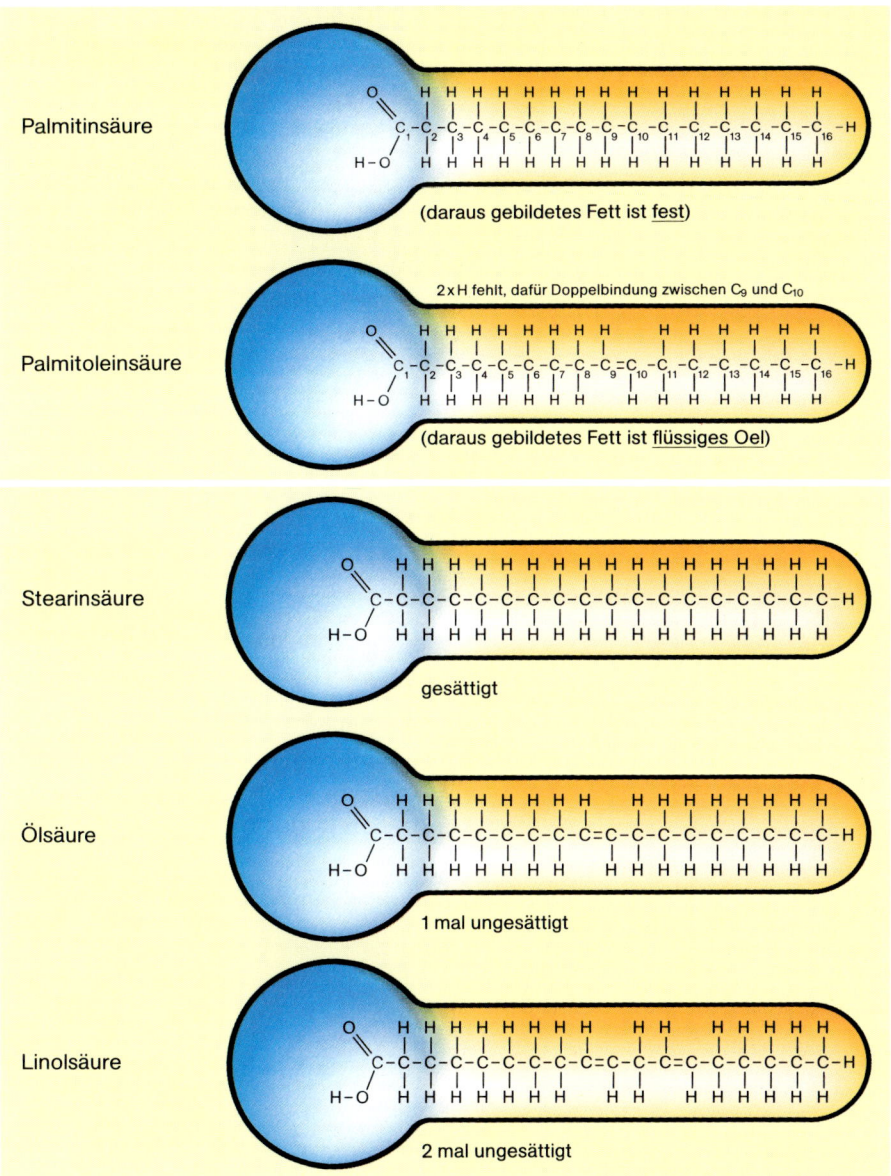

Abb. 15: Häufig vorkommende Fettsäuren (gesättigt und ungesättigt).

ist die *Stearinsäure* ($C_{17}H_{35}COOH$) = 17 + 1 = 18 Kohlenstoffatome (vgl. *Abb. 16*). Sie besitzt sogar eine Kette von 18 C-Atomen. Dieser lange Schwanz bedeutet, daß das Fett bei Normaltemperatur fest ist, weshalb daraus gern Kerzen hergestellt werden. Stearinsäure ist häufig in mineralischen Fetten enthalten, weniger in Naturölen.

Im Gegensatz zur Stearinsäure hat die *Ölsäure* ($C_{17}H_{33}COOH$) zwar ebenfalls 18 C-Atome in der Kette, sie ist aber trotzdem flüssig. Das liegt unter anderem an der Doppelbindung, ebenfalls wieder am 9. und 10. Kohlenstoffatom. Bei einer Doppelbindung spricht man von einer *einfach ungesättigten Fettsäure*. Bei zwei von einer *zweifach ungesättigten Fettsäure*.

Dazu gehört die nächste Fettsäure mit 18 Kohlenstoffatomen: die *Linolsäure* ($C_{17}H_{31}COOH$). Zusätzlich zur Doppelbindung zwischen dem 9. und 10. C-Atom, besteht eine weitere zwischen dem 12. und 13.

Und weiter geht's: Die *Linolensäure* ($C_{17}H_{31}COOH$) – ebenfalls auf C_{18} aufbauend – hat sogar 3 Doppelbindungen; ist also dreifach ungesättigt. Öl-, Linol- und Linolensäure kommen zu hohem Prozentsatz in vielen natürlichen Ölen vor, z.B. im Erdnuß-, Mandel-, Maiskeim-, Weizenkeim-, Sojabohnen-, Sonnenblumen-, Avocado-, Sesam-, Distel-, Olivenöl usw. Sie sehen, alles Öle von hohem Wert für unsere Nahrung. Hier die Begründung: Pflanzliche Öle enthalten grundsätzlich wesentlich mehr ungesättigte Fettsäuren als tierische und mineralische Fette. Fette oder Öle mit viel ungesättigten Fettsäuren sind leichter von uns zu verdauen.

Überhaupt ist unser Verdauungsapparat eine ungemein wirksame und vielseitige chemische Fabrik, die viele notwendige Fette und Fettsäuren selbst bilden (synthetisieren) kann, z.B. aus Stärke und Zucker. Wir brauchen deshalb nicht unbedingt Fette zu essen, bis auf eine Ausnahme: Fette, die die sogenannten *essentiellen* Fettsäuren beinhalten. Essentiell heißt hier, daß sie lebensnotwendig sind; sie müssen gelegentlich in der Nahrung enthalten sein, sonst kommt es zu Mangelerscheinungen wie Haarausfall, eben weil der Körper sie nicht selbst aufbauen kann.

Die oben genannten Öle sind aber nicht nur hochwertige Nahrungsmittel, sondern ebenso hervorragend als Fett-/Ölbasis für kosmetische Produkte geeignet. Was die empfindlichen Schleimhäute in unserem Verdauungssystem nicht angreift, kann, zumindest was die Fette anbelangt, auch der Außenhaut nicht schaden.

Tabelle 2: Gesättigte und ungesättigte Fettsäuren

Bezeichnung	Anzahl der C-Atome (gesamt/ ungesättigt)	Grad der Sättigung	Schmelzpunkt und Fett-Zustand bei 20 °C
Laurinsäure	12 / 0	gesättigt	44 °C festes Fett
Myristinsäure	14 / 0	gesättigt	53,9 °C festes Fett
Palmitinsäure	16 / 0	gesättigt	63,1 °C festes Fett
Palmitoleinsäure	16 / 1	1 fach ungesättigt	0,5 °C flüssig (Öl)
Stearinsäure	18 / 0	gesättigt	69,6 °C festes Fett
Ölsäure	18 / 1	1 fach ungesättigt	13,4 °C zähflüssig
Linolsäure	18 / 2	2 fach ungesättigt	−5 °C Öl + ess. Fetts.
Linolensäure	18 / 3	3 fach ungesättigt	−11 °C Öl + ess. Fetts.
Arachinsäure	20 / 0	gesättigt	76,5 °C festes Fett
Arachidonsäure	20 / 4	4 fach ungesättigt	−49,5 °C Öl + ess. Fetts.
Behensäure	22 / 0	gesättigt	81 °C festes Fett
Lingnocerinsäure	24 / 0	gesättigt	86 °C festes Fett

Abb. 16: Fettsäuren, die bei der Creme- und Seifenherstellung eine Rolle spielen. Sie riechen neutral bis leicht säuerlich (vgl. dazu *Tabelle 2*).

Dies gilt auch für die Auswahl der anderen Cremebestandteile.

Der Wahlspruch dieser Hobbythek: Was eßbar ist und einem wohltut, kann auch der Haut nicht schaden; im Gegenteil...

Warum Fett und Wasser so schwer zusammenzubringen sind

So kommen wir wieder auf die Abbildung 9 zurück. In ihr steckt auch die Deutung des Rätsels, warum Öl und Fette vom Wasser nicht viel halten. Der lange Schwanz, den wir unter der

chemischen Strukturformel der Palmitinsäure vereinfacht als Stab dargestellt haben, will vom Wasser deshalb nichts wissen, weil das Wassermolekül, das als H_2O aus 2 Wasserstoff- und einem Sauerstoffatom besteht, sich dort nirgends anlagern kann. Es wird regelrecht abgestoßen. Im Gegensatz zum linken Ende, das wir vereinfacht als Kugel gezeichnet haben. Das ist der Teil, der sich dafür verantwortlich zeichnet, daß es sich hier um eine Säure handelt. Das an das untere Sauerstoffatom angelagerte Wasserstoffatom ist der Säurebestandteil, der mit dem Wasser reagiert, d.h. in Lösung geht. Die Folge: es entsteht eine saure Lösung, der pH-Wert sinkt.

Mineralische Säuren sind daher *hydrophil* (wasserliebend); sie ziehen das Wasser regelrecht an. Nicht so die organischen Fettsäuren. Je länger der wasserabstoßende, ölliebende Schwanz, um so größer die Wasserscheu.

Am wohlsten fühlen sich diese Fettsäuren in der Kombination mit *Glyzerin*. Glyzerin ist eine Alkoholart, die die in *Abbildung 17* gezeigte Strukturformel besitzt. Sie sehen wiederum 3 C-Atome im Grundgerüst, denen an 3 Flanken jeweils eine OH-Gruppe angegliedert ist. Diese ist nun für die Fettsäuren äußerst attraktiv. Sie passen darin wie der Schlüssel ins Loch (vgl. *Abb. 18*).

Unter Angabe von je einem Wassermolekül (H_2O) können sich bis zu 3 Fettsäuren an ein Glyzerinmolekül anlagern. Diesen Vorgang nennt man fachmännisch *Veresterung*, denn das Endprodukt ist ein *Ester*. Fette und Öle sind in der chemischen Bezeichnung daher Ester.

Der Natur ein Schnippchen schlagen

Bisher sind über 100 Fettsäuren bekannt. Die Natur schöpft in ihren Kombinationen also aus einem großen Reservoir. Bei Veresterung von 3 Fettsäuren miteinander spricht man von *Triglyzeriden*, bei nur 2 von *Diglyzeriden* und einer von *Monoglyzeriden*. Die vereinfachte Darstellung sehen Sie in *Abbildung 19*. Ich glaube, Sie können hier auch sehr anschaulich erkennen, daß dort, wo die Fettsäure fehlt, die jeweilige OH-Gruppe des Glyzerins frei bleibt. Dies hat nun wichtige Folgen. Das Glyzerin ist äußerst gut in Wasser löslich, d. h. es ist stark wasserliebend (hydrophil). Verantwortlich dafür sind diese OH-Gruppen.

Haben Sie gemerkt, worauf es hinausläuft?
Natürlich! Der Logik nach, müssen Triglyzeride – d. h. die am häufigsten vorkommenden Fett- und Ölarten – mit Wasser gar nicht oder nur schwer mischbar sein, denn selbst die bei der Fettsäure noch vorkommenden kleinen wasserliebenden Köpfe haben sich mit denen des Glyzerins zusammengetan und sind nach außen hin nicht mehr wirksam. Bleiben nur die ölliebenden Schwänze übrig. Richtig gedacht.

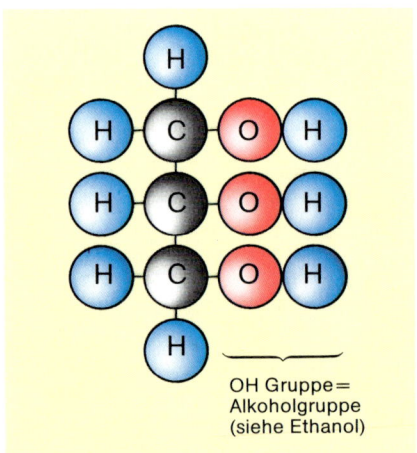

Abb. 17: Strukturformel des Glyzerins.

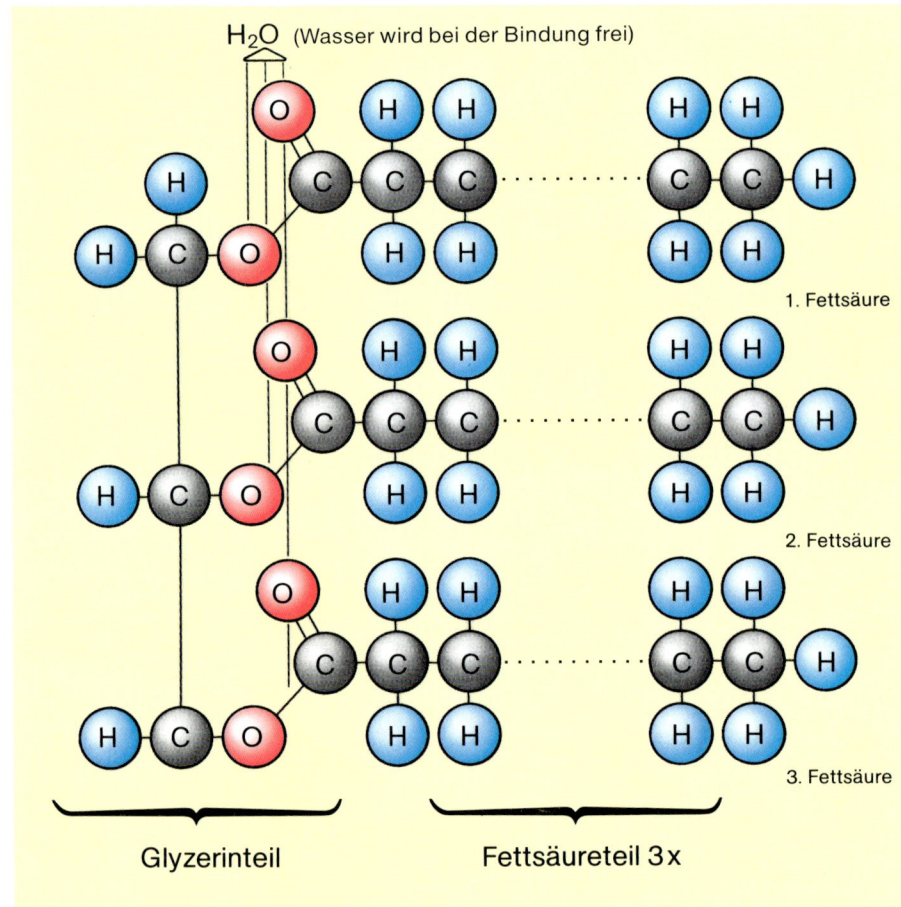

Abb. 18: Glyzerin kann drei Fettsäuren binden. Dann bildet sich ein Triglyzerid; das ist das normale Fett oder Öl (*vgl. Abbildung 19*).

So weit, so gut. Wie ist es aber mit denen, wo ein oder zwei Fettsäureschwänze fehlen?

Ein Diglyzerid akzeptiert bereits in gewisser Weise Wasser, und beim Monoglyzerid ist dies noch stärker: Das Wassermolekül lagert sich ohne Schwierigkeiten an die vorher wasserunlösliche Fettsäure an. Dabei kann es sogar Triglyzeride mitreißen. Das ist der Trick der Natur. Glyzerin macht ihn möglich.

Die Natur und die Chemie nutzen dies in vielfältiger Weise.

Der Hauttalg wie die Milch oder das Eigelb enthalten solche Di- und Monoglyzeride, die Fett und Wasser zu einer Emulsion vereinen. Dieser Vermittlungsstoff wird *Emulgator* genannt, ein Stoff, der auch für die Kosmetik die höchste Bedeutung besitzt. Die Wirkung eines solchen Emulgators kann man sich so vorstellen, wie wir es auf *Abbildung 20* zeigen.

Einerseits fühlt sich der fettliebende Teil dem Öl/Fett zugeneigt, anderseits der wasserliebende aber dem Wasser. Der Emulgator stellt die Brücke dar. Er wirkt natürlich nur an der Grenzfläche, und deshalb ist er um so wirksamer, je feiner Öl und Wasser ineinander gemischt werden. Feinste Tröpfchen haben im Verhältnis zum Volumen die größte Oberfläche, daher muß eine Emulsion beim Entstehen entweder gut gerührt oder durch feine Düsen, Poren oder andere Hilfsmittel mikros-

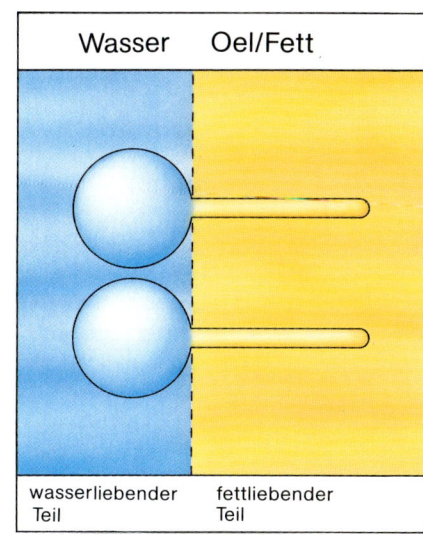

Abb. 20: Das Emulgatormolekül bildet die Brücke zwischen Öl/Fett und Wasser.

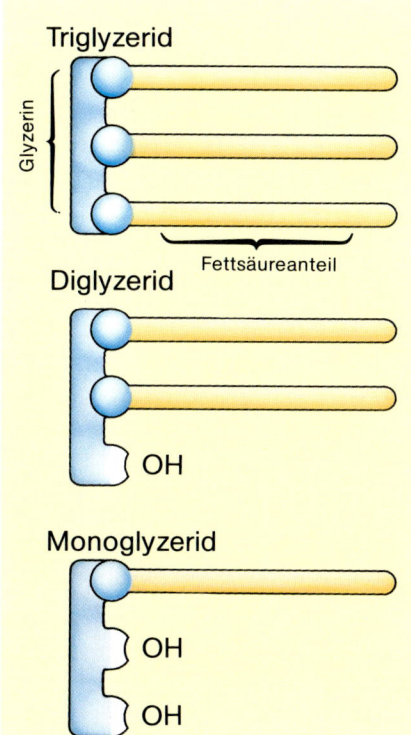

Abb. 19: Vom Triglyzerid zum Monoglyzerid: die Wasserliebe steigt.

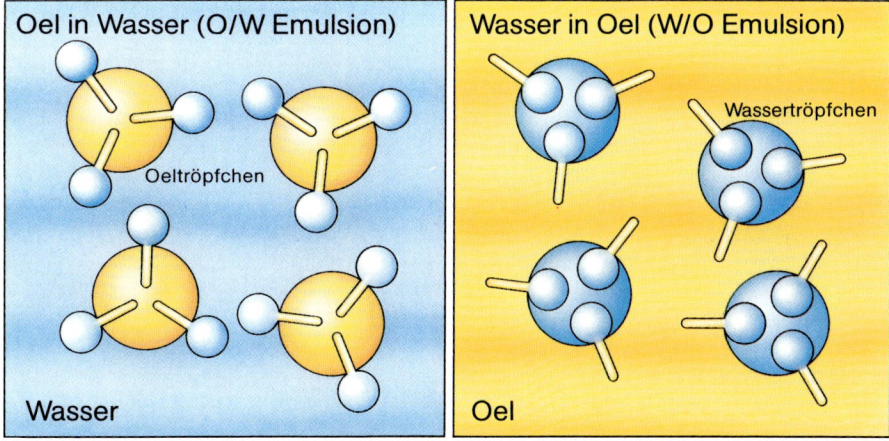

Abb. 21: So etwa muß man sich eine Öl-in-Wasser-Emulsion oder eine Wasser-in-Öl-Emulsion vorstellen.

kopisch fein verteilt werden. Entweder das Öl im Wasser oder das Wasser im Öl (vgl. *Abb. 21*).

O/W oder W/O Emulsion?

O/W und W/O sind die fachmännischen Abkürzungen für derartige Emulsionen. Die Frage ist dabei nicht, was ist mehr enthalten und was weniger. Eine O/W Emulsion kann durchaus zu 50 % und mehr Öl enthalten, obwohl das Öl im Wasser ist. Dasselbe gilt umgekehrt. Entscheidend ist die Art des Emulgators, seine Wirkung im mikroskopisch feinen Tröpfchen.
Die Milch ist z.B. eine Öl-in-Wasser-Emulsion, genauer: das Fett, also das Butterfett, ist in feinen Teilchen im Milchwasser verteilt. Daß diese Fettteilchen von Natur nicht übermäßig klein sind, merkt man daran, daß sich der Rahm, also das Milchfett, absetzt, wenn die Milch, frisch aus dem Euter der Kuh gemolken, längere Zeit steht. Deshalb wird sie in der Molkerei „homogenisiert", was nichts anderes ist, als daß die Rahmtröpfchen feiner verteilt werden. Der relativ schwache Emulgator des Rahms kann dann besser angreifen, und die Milch bleibt länger homogen, d.h. der Rahm setzt sich weniger ab.
Auch wir von der Hobbythek verwenden für unsere Cremes hauptsächlich Ö/W-Emulgatoren, weil sie einfacher zu verrühren und auch für die Haut angenehmer sind. Die Haut braucht vor allem Feuchtigkeit und sollte nicht zu stark gefettet werden. Mit Öl-in-Wasser-Emulgatoren kommt man ohne Schwierigkeiten auf Wassergehalte von über 80 %! Eine gute Creme sollte mindestens 65 bis 70 % haben, eine Reinigungsmilch bis zu 80 %.
Grundsätzlich gilt: Bei kosmetischen Cremes kann man beide Emulsionsarten finden; am häufigsten jedoch die Ö/W Emulsion. Die Ausnahme bilden vor allem Sonnencremes, die dem Wasser etwas besser standhalten sollen, oder Cremes für Schwimmer. Wenn Sie wissen wollen, aus welcher Emulsionsart Ihre Creme besteht, dann brauchen Sie nur ein wenig Creme auf den Finger zu streichen und Wasser darüber laufen zu lassen. Wäscht sich die Creme relativ leicht ab, dann haben Sie den Emulsionstyp Öl-in-Wasser. Wird sie nur wenig vom Wasser abgewaschen, dann ist es der Typ Wasser-in-Öl-Emulsion.

Emulgatoren und menschliche Verdauung

Fette pflanzlichen und tierischen Ursprungs spielen in unseren Nahrungsmitteln eine wichtige Rolle. Daß heute viel zuviel Fett verspeist wird, hat nichts mit der Natur unserer Nahrungsmittel zu tun, sondern mit unserer Unvernunft in Auswahl und Menge. Wie überall kommt es auf die vernünftige Dosis an.
Die meisten Fette könnten wir aber nicht verdauen, wenn sie im Magen und Darm nicht zerlegt würden (in Fettsäure und Glyzerin bzw. andere Alkohole), hier laufen teilweise chemische Prozesse wie in einer chemischen Fabrik ab. Die Natur arbeitet dabei ungemein effizient.
Wie wir eben schon gesehen haben, kann die Fettchemie durchaus spannend sein. Deshalb hier noch einmal ein kurzer Rückgriff auf die Theorie.
Normale Butter, Schmalz, Rinderfett oder auch Kokosfett sowie die meisten Öle pflanzlichen oder tierischen Ursprungs, könnten wir nicht nutzen, würden sie im Magen nicht wieder in ihre Fettsäuren und das Glyzerin zersetzt. Diese Zerteilung bewirken fettspaltende Verdauungssäfte, die die Bauchspeicheldrüse liefert: sogenannte Fermente.
Diese Säfte können aber nur dann angreifen, wenn die zunächst wasserabweisenden Fette durch Emulgatoren in Emulsion gebracht werden. Nur in der Emulsion werden sie in solch mikroskopisch feine Tröpfchen zerlegt, daß der Verdauungssaft mit seinen Enzymen bzw. Fermenten angreifen kann.
Die Emulgatoren stellen die sogenannten Gallensäuren dar, die durch die Gallenblase freigegeben werden. Leber und Galle sind deshalb für die Fettverdauung besonders wichtig. Die aus dem Fett abgespaltenen Fettsäuren und Glyzerine können jetzt erst die Darmwand durchdringen und werden dann im Organismus zum Teil wieder zu Fetten in der Form zusammengesetzt, wie der Körper sie benötigt, oder auch nicht – dann entstehen die berühmten Fettpölsterchen. Damit wir uns recht verstehen, nicht nur Fette machen dick; auch Zucker, Stärke, Alkohol, ja sogar zu viel Eiweiß – alles kann sich letztlich chemisch in Fett umwandeln, wenn's dem Körper zu reichlich angeboten wird. Fett ist sozusagen der Energiespeicher des Organismus. Allerdings ist dieser Speicher heutzutage bei uns völlig überladen.

Die Inhaltsstoffe unserer Creme

Emulgatoren

Die Bedeutung des Emulgators im allgemeinen

Der Emulgator ist der entscheidende Faktor beim Mixen einer Creme; zumindest was die „Physik" anbelangt. Ohne ihn könnte eine Creme keine Feuchtigkeit bewahren, weil er der Vermittler von Öl/Fett und Wasser ist. Aber auch chemisch ist der Emulgator nicht zu unterschätzen. Die Haut ist als Organ im permanenten Kontakt mit dem Äußeren derart starken Belastungen ausgesetzt, daß der Emulgator schon sehr sorgfältig ausgesucht werden muß, um nicht zusätzlich negative Wirkungen auszulösen. Deshalb haben wir lange nach dem geeigneten Emulgator gefahndet.

Wenn Sie die Hobbythek schon über 10 Jahre hinaus verfolgen oder *Das Hobbythek-Buch 3* gelesen haben, dann wird Ihnen aufgefallen sein, daß wir diesem Thema – dem Selbstrühren von Cremes – bereits eine Sendung gewidmet haben. Damals stellten wir das Motto unter den Begriff „Naturkosmetik". Wir vollzogen z.B. das Rezept der altehrwürdigen Coldcreme nach. Dabei haben wir die Begrenztheit natürlicher Emulgatoren zu Genüge kennengelernt. Diese Cremes genügen heutigen Ansprüchen einfach nicht mehr.

Abb. 22: Im Glas links *ohne Emulgator* bleiben Öl und Wasser völlig voneinander getrennt. Im Glas rechts hat ein Emulgator beides zu einer milchigen Emulsion verbunden.

In dem Zusammenhang habe ich, Jean Pütz, Anlaß, Asche auf mein Haupt zu streuen; denn ich habe vor 10 Jahren noch gedankenlos einen Stoff im Rezept streng nach historischen Vorschriften empfohlen, der vom heutigen Standpunkt aus gegen den Schutz bedrohter Tiere verstößt. Ich meine *Walrat*. Das ist ein Fett aus dem Hirn des Wales, welches zwar hervorragende kosmetische Eigenschaften in der Creme entwickelt, dessen weltweite jahrhundertelange Verwendung aber sicherlich auch manchem Wal das Leben gekostet hat; einem Tier, das wohl ähnlich wie der Delphin zu den faszinierendsten Meeresbewohnern zählt. Ich hoffe, ich bin heute ausreichend gegen solche Fehltritte sensibilisiert.

Das Problem mit dem Walrat ist mittlerweile weitgehend gelöst, denn es gibt vollwertigen Ersatz, wie wir ab *Seite 40* sehen werden.

Für alle, die das historische Rezept der Coldcreme einmal nachvollziehen möchten, weil es völlig ohne Emulgatoren und Konservierungsstoffe auskommt, wiederholen wir es hier noch einmal.

Abb. 23: Dieses Bild macht Ihnen sicher anschaulich, warum man den Walrat nicht mehr verwenden sollte.

Die Rezepte der Alten kommen wieder zu Ehren

Als wir uns mit den theoretischen Grundlagen der Kosmetik beschäftigten, stießen wir in der „Kosmetologie" von J. Stephan Jellinek auf einen interessanten Hinweis. Dort werden auf Seite 211 zwei Rezepte angegeben, deren Formeln aus dem Mittelalter stammen sollen und die aus einer Vorschrift abgeleitet seien, die zumindest aus dem 2. Jahrhundert stammt oder sogar noch älter ist. Es heißt da: „Immer wieder findet man in der kosmetischen – und vor allem auch in der medizinischen – Literatur die Bemerkung, daß die klassischen Coldcremes (darauf gehen wir gleich noch ein) eigentlich die idealen Hautcremes sind, die auch den komplizierte-

sten modernen Cremes vorzuziehen sind."
Dieser Satz wurde uns von Medizinern bestätigt. Bestätigt wurde uns auch der Hinweis des Buches: „Leider sind diese Rezepte für die moderne kosmetische Industrie unbrauchbar, da die Beständigkeit viel zu gering ist."
Damit war unsere Neugier geweckt, diese Rezepte doch einmal auszuprobieren. Wichtiger Bestandteil der Rezepte sind zunächst *feste Fette*; und zwar *Bienenwachs* und *Walratersatz*.
Weitere Bestandteile dieser alten Rezepte sind *Mandelöl* als ein flüssiges Fett, und als Parfüm *Rosenöl*. Natürlich spielt auch Wasser eine Rolle.

Coldcreme

Coldcreme eignet sich besonders gut als *Nachtcreme*, da sie einen relativ hohen Fettanteil besitzt. Zu ihrem seltsamen Namen Coldcreme (cold = kühl) ist sie deshalb gekommen, weil sie auf der Haut angenehm kühl wirkt.
Die Beständigkeit dieser Creme ist nicht allzu groß; sie reicht für etwa 2 bis 4 Wochen. Dafür hat diese Creme aber auch einen Vorteil: Sie können alle Zutaten dafür in Apotheken oder Drogerien bekommen.
Beginnen Sie zunächst mit der Zubereitung der *Fettphase*. Die hier angegebenen Mengen ergeben das Fett für etwa 6 Töpfchen mit jeweils 50 g fertiger Creme; also ausreichend für den Zeitraum der Haltbarkeit. Wenn Sie am Anfang noch etwas unsicher sind, können Sie natürlich die Mengen auch halbieren; sie lassen sich dann immer noch einigermaßen genau abwiegen.

Zutaten für die Fettphase

10 g	Bienenwachs (wenn Sie weiße Creme haben wollen, dann müssen Sie gebleichtes weißes Wachs nehmen; mit dem gelben Naturbienenwachs erzielen Sie eine gelbliche Creme)
10 g	Walrat-Ersatz
1,5 g	Cetylalkohol
90 g	Mandelöl (wenn Sie etwas ganz Besonderes haben wollen, dann können Sie auch die gleiche Menge des etwas teureren Avocadoöls nehmen).

Zum Abwiegen benutzen Sie am besten einen Plastikbecher (Joghurtbecher). Dann haben Sie keine Probleme mit einer Briefwaage, die nur ein paar 100 g abwiegen kann; ein schwereres Gefäß würde den ganzen Wiegebereich schon allein ausnutzen. Geben Sie nun alle Zutaten in ein Marmeladen- oder Becherglas, das in ein heißes Wasserbad gestellt ist. Bei einer Temperatur von etwa 80 Grad ist alles geschmolzen und läßt sich leicht zusammenrühren. Sobald eine glatte Masse entstanden ist, können Sie alles abkühlen und erstarren lassen.
Wenn Sie das Abkühlen beschleunigen wollen, dann können Sie das Glas mit den heißen Zutaten auch in kaltes Wasser stellen. Allerdings müssen Sie dann eifrig weiterrühren, damit die Bestandteile gut gemischt bleiben. Sobald alles in einen zähflüssigen Zustand übergeht, können Sie mit dem Rühren aufhören; zu einer Trennung der Teile kommt es dann nicht mehr.

Zum Schluß das Glas gut verschließen, und wenn es völlig abgekühlt ist, in den Kühlschrank stellen.

Sie haben jetzt die fertige Fettphase, und das ist eine durchaus appetitlich riechende Substanz, mit der Sie nun etwa ein halbes Jahr auskommen.

Jetzt wird die eigentliche Creme zubereitet

Bevor Sie jetzt die einzelnen Substanzen abwiegen, sollten Sie ein geeignetes kleineres Gefäß in ein Wasserbad stellen und auf etwa 80 bis 85 Grad erhitzen. In diesem Gefäß werden die beiden Hauptbestandteile der Coldcreme zusammengerührt. Wiegen Sie nun 30 g der Fettmischung ab und tun Sie sie in das angewärmte Gefäß.

Dann wiegen Sie – am besten in einem Plastikbecher – 12,5 bis 20 g destilliertes Wasser ab, das zunächst separat auf etwa 80 Grad erhitzt wird. Rühren Sie jetzt die Fettphase in dem warmen Topf glatt und lassen Sie das Ganze auf etwa 75 Grad abkühlen. Unter eifrigem Rühren wird nun das Wasser in das flüssig gewordene Fett gemischt; und das erreichen Sie nur, indem Sie rühren, rühren und wieder rühren. Dabei sollten Sie sich durch nichts stören lassen. Hören Sie erst auf, wenn die Creme erkaltet ist, was bei der Coldcreme ruhig etwas beschleunigt werden kann, indem man zum Beispiel das Gefäß in kühleres Wasser stellt. Sollte die Creme dabei gerinnen, dann ist das nicht weiter tragisch. Sie müssen sie dann nur wieder anwärmen und von vorn beginnen.

Kurz bevor die Creme völlig erkaltet ist, können Sie einen Tropfen Parfüm einrühren. Bei der Wahl des Parfüms sollten Sie ganz von Ihrem eigenen Geschmack ausgehen. Wenn Sie da noch nicht festgelegt sind, empfehlen wir Ihnen zum Beispiel echtes Rosenöl, wobei freilich gesagt werden muß, daß es nicht ganz billig ist.

Das geduldige Rühren bei der Cremeherstellung ist deshalb so wichtig, weil wir keine Emulgatoren oder ähnliches benutzen; die Creme soll ja nur aus natürlichen Bestandteilen bestehen. Andererseits muß auch hier das Wasser in möglichst mikroskopisch kleinen Tröpfchen mit dem Fett vermischt werden, und das geht eben nur, indem man rührt.

Zum Schluß wird die fertige Creme in ein Töpfchen abgefüllt, das möglichst nicht viel größer sein soll als die angerührte Menge. Wenn Sie das Töpfchen leicht auf einer Unterlage aufklopfen, dann wird die Oberfläche der Creme schön und glatt, und die größeren Luftblasen, die sich durch das Rühren gebildet haben, entweichen. Und zum Schluß nicht vergessen: Das Töpfchen gut verschließen. Tun Sie das auch immer, wenn Sie Creme aus dem Topf genommen haben, damit keine Bakterien in die Creme kommen können. Sie wissen ja, wir haben sie ohne Konservierungsmittel hergestellt.

Abb. 24: Das sind die Zutaten für eine Coldcreme nach altem Rezept.

Die Emulgatoren unserer Cremerezepte

Diesmal sind wir bei der Suche nach den Bestandteilen unserer Creme von einer konkreten „Philosophie" ausgegangen: Wir setzen grundsätzlich auf Naturprodukte. Nur dort, wo die Natur wesentlich schlechter ist, haben wir bei der Chemie vorsichtig angeklopft, und dies gilt eigentlich nur für den Emulgator. Einige Creme-Wirkstoffe kommen zwar auch von der chemischen Industrie – sie werden jedoch im biologischen Prozeß gewonnen. Was den Emulgator anbelangt, wollten wir, wenn sie schon unumgänglich sind, nur solche verwenden, die *für Nahrungsmittel zugelassen* sind. Sie sind besonders rein und gleichmäßig in der Qualität, weil sie ja unter der intensiven Kontrolle der Gesundheitsämter stehen.

Aber diese Absicht war einfacher gefaßt als getan. Die meisten Fachleute, bei denen wir anklopften, sagten uns, daß solche eßbaren Emulgatoren für Cremes nichts taugen. Heute sind wir froh, daß wir die Suche nicht vorzeitig abbrachen; denn wir wurden zuguterletzt doch fündig. Wir haben zwei ganz hervorragende Emulgatoren gefunden.

Dabei kam uns ein wenig der Zufall zu Hilfe. Beim Durchstöbern von Unmengen aktueller Fachzeitschriften fiel Christine Niklas ein Artikel in die Hände, der darstellte, daß natürliche Öle auch besondere Emulgatoren brauchten. Einer unserer Emulgatoren gehörte dazu (*Lamecreme, ZEM*). Das war das Glück des Hartnäckigen. Aber auch der andere Emulgator *Tegomuls 90 S* ist hervorragend geeignet.

Abb. 25: Die beiden von uns getesteten und für gut befundenen Emulgatoren: *links* Lamecreme ZEM und *rechts* Tegomuls 90 S.

Damit ist uns ein echter „Knüller" gelungen. Alle, die bisher unsere Cremes ausprobiert haben, sind von unserer notfalls auch „eßbaren" Creme überaus begeistert; von unserem Team wird wohl keiner mehr je eine andere als die selbstgerührte verwenden. Diese Begeisterung ist auch deshalb gerechtfertigt, weil die physikalischen Eigenschaften dieser Emulgatoren so phantastisch sind, daß man fast nichts falsch machen kann. Bei den Aufschmelz- und Rührtemperaturen beispielsweise kommt es auf ein paar Grad Celsius kaum an; und selbst das Rühren ist hier völlig unproblematisch. Ein schnelles Abkühlen im Wasserbad während des Rührens ist genauso erlaubt, wie hohe Toleranz beim prozentualen Wasseranteil. Notfalls klappt es sogar mit normalem Leitungswasser, wenn das destillierte oder entmineralisierte Wasser einmal ausgegangen sein sollte.

Die fertige Creme ist mit industriell hergestellten Cremes völlig vergleichbar. Bei unserer aber weiß man ganz sicher, was drin ist, und – wenn man will – daß sie unkonserviert ist. Und ein letzter Vorteil: Selbst mit wertvollsten Inhaltsstoffen ist sie äußerst preiswert.

Apropos Allergie und Unverträglichkeitsreaktion

Wir haben natürlich darauf geachtet, möglichst keine Stoffe in unseren Cremes und Seifen zu verwenden, die allergieverdächtig sind. Die Allergie ist ja bekanntlich eine überempfindliche Reaktion des Körpers und vor allem der Haut auf Fremdstoffe.

Medizinisch ist dieses Gebiet so kompliziert, daß man nur grobe Aussagen machen kann. Es kann immer einmal passieren, daß einzelne Menschen auf bestimmte Stoffe – auch auf sonst völlig unverdächtige – allergisch reagieren. Dabei spielt es keine Rolle, ob dies künstlich hergestellte oder natürliche Stoffe sind.

Sollten Sie einen solchen Verdacht bei einer selbstgerührten Creme haben, dann muß das nicht an der Creme insgesamt liegen, sondern an einem ganz bestimmten Inhaltsstoff. Am besten, Sie testen dann die Stoffe an kleinen und verborgenen Hautstellen erst einmal isoliert. Oder aber Sie wechseln nacheinander den Emulgator, das Öl oder die Zusatzstoffe, das gilt vor allem für Parfüms, Konservierungsmittel usw. Nicht zuletzt deshalb haben wir für eine derart große Auswahl von Rezepten gesorgt. Bei unseren Cremes wissen Sie jedenfalls, was darin ist bzw. Sie können es selbst bestimmen, was bei gekauften Cremes nicht der Fall ist.

Der Emulgator der Tagescreme: Tegomuls 90 S

Dieser Emulgator wird aus der Stearinsäure gewonnen, die beispielsweise im Rindertalg enthalten ist. Er ist vorwiegend ein Monoglyzerid und bisher vielfältig in der Lebensmittelindustrie verwendet worden, z.B. für Backwaren (Biskuitkuchen und sonstige fetthaltige Teigmassen), aber auch in Eiscremes. Wir haben zusätzlich eigene Rezepte entwickelt (*ab Seite 92*). Dabei reichen pro Liter Teig oder Flüssigmenge einige wenige Gramm. Die Wirkung ist ebenso verblüffend wie in der Creme.

Tegomuls ist ein grobes Pulver und schmilzt bei 50 bis 55 °C. Es mischt sich vollkommen mit heißem Öl und Fett, was wichtig für die Fettphase ist, auf die wir ab *Seite 55* eingehen. Wir haben diesen Emulgator für die Tagescreme ausgewählt, weil er einen eher matten Glanz auf der Haut erzeugt, auch für die Lotion und Milch bei höherem Wasseranteil ist er besonders gut geeignet.

Der Emulgator der Nachtcreme: Lamecreme ZEM

Dieser Emulgator ist ein Gemisch von Mono- und Diglyzeriden von Zitronensäureester und Speisefetten (das für die Fachleute). Er ist als Speiseemulgator entwickelt worden, aber wie wir festgestellt haben, auch hervorragend als Cremeemulgator geeignet. Er ist im kalten Zustand wachsartig, und man braucht theorisch bei ihm keine zusätzlichen Wachse, die die Creme

fester machen. 6 bis 8 g Lamecreme und 30 g flüssiges Öl ergeben, bei 60 bis 70 °C aufgeschmolzen, ein festes Fett.

Rezepte für Speisen mit Lamecreme haben wir noch nicht entwickelt.

Die pflanzlichen Öle

Bei den natürlichen Ölen unterscheidet man zunächst einmal zwischen *ätherischen* und sogenannten *fetten Ölen*. Die ätherischen Öle sind leicht flüchtige Substanzen, d. h. sie verdunsten sehr schnell. Dabei entfalten sie einen besonders intensiven, charakteristischen Duft. Tropft man sie auf ein Tuch, so hinterlassen sie keinen Fettfleck, weil sie völlig verdunsten.

Fette Öle dagegen hinterlassen bekanntermaßen einen Fettfleck und verdunsten nicht so schnell oder fast gar nicht. Zu diesen natürlichen fetten Pflanzenölen gehören die meisten Speiseöle. Wir haben bewußt ein großes Spektrum von Ölen ausgewählt: von edel bis preiswert; etwas für jeden Geschmack.

Die pflanzlichen Öle nun haben leider die Eigenschaft, daß sie sich sehr stark voneinander unterscheiden; d.h.

Abb. 26: Ausgezeichnete Cremes kann man mit ganz normalen Pflanzenölen aus dem Laden zubereiten.

eigentlich brauchte man fast für jedes Öl einen speziellen Emulgator. Das wäre für uns zu umständlich, denn wir arbeiten ja nach dem Prinzip der Einfachheit. Deshalb sind wir besonders glücklich darüber, Emulgatoren gefunden zu haben, die sich mit fast allen Ölen gut verbinden lassen.

Trotzdem können Unterschiede bei gleicher Rezeptur auftreten. Vor allen Dingen kann eine Creme nach einigen Tagen nachdicken. Aber das ist eigentlich gar nicht so schlimm; man muß eben nur wissen, wie sich die Öle im einzelnen verhalten. Aus diesem Grunde verwendet die Industrie so gern synthetische Öle; in einer Emulsion verändern sie sich nicht mehr.

Wir finden es aber gleichzeitig auch interessant, sich mit der unterschiedlichen Reaktion der Pflanzenöle auseinanderzusetzen. Die gleiche Rezeptur wird mit jedem Öl ein bißchen anders. Unsere Erfahrungen beschreiben wir Ihnen so ausführlich wie möglich im Kapitel mit den Rezepten und Beurteilungen.

Das Problem bei der Verwendung von Ölen in der Kosmetik ist, daß diejenigen, die viele ungesättigte Fettsäuren enthalten, relativ schnell ranzig werden, während Öle mi vielen gesättigten Fettsäuren ziemlich stabil bleiben (obwohl es dabei auch Unterschiede und Ausnahmen gibt).

Das Ranzigwerden bezeichnet man chemisch als *Oxidation*, d. h. das Öl reagiert mit dem Sauerstoff der Luft. Deshalb ist es wichtig, problematische Öle immer sehr gut verschlossen zu halten. Vor allen Dingen sollte man sie nicht längere Zeit in halbleeren Flaschen aufbewahren. Am besten ist es, empfindliches Öl immer

bis fast zum Rand des Flaschenhalses abzufüllen.

Eine Möglichkeit, die Oxidation des Öles zu verhindern, ist die Zugabe von Vitamin E (mehr dazu auf *Seite 47*).

Aber zunächst zu den Ölen, die besonders empfehlenswert sind. Es sind so viele, daß wir Ihnen die Qual der Wahl nicht abnehmen können. Hier ein grober Tip: Sie können durchaus Ihrer persönlichen Vorliebe für ein Öl nachgeben, das Ihnen in den Speisen sympathisch ist oder gut bekommt. Das ist auch für Ihre Haut nicht schlecht.

Avocadoöl ist fast völlig stabil gegen Ranzigwerden, obwohl es viele ungesättigte Fettsäuren enthält. Allgemein bekannt für kosmetische Verwendungszwecke, hat es tatsächlich sehr gute Eigenschaften. Das Avocadoöl enthält viele Vitamine; hauptsächlich A, B, D, und E. Besonders hoch ist der Gehalt an Vitamin A, B_1 und B_2; auch Pantothensäure ist enthalten. Außerdem findet sich in Avocadoöl relativ viel Lecithin (phosphorhaltige, fettähnliche Substanz mit Emulgatorwirkung).

Der Anteil von unverseifbaren Bestandteilen ist sehr hoch – 2,6 bis 8,0 %. Leider wird dieser Bestandteil häufig zum Teil entzogen, weil er ein kostbarer Rohstoff ist. Im handelsüblichen Avocadoöl ist deshalb meist nur bis zu 2 % Unverseifbares enthalten (vgl. *Seite 38*).

Avocadoöl wird besonders für Hautpflegecremes empfohlen, die Feuchthaltefaktoren aufweisen.

Avocadoöl wird besonders gut von der Haut aufgenommen, besser als zum Beispiel Olivenöl. Es verteilt sich sehr

gut auf der Haut (fachmännisch: man spricht dann vom *Spreiten*), und es soll sogar ein wenig vor ultraviolettem Licht schützen, ohne daß ein künstlicher Lichtschutzfaktor zugefügt wird.

Auch **Mandelöl** gehört zu den klassischen Kosmetikölen. Schon im Altertum fand es dafür Verwendung. Es ist bekannt für seine Milde und ziemlich stabil gegen Ranzigwerden, allerdings nicht in dem Maße wie das Avocadoöl. Der Anteil von Unverseifbarem beträgt etwa 0,5 bis 1 %. Nach unseren Erfahrungen gibt das Mandelöl ein schönes, weiches Hautgefühl.

Erdnußöl ist ebenfalls relativ stabil und zur Kosmetikherstellung zu empfehlen (Unverseifbares 0,2 bis 0,9 %). Wir haben es ausprobiert und gute Erfahrungen damit gemacht.

Sesamöl ist nicht ganz so stabil gegen Ranzigwerden wie die oben genannten Öle. In Indien wird es zur Herstellung von Duftölen aus Blüten verwendet. Es eignet sich aber auch gut als Zusatz zum Badeöl und für unsere Kosmetikcremes. Sesamöl ist besonders gut hautverträglich. Anteil des Unverseifbaren im Sesamöl 1 bis 1,8 %.

Olivenöl hat als Öl für kosmetische Zwecke eine uralte Tradition. Wer den Geruch mag oder sich nicht daran stört, verwendet es ebenfalls als Fettbestandteil der Creme. Anteil des Unverseifbaren ca. 0,6 bis 1,2 %.

Aprikosenkernöl gehört zu den weniger stabilen Ölen, ergibt aber eine schöne, softige Creme und ähnelt in seinen Eigenschaften dem Mandelöl – es ist ja auch ein Kernöl.

Sojaöl enthält – wie Weizenkeimöl – Lecithin, Vitamin E und relativ viel Unverseifbares, obwohl auch hier dem handelsüblichen Öl das meiste davon entzogen wird. Durch die dunkle Farbe wird auch die Creme immer ganz leicht beigefarben getönt sein.

Sonnenblumenöl enthält ebenfalls Lecithin und ist trotz seines günstigen Preises hervorragend für Cremes geeignet. Es gibt kaltgepreßtes und durch Raffination gewonnenes Sonnenblumenöl. Ersteres hat wesentlich mehr Vitamine und ungesättigte Fettsäuren.

Safloröl (Distelöl) besteht aus sehr vielen ungesättigten Fettsäuren, ist vitaminreich und ebenfalls gut für die Cremeherstellung geeignet. Anteil des Unverseifbaren ca. 0,7 bis 2 %. Natürlich können Sie diese verschiedenen Öle auch untereinander mischen. Auf diese Weise haben Sie unendlich viele Möglichkeiten der Rezeptvariation.

Maiskeimöl hat viele ungesättigte Fettsäuren, deshalb ist es ja als Salatöl beliebt. Unverseifbares ca. 0,8 bis 2 %.

Weizenkeimöl ist zwar nicht übermäßig stabil gegen Ranzigwerden, dafür

Abb. 27: Begehrt in der Kosmetik, aber nicht ganz billig: das Öl aus der Avocadofrucht.

Abb. 28: Sehr vitaminreich und von goldgelber Farbe: Weizenkeimöl.

aber sehr vitaminreich. Es enthält viel Vitamin E, die Provitamine A und D, sowie Keimlecithin. Auch das Weizenkeimöl hat einen starken, allerdings im Gegensatz zum Olivenöl sehr frisch wirkenden Eigengeruch, der bei der fertigen Creme auch durch Parfüms nicht ganz zu überdecken ist. Manche mögen den frischen Getreidegeruch, manche weniger. Die fertige Creme hat eine kräftige gelbe Farbe. Wir halten Weizenkeimöl für ein ausgesprochen gutes Kosmetiköl; vor allen Dingen, wenn man es mit zusätzlichem Vitamin E stabilisiert, wofür 0,2 %, d.h. 2 g auf 1 Liter, genügen. Anteil des Unverseifbaren ca. 2 bis 6 %. Im kaltgepreßten handelsüblichen Öl ist tatsächlich bis zu 6 % enthalten, daher gilt hier insbesondere das, was wir dazu beim Avocadoöl erwähnt haben.

Zum Schluß möchten wir Ihnen ein besonderes Fett vorstellen, das zur Zeit groß in Mode ist: **Jojobaöl** (Hohoba gesprochen) heißt das Zauberwort. Dabei handelt es sich chemisch gesehen gar nicht um ein Öl, sondern um ein flüssiges Wachs. Es sieht allerdings aus wie ein Öl; sobald Sie es aber gekühlt aufbewahren, wird es fest – es erstarrt, während alle anderen, richtigen Öle noch flüssig sind oder höchstens leichte Ausflockungen zeigen. Es schmilzt sofort wieder, sobald das Öl bei normaler Raumtemperatur gelagert wird (vgl. Tabelle 3). Wachs ist von Haus aus fest; Jojobaöl baut aber auf sehr vielen ungesättigten Wachsen auf, so daß es wieder flüssig ist. Der Grund, weshalb Jojobaöl in den letzten Jahren so wichtig geworden ist, ist seine chemische Ähnlichkeit mit dem natürlichen Walratöl (über das wir auf *Seite 29* schon einiges gesagt haben); obwohl dies ein tierisches und das Jojobaöl ein pflanzliches Fett ist.

Das flüssige Walratöl wird zunehmend durch Jojobaöl ersetzt – ein Grund mehr, die Wale nicht mehr zu jagen. Es läßt sich leicht und gleichmäßig auftragen und macht die Haut sehr geschmeidig. Man sagt sogar, daß es eine positive Wirkung bei der Aknebehandlung aufweist. Jojobaöl wird gewonnen aus dem nußartigen Samen der Wüstenpflanze Jojoba (Simmondsia chinensis). Es handelt sich dabei um ein Buchsbaumgewächs. Hauptanbaugebiet ist heute Kalifornien, Arizona, Mexiko und Israel, aber auch in Spanien gibt es bereits Plantagen, denn die Pflanze scheint ein gutes Geschäft nicht zuletzt deshalb zu versprechen, weil sie in Trockengebieten, wo sonst nichts mehr wächst, gedeiht. Die Indianer kannten die Pflanze schon vor Hunderten von Jahren als Heilmittel. Einer der Gründe, warum Jojoba heute so teuer ist, ist seine Knappheit. Die meisten Pflanzungen sind nicht älter als 4 bis 5 Jahre. Die Jojobapflanze braucht aber einen Zeitraum von 5 bis 6 Jahren, bis sie Früchte trägt. Deshalb wird vermutet, daß in zwei bis drei Jahren, wenn die ersten Plantagen Früchte bringen, das Öl einen Preisrutsch erfährt. Bis dahin kann man Jojobaöl aber auch gut mit anderen Ölen mischen.

Jojobaöl soll ähnlich wie Avocadoöl vor dem UV-Licht der Sonne schützen. Ein Anbieter dieses Öls behauptet, reines Jojobaöl hätte einen natürlichen Sonnenschutzfaktor von 4. Wir konnten das nicht nachprüfen; andererseits haben wir auch nichts Gegenteiliges gehört.

Abb. 29: Für die Kosmetik das Öl höchster Qualität: Jojobaöl (hier abgebildet mit einem jungen Jojobabaum und den Früchten, aus denen das Öl gepreßt wird).

Technisch wird Jojobaöl sogar zum Schmieren von sehr hochwertigen Motoren verwendet. Es wird praktisch nie ranzig. Aber auch die Nahrungsmittelindustrie interessiert sich sehr dafür. Allerdings ist es im Augenblick zur Margarineherstellung noch zu teuer. In den teuren Kosmetikprodukten wird Jojobaöl vielseitig verwendet, von Hautpflegecremes bis zu Haarpflegeprodukten.

Das Unverseifbare in Fetten und Ölen

Wenn man Fette mit Natrium- oder Kaliumlauge – also mit alkalischen Substanzen – kocht, bildet sich normalerweise Seife, wie wir im zweiten Teil dieses Buches noch im einzelnen beschreiben werden. Manche Pflanzenfette bzw. -öle enthalten aber in sehr geringen Mengen verschiedene noch zusätzliche Produkte, die sich durch Alkalien nicht in Seife verwandeln lassen. Das Gemisch aus solchen Stoffen, das in den verschiedenen Pflanzenfetten und -ölen in unterschiedlichsten Zusammensetzungen vorkommen kann, nennt man das *Unverseifbare*.

Das Unverseifbare kommt in der Pflanzenwelt nicht sehr oft vor. In Pflanzen, in denen man es finden kann, ist es in den Samen und Früchten außerdem nur in geringen Mengen enthalten. Es spielt in den Samen der Pflanze eine bestimmte Rolle.

Tabelle 3:

Fettsäuren der einzelnen Öle und Fette	C-Atome	pflanzliche Fette bzw. Öle						
		Avocadoöl	Mandelöl	Erdnußöl	Sesamöl	Olivenöl	Weizenkeimöl	Maiskeimöl
Laurinsäure	12/0							
Myristinsäure	14/0	1 %		Spuren				
Palmitinsäure	16/0	4–12 %	6–8 %	6–16 %	9–10 %	10–18 %	14 %	12–14 %
Palmitoleinsäure	16/1	max. 3 %		Spuren	0,1 %	2 %		
Stearinsäure	18/0	max. 2 %	1–2 %	1–7 %	5–6 %	2 %	3 %	4 %
Ölsäure	18/1	60–80 %	65–68 %	36–72 %	41–43 %	60–70 %	28 %	29 %
Linolsäure	18/2	10–20 %	24–26 %	13–45 %	41–43 %	14–18 %	44 %	54 %
Linolensäure	18/3	max. 2 %	Spuren	Spuren	0,5 %	2 %	10 %	
Arachinsäure	20/0			1–3 %			1 %	Spuren
Arachidonsäure	20/4							
Behensäure	22/0			2–5 %				
Lignocerinsäure	24/0			1–3 %				
Unverseifbares		6 % (2 %)		0,2 %	1–1,5 %	0,6–1,2 %	< 0,2 %	< 0,2 %

Den höchsten Anteil an Unverseifbarem enthält die *Schibutter.* Es können 3,5 bis 11 % sein; ein Durchschnitt von 6 % also. Bei dem für kosmetische Zwecke sehr gut geeigneten *Avocadoöl* sind es schon nur noch 2 bis 6 %, wobei man beim handelsüblichen Avocadoöl immer damit rechnen muß, daß es nur 2 % Unverseifbares enthält, weil der Rest als ein sehr begehrter Wirkstoff bereits entzogen worden ist. *Sesamöl* enthält 1 bis 1,5 % Unverseifbares, *Sojaöl* zwischen 0,5 und 1,5 %, *Reisöl* zwischen 1 und 3 %, *Leinsamenöl* 1 %, *Olivenöl* 0,6 bis 1,2 %, *Erdnußöl* 0,2 bis 0,9 %. Noch geringere Mengen sind in den Keimölen wie Weizenkeim- und Maiskeimöl enthalten.

Zu den positiven Eigenschaften des Unverseifbaren in der Kosmetik gehört, daß es die Haut weich macht. Außerdem hat es feuchtigkeitsbindende Eigenschaften für die Oberhaut und eine positive Wirkung auf das lösliche Kollagen der Haut. Außerdem soll es bei der Nachbehandlung von Narben positive Wirkung entfalten. Das Unverseifbare im Avocadoöl soll sogar Altersflecken zum Verschwinden bringen oder doch zumindest abschwächen — so jedenfalls steht es in einem wissenschaftlichen Buch (G. A. Nowak, „Die kosmetischen Präparate", Augsburg).

Unverseifbares der Schibutter und des Avocadoöls gibt es auch als Konzentrat (vgl. Beschaffungsnachweis). Sie können damit alle Öle in den Rezepten anreichern. Es gilt gleichzeitig als Konsistenzgeber (vgl. *Seite 40*).

Fettsäuren der einzelnen Öle und Fette	C-Atome	pflanzliche Fette bzw. Öle					tierische Fette		
		Distelöl	Sojaöl	Sonnenblumenöl	Palmkern	Kokosfett	Butter	Talg	Schmalz
Laurinsäure	12/0				ca. 51 %	ca. 44 %	4 %		
Myristinsäure	14/0				17 %	ca. 18 %	10—14 %	3 %	3 %
Palmitinsäure	16/0	6 %	7—12 %	3—10 %	8 %	ca. 11 %	26—32 %	20—32 %	20—28 %
Palmitoleinsäure	16/1						3—7 %	5—7 %	3 %
Stearinsäure	18/0	2—3 %	2—6 %	2—10 %	2 %	ca. 6 %	10—12 %	15—19 %	16—20 %
Ölsäure	18/1	10—14 %	20—30 %	20—40 %	13 %	ca. 7 %	20—30 %	40—46 %	40—44 %
Linolsäure	18/2	60—80 %	48—58 %	50—70 %	2 %	2 %		3—5 %	8—10 %
Linolensäure	18/3	0,5 %	4—10 %			+ 12 % Capron-(C 6) und Capryl-säure (C 8)	2 %		
Arachinsäure	20/0	0,5 %	ca. 2 %				2 %		2 %
Arachidonsäure	20/4						1 %		1 %
Behensäure	22/0								
Lignocerinsäure	24/0								

Jojobaöl zählt eigentlich zu den Wachsen, die bei einer Kette von 34 Kohlenstoffatomen beginnen und bis 48 Kohlenstoffatome reichen. Zu ca. 90 % besteht es aus meist mehrfach ungesättigten Fettsäuren bzw. Wachsen, die aus 40 bis 44 Kohlenstoffatomen aufgebaut sind (C 40 = 31 % / C 42 = 51 % / C 44 = 8 %), vgl. auch Seite 22 ff. Wenn der Anteil der mehrfach ungesättigten Fettsäuren geringer wird, kann Jojobaöl auch honigartig sein. Sonst ist es flüssig wie normales Öl.

Abb. 30: Das Wachs der Bienenwabe ist ein hervorragender und zugleich duftender Konsistenzgeber.

Die Konsistenzgeber

Mit dem Konsistenzgeber stellt man die Festigkeit ein; man bestimmt damit also, ob die Creme etwas weicher oder fester sein soll. Er hilft außerdem, die Creme zu stabilisieren. Konsistenzgeber sind zum Beispiel Kakaobutter, Bienenwachs, Walratersatz und Cetylalkohol. Beispiele für ihre Verwendung finden Sie in den Rezepten. Sie können auch sehr gut verschiedene Konsistenzgeber in einem Rezept miteinander vermischen, damit sie von jeder gewünschten Eigenschaft ein bißchen haben; denn zuviel davon bedeutet meist eine zu feste Creme als Endergebnis. Zunächst aber noch ein paar allgemeine Hinweise über Eigenschaften und Wirkungsweisen.

Bienenwachs: Man unterscheidet „Cera alba", weißes Wachs und „Cera flava", gelbes, gereinigtes Wachs. Dieser Unterschied bezieht sich allerdings nur auf die Farbe. Bei Raumtemperatur ist Bienenwachs zum Beispiel hart, bei Handwärme wird es plastisch, der Schmelzbereich liegt bei 62 bis 65 °C. Sie wissen sicher, wie einfach sich eine Wachskerze verformen läßt, wenn man sie eine Zeitlang in der warmen Hand gehalten hat. Bienenwachs ist seit jeher eine beliebte Zugabe für Naturkosmetik. Es hat sogar eine schwache Emulgatorwirkung, die schon vor zweitausend Jahren genutzt wurde zur Bereitung von Kosmetikcremes. Ein Beispiel für solche alten Rezepturen ist – wie schon erwähnt – die berühmte Coldcreme. Bienenwachs ist eine angenehme neutrale Substanz, die die Haut wenig reizt und eine Creme etwas fester macht. Man kann zwischen 1 bis 3 % in eine Cremerezeptur geben. Entscheidend ist, mit welchem fetten Öl man es kombiniert. Mit den meisten Ölen wirken 3 % Bienenwachs schon ziemlich fest. Außerdem ergibt sich bei zu hohem Anteil ein stumpfes Gefühl auf der Haut. Bei Handcremes kann das angebracht sein, aber für das Gesicht bildet sich zuviel Rückstand. Einige Öle machen da eine Ausnahme; mit ihnen entsteht selbst mit 4 % Bienenwachs eine sehr weiche Creme (vgl. *Seite 75*). Das Bienenwachs hat keine zusätzliche fettende Wirkung auf die Haut.

Walratersatz: Das natürliche Walrat ist ein besonders hautfreundliches Wachs aus der Stirnhöhle des Pottwales. Wie das Bienenwachs wird es schon sehr lange für Naturkosmetik verwendet, und es ist ebenfalls Bestandteil des vorher erwähnten Coldcremerezeptes. Aber auch für die industriell hergestellte Kosmetik wurde das Walrat häufig eingesetzt. Seitdem der Pottwal nicht mehr gejagt werden darf, verwendet man statt des natürlichen Wachses Ersatzstoffe (vgl. *Seite 29*). Sie sind ebenso aufgebaut wie das echte Walrat und haben auch die gleichen Eigenschaften. Dieser Walratersatz hilft dem Artenschutz der Wale jedenfalls mehr als internationale Verträge. Als Konsistenzgeber haben wir in einigen Rezepten bis zu 4 % Walratersatz in die Creme gegeben. Er bewirkt meistens eine geschmeidigere Creme als die gleiche Menge Bienenwachs oder Cetylalkohol. Trotzdem erreicht man eine recht feste Konsistenz.

Diese Cremes haben die Eigenschaft, nach 3 bis 4 Tagen nachzudicken. Mit einem Zusatz von 4 % Walratersatz erreichen Sie bei einer frisch gerührten Creme eine herrliche Konsistenz, die dann aber von Tag zu Tag fester wird. Beim Auftragen auf die Haut wird die Creme allerdings sofort wieder weich und hinterläßt auch ein angenehmes Hautgefühl. Am besten nehmen Sie nicht mehr als 3 %, oder sogar noch weniger; je nachdem wie lange Sie die Creme aufbewahren wollen bzw. wie schnell sie verbraucht ist.

Cetylalkohol hat mit normalem Trinkalkohol nicht viel zu tun – man kann davon auch nicht beschwipst werden. Cetylalkohol ist außerdem nicht flüssig, sondern fest und wachsartig. Chemisch gesehen ist er aber ein weitläufiger Verwandter des trinkbaren Alkohols; daher der Name. Er steht der Pal-

Abb. 31: Cetylalkohol ist weder flüssig, noch macht er betrunken.

mitinsäure sehr nahe, gehört zur Gruppe der sogenannten Fettalkohole. Auch im natürlichen Walrat ist er enthalten.

Dieser Cetylalkohol macht die Creme relativ fest. Mehr als 2 % braucht man als Konsistenzgeber nicht zuzufügen. Außerdem zeigt der Cetylalkohol eine kosmetische Wirkung; er macht die Haut schön weich. Vor allem in Haarkuren und -spülungen hat er sich bewährt, ebenso in der Waschcreme. Er wirkt übrigens gleichzeitig stabilisierend auf die Emulsion, d.h. er unterstützt ein wenig den Emulgator.

Kakaobutter ist ein sehr hochwertiges natürliches Fett, das aus der Kakaobohne gepreßt wird. Übrig bleibt ein stark oder schwach entöltes Kakaopulver, wie wir es im Handel kaufen. Die Kakaobutter ist ein wesentlicher Bestandteil der Schokolade. Im Normalzustand ist Kakaobutter fest und spröde, ihr Schmelzbereich liegt bei 32 bis 34 °C. Ein entscheidender Vorteil ist die ziemlich große Stabilität gegen Ranzigwerden.

Als Konsistenzgeber für die kosmetische Pflegecreme hat sie herrliche Eigenschaften. Wir haben etwa 4 % Kakaobutter in die Creme gegeben. Mit allen natürlichen Ölen ergibt diese Kombination eine sehr weiche, softige, leichte Creme. Wer möchte, kann natürlich mehr oder weniger hinzufügen oder/und mit anderen Konsistenzgebern mischen.

Im Gegensatz zu Bienenwachs, Walratersatz und Cetylalkohol wirkt Kakaobutter auf die Haut zugleich fettend.

Die Kakaobutter in der Kosmetikcreme hinterläßt keinerlei Rückstände

und zieht schön in die Haut ein, allerdings macht sie die Haut auch glänzend; sie ist also mehr für die Nachtcreme geeignet.

Schibutter oder **Sheabutter** ist ein Pflanzenfett, das aus der Nuß des Sheanußbaumes (*Butyrospermum Parkii Kotschy*) gewonnen wird. Er kommt in Zentralafrika vor, wo er hauptsächlich wild wächst. Der Schibutterbaum wird etwa 15 Meter hoch und trägt pflaumenartig aussehende Nüsse. Diese 3 bis 4 cm langen grünen Früchte enthalten bis zu 50 % Fettbestandteile. Dieses Fett wird von den Afrikanern teilweise als Nahrungsmittel, außerdem aber schon seit alter Zeit auch zur Körperpflege verwendet.

Schibutter ist für kosmetische Zwecke besonders gut geeignet, weil es einen natürlichen Gehalt an *Unverseifbarem* hat (vgl. dazu *Seite 38*). Dieses Unverseifbare kommt zwar auch in anderen Pflanzenölen vor; allerdings ist der Anteil in der Schibutter höher, und es ist auch anders zusammengesetzt. Für alle, die es genau wissen wollen: Das Unverseifbare der Schibutter besteht zu 75 % aus Triterpen-Alkoholen – einer Art Harz. Sie kommen hier als sogenannte Zimtsäureester vor, die der Grund für die besondere Hautfreundlichkeit dieses Fettes sind. Sie heilen und desinfizieren zugleich.

In der Regel enthält Schibutter 6 % oder sogar mehr Unverseifbares. Kein Wunder, daß sie eine so gute, weichmachende Wirkung auf die Haut hat. Es heißt sogar, daß sie zur Vorbeugung von Schwangerschaftsstreifen geeignet sein soll.

Schibutter beschleunigt außerdem

Abb. 32: Ein mildes Fett aus einem Baum: Schibutter aus dem Schinußbaum.

den Heilungsprozeß bei Verletzungen, sie bewahrt die Haut vor dem Austrocknen, und sie soll sogar einen gewissen Sonnenschutz bewirken.

Schibutter hat außerdem einen natürlichen Gehalt an Allantoin (vgl. *Seite 51*), Vitamin E und verschiedenen Karotinen wie z. B. das Provitamin A_1. Trotz ihres Vitamin-E-Gehaltes kann Schibutter ranzig werden; deshalb gut verschlossen im Kühlschrank aufbewahren.

Schibutter ist wegen ihrer vielseitigen Eigenschaften also nicht nur ein Konsistenzregler, sondern zugleich ein Wirkstoff.

Wir haben damit Cremes zubereitet, und wir waren begeistert von der sahnigen Konsistenz. Die Creme bleibt stabil und gibt ein nicht zu übertreffendes angenehmes Hautgefühl.

Eine Creme auf der Basis von Schibutter läßt sich außerdem besonders schnell und gleichmäßig auf der Haut verteilen. Wegen ihrer pflegenden Eigenschaften ist sie für sehr viele Rezepte empfehlenswert, angefangen von Tages- und Nachtcremes bis hin zu Lippenpflege, After-sun-Creme usw. Leider ist Schibutter vergleichsweise teuer. Es genügen aber schon 2 bis 4 % in der Creme.

Bei der Cremeherstellung kann Schibutter wie jedes andere Fett auch auf 70 °C erhitzt werden; ihr Schmelzbereich liegt zwischen 35 und 45 °C.

Lanolin: Einen genaueren Hinweis auf seine Herkunft gibt die Bezeichnung *Wollwachs.* Lanolin ist nämlich das Fett, das aus der Schafwolle gewonnen wird. Lanolin hat eine bernsteingelbe Farbe und einen sehr intensiven, etwas unangenehmen Eigengeruch. Außerdem ist es sehr klebrig. Aber als Naturprodukt ist es gern und häufig vor allem in Naturkosmetika verwendet worden. Nun gibt es beim Lanolin aber ein entscheidendes Problem, das uns schon bei der Hobbythek-Kosmetik-Sendung 1978 veranlaßt hat, dieses Wollwachs nicht als Creme-Inhaltsstoff zu empfehlen. Die Schafe werden nämlich mit Pestiziden (Insektenvernichtungsmitteln) behandelt, um sie von lästigem Ungeziefer freizuhalten. Wird dann später aus der Schafwolle das Lanolin gewonnen, so können diese Giftstoffe auch im Lanolin enthalten sein. Man kann sich vorstellen, daß sich bei vielen Menschen, ausgelöst durch solches Lanolin in der „Naturkosmetik", allergische Hautreaktionen zeigen. In den letzten Jahren wurde oft behauptet, daß solche Pestizidrückstände im Lanolin nicht mehr vorkommen könnten. Aber noch im April 1986 gingen wieder Meldungen durch die Presse, daß man in einer Kindercreme Giftspuren entdeckt hat, die mit dem Inhaltsstoff, einem Lanolin-Abkömmling, in die Creme eingeschleust wurden. Das ist der Grund, weshalb wir Ihnen Lanolin nicht empfehlen.

Die Haltbarkeit und die Konservierung der Creme

Wenn man seine Kosmetik so natürlich wie möglich zu Hause selbst herstellt, möchte man auf Konservierungsstoffe weitgehend verzichten. Entscheidend dafür ist, daß jeweils nur kleine 30-g-Mengen frisch angerührt werden, die „zum alsbaldigen Verbrauch" bestimmt sind. Ohne Konservierung sollte die Creme innerhalb von 8 bis maximal 14 Tagen verbraucht sein.

Sie können ein Übriges zur Hygiene tun und die Creme nicht mit dem Finger, sondern mit einem sauberen Spatel oder Löffelstiel (Kunststoff) aus der Dose holen. Dann hält sich die Creme bis zu 2 Wochen; gekühlt sogar bis zu 3 Wochen. Diese Zeiten gelten aber nur für Cremes, in denen keine proteinhaltigen Zusatzstoffe wie Kollagen, Elastin usw. enthalten sind. Diese verderben schneller als die Emulsion. Ohne Konservierungsstoffe halten sich diese Cremes bei Raumtemperatur bestenfalls 1 Woche, im Kühlschrank bis maximal 2 Wochen.

Auch hierbei gelangen die meisten Keime durch die Finger mit hinein. Ein sauberer Spatel ist um so mehr zu empfehlen. Nach dem Verfallsdatum die Creme am besten wegwerfen, damit keine Verwechslungen mit frischer Creme passieren. Das Neuanrühren geht ja bei unserer Methode im Nu.

Aqua conservans

Wenn Sie auf Nummer Sicher gehen wollen, können Sie die Creme auch leicht konservieren, indem Sie sogenanntes Konservierungswasser – *Aqua conservans* – anstelle des destillierten Wassers verwenden. Der Apotheker stellt Aqua conservans her und nutzt es, um zum Beispiel Hustensaft oder andere Medikamente haltbarer zu machen. Dieses Wasser gibt es ebenso wie destilliertes Wasser in der Apotheke zu kaufen. Sie können es aber auch selbst herstellen aus Pulver oder einem flüssigen Konzentrat (vgl. Bezugsquellennachweis).

1 Liter Aqua conservans enthält als Konservierungsmittel 0,75 g Nipagin und 0,25 g Nipasol. Diese beiden Stoffe gehören zur Gruppe der PHB-Ester und werden auch für Nahrungsmittel eingesetzt. Nipagin und Nipasol sind wasserlöslich und konservieren somit die Wasserphase der Emulsion. Sie schützen hauptsächlich vor Schimmelbefall, der Hauptursache für das Verderben.

Übrigens hat man entdeckt, daß diese chemisch hergestellte Substanz Nipagin schon längst in der Natur bekannt war. Der Gelbrandkäfer – der im Wasser lebt – schützt sich damit vor Schimmelbefall. Dazu stellt er in seinem eigenen Körper ein Antischimmelmittel her, das dem Nipagin unserer Konservierungssubstanz gleicht.

Vor allem sollten Cremes mit eiweißhaltigen Wirkstoffen wie Kollagen und Elastin aus Sicherheitsgründen nach Möglichkeit konserviert werden.

Sie haben drei Möglichkeiten an Aqua conservans zu kommen: Sie können es – wie gesagt – fertig in der Apotheke kaufen. Da kann es aber passieren, daß Sie für einen Liter an die 13 Mark bezahlen müssen; das finden wir ein bißchen teuer. Die zweite Möglichkeit ist, Sie kaufen in der Apotheke genau abgewogen 0,75 g Nipagin und 0,25 g Nipasol als Pulver und lösen es selbst auf. Das ist schon billiger. Das destillierte Wasser wird aufgekocht und das Pulver hineingeschüttet – umrühren, fertig (im kalten Wasser löst sich das Pulver leider nicht).

Um Ihnen günstige Preise zu verschaffen, haben wir zusätzlich dafür gesorgt, daß Sie – ohne selbst die kleinen Mengen abwiegen zu müssen, auch ein verdünntes Konzentrat (in 1 Liter Wasser werden 10 ml des flüssigen Konzentrats gemischt) bei den Versandfirmen (vgl. Bezugsquellennachweis) beziehen können. Das kostet dann nur ein paar Groschen pro Liter.

Bei ganz wenigen Menschen sollen – wie wir gehört haben – die Konservierungsstoffe Nipagin und Niposol leichte Allergie-Reaktionen auslösen. Sollte das bei Ihnen der Fall sein, können Sie auf das Konservierungsmittel *Euxyl K 100* ausweichen; denn meist ist man nur gegen einen bestimmten Stoff allergisch.

Ein zweites Konservierungsmittel: Euxyl K 100

Ein anderes, sanftes Konservierungsmittel, das – wie *Aqua conservans* – gegen Schimmelbefall und zusätzlich gegen Bakterien schützt, ist *Euxyl K 100*. Es ist ebenfalls ausgesprochen hautverträglich, und es reizt nicht einmal die empfindlichen Schleimhäute des Auges.

Man benötigt nur 1 bis 2 g pro Liter. Auch hier haben wir Versandfirmen gebeten, ein stark verdünntes Konzentrat zum Selbstmischen anzubieten. Wir haben diesen Firmen empfohlen, Euxyl K 100 auf 1 : 10 zu verdünnen – zum einen, weil man sehr wenig davon braucht und zum anderen, um die Gefahr auszuschließen, daß ein starkes Konzentrat Schaden anrichtet. Außerdem können Sie es in dieser Verdünnung besser dosieren.

Im Gegensatz zu *Aqua conservans* kommt dieses Mittel nicht in die Wasserphase, sondern erst ganz zum Schluß in die fast fertige Creme.

Rühren Sie Ihre Creme zunächst so an, als ob Sie sie nicht konservieren wollen. Erst wenn sie etwa auf Handwärme abgekühlt ist – also nicht mehr heißer als 40 °C ist –, dann geben Sie folgende Mengen des 1 : 10 verdünnten Konzentrats hinein:

> Auf 10 g fertige Creme kommen genau 3 Tropfen

Ein Beispiel: Wenn Sie eine Crememenge von 40 g angerührt haben, dann geben Sie 4 x 3 = 12 Tropfen des 1 : 10-Konzentrats Euxyl K 100 hinein. Dieses Konservierungsmittel ist wesentlich wirksamer als Aqua conservans.

Im Hinblick auf die Haltbarkeit spielt allerdings der pH-Wert der Emulsion eine wichtige Rolle. Je höher der pH-Wert liegt, um so geringer ist die Haltbarkeit. Das Konservierungsmittel wirkt dann einfach nicht so lange. Während bei einem pH-Wert zwischen 6 und 7 die Haltbarkeit 1 bis 2 Jahre betragen kann, sinkt sie bei einem pH-Wert von 8 bereits auf die Hälfte. Viel länger wollen Sie Ihre Cremes sicher auch nicht aufbewahren.

Geringere Zusätze von Euxyl als 0,1 % haben keinen Sinn, da das Mittel dann nicht alle eventuell vorhandenen Keime tötet. Es besteht also die Gefahr, daß ein Rest von Keimen zurückbleibt und sich dann wieder vermehrt. Zum Konservieren von Shampoos, Schaumbädern, Duschgelen und Haarkuren genügt bereits die Hälfte der Menge für Creme, d.h. auf 20 g kommen 3 Tropfen des 1 : 10 verdünnten Euxyl-Konzentrats.

Wollen Sie die Creme verschenken, dann machen Sie Ihre Freunde auf die begrenzte Haltbarkeit der selbstgerührten Creme unbedingt aufmerksam; notieren Sie am besten das Haltbarkeitsdatum oder besser das Verfallsdatum. Sonst könnten die Beschenkten gewohnheitshalber von herkömmlichen Cremes ausgehen.

Verkaufen dürfen Sie diese Cremes auf keinen Fall; da bestehen nämlich strenge amtliche Vorschriften. Eine Creme im Handel muß 3 Jahre haltbar und stabil bleiben!

Das zwingt natürlich die Industrie, die Emulsionen einerseits stark zu konservieren und andererseits, allein schon aus Gründen der Stabilität, sehr viele Zutaten zu verwenden, die die Rezepte kompliziert machen, obwohl die Haut mit weniger Zusatz vielleicht besser bedient wäre. Das möchten wir auch zur Ehrenrettung der Kosmetikindustrie doch vermerken. An selbstgerührte Cremes braucht diese Elle nicht angelegt zu werden; sie sind ja „zum alsbaldigen Verbrauch bestimmt".

Wir haben jetzt die wesentlichen Grundlagen der Cremebestandteile beschrieben. Weiter gehts mit einem besonders spannenden Gebiet:

Die zusätzlichen Wirkstoffe

Humbug in der Werbung der Industrie

Wir haben schon gesagt, daß die Hauptaufgabe der Pflegecreme darin besteht, einen schützenden, dünnen Fettfilm auf die Haut zu legen und gleichzeitig etwas Feuchtigkeit auf die Hautoberfläche zu bringen. Darüber hinaus ist es natürlich ungeheuer reizvoll, noch weitere Wirkstoffe in die Creme einzubauen. Wer möchte nicht seiner Haut soviel Gutes tun wie möglich?

An dieser Stelle setzt die Kosmetikindustrie mit ihren Verheißungen an. Deshalb sind so viele Menschen bereit, fast jeden Preis zu zahlen. Dabei gibt es eigentlich nur wenige, wirklich fundierte wissenschaftliche Beweise über konkrete Wirkungen. Oft spielt allein die Psychologie mit. Weil man an seine Creme „glaubt", zeigen die vermeintlichen Wirkstoffe tatsächlich objektive Wirkung. Deshalb ist die Werbung auch so erfolgreich; sie setzt auf die „sich selbst bestätigende Prophetie" und verdient gut daran.

Während bei Arzneimitteln neuerdings die Wirkung nach objektivierbaren Kriterien nachgewiesen werden muß, ist dies bei Kosmetika nicht der Fall. Bestenfalls das Gesetz gegen den unlauteren Wettbewerb läßt sich zur Eindämmung allzu unverschämter Behauptungen heranziehen. Aber wo kein Kläger ist, ist auch kein Richter. Der Gegenbe-

Abb. 33: Die Werbung der Kosmetikindustrie spart nicht mit Versprechungen.

weis ist überdies sehr kostspielig, vor allem weil keine allgemein anerkannten Meß- und Prüfmethoden darüber vorliegen, wie ein Präparat wirkt. Hinzu kommt, daß es nicht ausreicht, die Wirkungsweise eines Stoffes zu kennen. In Kombination mit anderen kann er völlig anders wirken. Zusatzstoffe können sich ergänzen, aber sich gegenseitig auch stören.

Wir sprachen ausführlich mit einem der anerkanntesten Wissenschaftler Deutschlands auf dem Gebiet der Dermatologie (Hautkunde), mit Prof. Dr. Hagen Tronnier, Dortmund. Er meint, daß – abgesehen von antibakteriellen Wirkungen und einigen in die Haut tatsächlich eindringenden ätherischen Ölen – die meisten modischen Wirkstoffe überflüssig sind. Die Eiweißstoffe (Kollagen, Elastin usw.) halten bestenfalls die Feuchtigkeit der Creme etwas länger. Bei dem Zusatzstoff *DNS vegetal*, den eine französische Firma als Revolution in der Kosmetik propagiert, teilt er völlig unsere Meinung, daß die Werbeaussagen für dieses Produkt an Scharlatanerie grenzen.

Im Folgenden versuchen wir eine einigermaßen objektive Beschreibung der Zusatzstoffe. Wir haben auch dafür gesorgt, daß Sie sie preiswert beziehen können. Auf diese Weise können Sie sich selbst eine Creme gestalten, die es mit den teuren Spezialcremes aufnehmen kann – für einen Spottpreis, wie Sie feststellen werden. Sie haben außerdem den großen Vorteil, daß Sie wissen, was und wieviel in Ihrer selbstgerührten Creme enthalten ist. Eine Information, die Sie in fertigen Hautpflegemitteln nur in äußerst seltenen Fällen erhalten. Warum eigentlich? Vielleicht würde eine bes-

sere Informationspolitik manches Mißtrauen beseitigen.

Proteine als Zusatzstoffe

Schon Kleopatras Bad in der Eselsmilch zeigt, daß die Idee, mit Proteinen der Schönheit auf die Sprünge zu helfen, keinesfalls neu ist. Wenn überhaupt, dann waren es das Milcheiweiß und die Fettemulsion der Eselsmilch, die die Haut pflegten. Allerdings darf man nicht dem Trugschluß unterliegen, den uns die Werbung so gern weismachen möchte, daß man nämlich eine Haut jünger machen könnte. Auch wenn unsere Haut zu einem hohen Prozentsatz aus Eiweißstoffen besteht, von außen können diese nicht regeneriert werden. Ein sogenannter „Repair-Komplex" auf die Haut aufgetragen, wirkt auf keinen Fall auf diesem Wege, und Falten lassen sich auch nicht „reparieren" – höchstens für ein paar Stunden überdecken.

Kollagen

Kollagen ist das wichtigste Protein für die Haut. Fast jeder kennt es aus der Kosmetikwerbung. Kollagen ist ein Bestandteil des oben angesprochenen sogenannten *Repair-Komplexes*. Dieses Thema ist heute aus der Werbung weitgehend verschwunden, weil man dort ständig nach neuen Schlagworten suchen muß. Seinerzeit wurde *Kollagen* als das Wunderheilmittel gegen Falten und andere Alterungserscheinungen der Haut gepriesen. Es wurde behauptet, daß das Kollagen von außen her in die Haut eindringt

Abb. 34: In unserer Hobbythek-Fernsehsendung badete eine leibhaftige Kleopatra in Eselsmilch.

und sie von innen her regeneriert. Das ist natürlich nicht möglich, weil die Kollagenmoleküle viel zu groß sind, um in die Haut einzudringen.

Trotzdem kann Kollagen – oder vergleichbare Substanzen – einer Creme durchaus positive Eigenschaften verleihen, zum Beispiel indem es den Feuchtigkeitsgehalt der Creme auf der Haut länger bewahrt.

In der menschlichen und auch in der tierischen Haut unterscheidet man zwei Arten von Kollagen: Einmal das *lösliche* und zum anderen das sogenannte *unlösliche*. In der jungen Haut ist hauptsächlich lösliches Kollagen enthalten; mit zunehmendem Alter entstehen immer mehr von den unlöslichen Kollagenstrukturen.

Wenn man nun tierische Kollagenprodukte in Hautpflegekosmetika verwendet, so sollte dieses Kollagen möglichst „nativ" sein. Mit nativ bezeichnet man den Zustand, in dem das Kollagen normalerweise im lebenden Organismus vorkommt, also eine Art Urzustand (nativ = ursprünglich). Das bezieht sich sowohl auf sein Aussehen wie auch auf seine physikalischen und chemischen Eigenschaften. Der native Zustand ist wichtig, weil nur dieses Kollagen die gewünschten feuchtigkeitsbindenden Eigenschaften besitzt.

Durch Einwirkung von Wärme, Chemikalien und viele andere Dinge kann dieses native Kollagen zerstört, man sagt auch denaturiert werden. Dadurch wird es völlig verändert, und es hat nicht mehr die gleichen Eigenschaften. Dies muß durch entsprechende Lagerung im Kühlschrank und besonders sorgfältiges Einarbeiten in die Creme vermieden werden. Wir kommen gleich noch darauf zurück.

Außer diesem aus Kälberhaut gewonnenen, relativ teuren, nativen, *löslichen* Kollagen gibt es auch Produkte aus nativem *unlöslichem* Kollagen, die genau die gleichen guten feuchtigkeitsbindenden Eigenschaften haben wie das lösliche Protein. Es heißt *Desamidokollagen* und wird in einem Spezialverfahren aus der Rinderhaut gewonnen, die bereits sehr viel unlösliches Kollagen enthält. Dadurch ist das Produkt auch preiswerter.

Die feuchtigkeitsregulierende Wirkung des nativen Kollagens beruht auf seinem enormen Wasserbindevermögen. Natives Kollagen, das als Substanz in die Creme gerührt wird, ist meist nur eine 1 %ige Lösung; die restlichen 99 % sind Wasser. Dies ist aber kein schlechter Trick der Hersteller, sondern eine Notwendigkeit. Es ist ja gerade der gewünschte Effekt, daß das in der Creme enthaltene Kollagen auf der Haut ebenfalls möglichst viel Wasser binden soll. Diese 1 %ige Kollagenlösung bildet eine klare, gallertartige Substanz, die noch relativ flüssig ist – etwa wie gelöste Gelatine. In dieser Form läßt sie sich am einfachsten unter die Creme rühren. Sobald die Kollagenkonzentration höher ist, wird es schwieriger. Das Desamidokollagen enthält eine 1,5 %ige Konzentration.

Wie gesagt, gelagert wird das native Kollagen auf jeden Fall im Kühlschrank; da hält es sich mindestes ein halbes Jahr.

Abb. 35: Kollagenlösung und Fettphase halten im Kühlschrank länger.

Kollagenhydrolysate

Werden die großen Moleküle von nativem Kollagen zerkleinert, so entstehen Produkte mit ähnlichen, aber doch anderen Eigenschaften – die aber anteilsmäßig immer noch die gleichen Inhaltsstoffe haben. Das Kollagen wird entweder auf biologischem (durch Enzyme) oder auf chemischem Wege abgebaut. Es entstehen dabei die sogenannten *Hydrolysate*, auf die wir im Kapitel über Seifen noch im einzelnen eingehen werden. Ihr großer Vorteil ist, daß sie zum einen viel preiswerter und zum anderen viel leichter zu handhaben sind. Außerdem ist ihre Haltbarkeit besser, so daß sie nicht im Kühlschrank aufbewahrt werden müssen. Sie können bei der Cremeherstellung auch bis auf 70 °C erhitzt werden. Solche Proteinhydrolysate gibt man auch in Haarpflegemittel. Wichtig sind sie vor allen Dingen auch als Zusatzstoffe von *Tensiden* (waschaktive Substanzen, auf die wir ab *Seite 97* eingehen), deren aggressive Wirkung sie erheblich mildern können.

Übrigens haben wir Kollagenhydrolysat sowohl in Form von Pulver, wie auch als wäßrige Lösung verwendet. Die wäßrige Lösung ist preiswerter, entwickelt aber immer einen Eigengeruch und läßt sich deshalb eigentlich nur als Zugabe zur Flüssigseife verwenden. Darauf gehen wir aber erst ab *Seite 114* ein. Dort stellen wir auch waschaktive Substanzen vor, die aus Kollagen gewonnen werden. Es handelt sich dabei um die sogenannten Eiweißfettsäure-Kondensate, die zu den mildesten Tensiden überhaupt gehören.

Elastinhydrolysate

Das Elastin kommt wie Kollagen – allerdings in wesentlich geringeren Mengen – in der menschlichen Haut vor. Für diesen Stoff gilt das gleiche wie für das Kollagen: es läßt sich nicht in die Haut hineinschleusen. Trotzdem hat es als Hydrolysat (zerkleinerte Elastinmoleküle) einige kosmetische Vorteile. Es gelten hier ähnliche Bedingungen wie beim Kollagenhydrolysat. Wegen des Eigengeruchs der wäßrigen Lösung haben wir hier nur Elastinpulver verwendet.

Das Elastin hat die besondere Eigenschaft, außen auf der Haut einen dünnen Film zu bilden, der ein glattes Gefühl gibt und die Haut zusätzlich schützt. Für Gesichtspflege verwendet man höchstens 1 % Elastin, während es für Handcreme auch etwas mehr sein darf, also 2 %.

Man sagt, daß Elastin als Zusatz in einer Kollagencreme die Wirkung des Kollagens erhöht und unterstützt. Deshalb sind beide Stoffe zusammen auch die wesentlichen Bestandteile des sogenannten „Repair-Komplexes" in industriell hergestellten Cremes.

Vitamine als Zusatzstoffe

Vitamine sind lebensnotwendige Wirkstoffe die – gemeinsam mit anderen Stoffen – für das geregelte Funktionieren unseres gesamten Körpers nötig sind. Obwohl der Organismus sie nur in kleinen Mengen braucht, treten Mangelerscheinungen auf, sobald wichtige Vitamine fehlen. Ein bekanntes Beispiel ist der Skorbut, eine zum Tode führende Vitamin-C-Mangel-Krankheit, der früher Seeleute zum Opfer fielen, weil sie nicht genügend frische Nahrung an Bord hatten. Doch normalerweise sind in einer abwechslungsreichen, gut ausgewogenen Ernährung alle lebensnotwendigen Vitamine enthalten.

Grundsätzlich unterscheidet man zwei Gruppen von Vitaminen: die *wasser*löslichen und die *fett*löslichen. Für die Körperfunktion sind beide wichtig. Was für eine Rolle die Vitamine spielen, wenn man sie von außen auf die Haut bringt, ist grundsätzlich noch nicht vollständig geklärt. Es bleibt also Ihnen überlassen, ob Sie zur Herstellung Ihrer Creme ein vitaminreiches Öl – wie etwa das Weizenkeimöl – wählen oder nicht.

Dazu ein wichtiger Hinweis. Wir alle wissen, daß Vitamine sehr anfällig sind gegen Licht, Sauerstoff und vor allen Dingen gegen Hitze. Frische Nahrungsmittel enthalten noch relativ viele Vitamine, die aber schon durch kurze Lagerzeit teilweise zerstört werden und zusätzlich noch durch Sauerstoff und Licht. Je länger die Lagerung, um so weniger Vitamine bleiben übrig. Ebenso verringert sich der Vitamingehalt durch Erhitzen bzw. Kochen. Die wasserlöslichen sind dabei empfindlicher als die fettlöslichen Vitamine.

Obwohl Sie also bei der Cremeherstellung Ihr Öl auf 60 bis 70 °C erhitzen müssen, werden die Vitamine daher nicht in so hohem Maße angegriffen; denn im Öl befinden sich natürlich nur fettlösliche Vitamine. Um aber die Zerstörung durch Licht zu verhindern, soll man diese vitaminreichen Öle stets lichtgeschützt – in dunklen Flaschen oder im Schrank – aufbewahren.

Die Einwirkung von Sauerstoff ist bei fettlöslichen Vitaminen das größte Problem. Deshalb sollten die Flaschen stets möglichst bis oben hin gefüllt und gut verschlossen sein.

Wie gesagt, die Wirkung auf die Haut ist generell nicht nachgewiesen, zumindest was die äußere Anwendung anbelangt. Deshalb beschränken wir uns auf zwei Vitamine, die uns einigermaßen sinnvoll erscheinen.

Vitamin E heißt in der Fachsprache **Tocopherol**, und es gehört zu der fettlöslichen Gruppe. Für die Kosmetik hat es eine sehr günstige Eigenschaft: es verhindert die Oxidation ungesättigter Fettsäuren und somit das Ranzigwerden von Ölen. Bei Ölen, die von Natur aus sehr stabil sind, weil sie hauptsächlich gesättigte Fettsäuren enthalten – wie etwa Avocadoöl, Mandelöl, Erdnußöl – ist dieser Zusatz überflüssig. Für andere Öle wie Sesam-, Soja-, Sonnenblumen- und Distelöl sind Zugaben von 0,2 % Vitamin E bzw. Tocopherol, sehr wirkungsvoll. Zwar enthält das Weizenkeimöl schon von Natur aus Vitamin E, allerdings nicht genug, um es zu stabilisieren. Es wird normalerweise auch ranzig. Wichtig ist, daß Sie das Tocopherol so bald wie möglich zum Öl geben.

Bei frischem Öl hilft dieser Zusatz, die Lagerfähigkeit zu verlängern. Kaufen Sie aber bereits älteres Öl, bei dem der Oxidationsprozeß schon begonnen hat, hilft auch das Vitamin E nicht mehr.

D-Panthenol stellt etwas völlig anderes dar. Es wird zur Gruppe der B-Vitamine gezählt, die die wichtigsten für die Haut und im übrigen wasserlöslich sind. Der Oberbegriff heißt *Pantothensäure*. Sie ist normalerweise enthalten in der Leber, in Weizenkeimen, Getreideerzeugnissen, Eiern, Gemüsen und Hefe. Der in der Kosmetik verwendete Wirkstoff heißt *D-Panthenol*, ist farblos klar, ziemlich dickflüssig bis klebrig und kann bei längerer Lagerung fest werden. Deshalb gibt es D-Panthenol auch als 50 %ige Lösung, die sich leichter dosieren und verarbeiten läßt.

D-Panthenol ist stabil gegen Luftsauerstoff und Licht, aber hitzeempfindlich. Es darf nicht über 40 bis 50 °C erwärmt werden! Ebenso ist es nicht stabil gegen starke Säuren und Basen. Deshalb ist es am besten für Cremes geeignet, die einen pH-Wert um den Wert 6 herum haben.

D-Pantothensäure kommt in allen Zellen lebender Organismen vor. In großer Konzentration befindet es sich in allen Organen, die einen höheren Stoffwechselumsatz haben. Die höchste Konzentration von D-Pantothensäure enthält die Haut. Einige Firmen – darunter die BASF – behaupten, daß D-Panthenol besonders gut in die Haut eindringt und auch in tieferen Schichten wirken würde. Prof. Tronnier, unser Berater, zweifelt diese Wirkungen jedoch an. Es gibt allerdings auch medizinische Hautsalben, die D-Panthenol als einzigen Wirkstoff enthalten (z.B. Bepanthen).

D-Panthenol, oder genauer, die daraus sich bildende Pantothensäure, beschleunigt das Zellwachstum, d.h. die Haut erneuert sich rascher. Daher die mögliche Heilwirkung. Außerdem wird die Bildung von Hautpigmenten angeregt. Auch gutes Feuchthaltevermögen wird dem D-Panthenol bescheinigt. Als normalen Wirkstoffzusatz gibt man etwa 1 % in die Creme. Es wird auch für Kosmetika nach dem Sonnenbad und als Zusatz für Lippencreme empfohlen. Es soll übrigens auch ganz besonders gut auf die Haare wirken.

Pflanzliche Zusatzstoffe

Es gibt ungeheuer viele Heilkräuter und pflanzliche Wirkstoffe. Bei manchen ist die Wirkung zwar überliefert, aber nicht wissenschaftlich nachzuweisen. Umstritten ist häufig auch, ob man nur einen einzelnen Wirkstoff aus einer Pflanze isoliert anwenden soll, weil es oft erst die Gesamtkombination von vielen in dieser Pflanze enthaltenen Stoffen ausmacht, daß sich besondere Heilkräfte zeigen.

Wenn Sie spezielle Vorlieben für bestimmte Kräuter haben, können Sie diese natürlich als wäßrigen oder öllöslichen Extrakt in Ihre Creme geben, oder Sie machen einen richtigen Kräuteraufguß mit destilliertem Wasser wie bei der Teebereitung und geben anstelle des destillierten Wassers den Sud zu Ihrer Creme. Wir beschränken uns hier auf einige Beispiele. (Viele ausführliche Hinweise über Wirkungen von Kräutern finden Sie im *Hobbythek-Buch 10*.)

Nun aber zu einem sehr interessanten pflanzlichen Wirkstoff:

Aloe vera ist eine Pflanze. Sie wächst in der Wüste und sieht fast so aus wie eine kleine Agave – ohne allerdings eine zu sein. In Amerika gibt es bereits große Plantagen; denn Forschungen haben bewiesen, daß der Saft besonders bei Brandwunden außergewöhnlich heilen hilft. Die Indianer wußten dies seit Jahrhunderten. Vor 3500 Jahren wurde die *Aloe vera* zum ersten Mal in Hieroglyphenschriften erwähnt. Die ägyptischen Königinnen Nofretete und Kleopatra benutzten sie zur Körperpflege. Neuerdings ist Aloe vera zu einer regelrechten Modeerscheinung geworden. Zu Recht, wie wir meinen. Sie heilt nicht nur, sondern bindet auch Feuchtigkeit.

Über 200 verschiedene Aloe-Arten sind bekannt, aber nur die Aloe vera gilt als Heilpflanze. Sie wird 60 bis 90 cm hoch. Man sagt ihr nach – wir haben eine wissenschaftliche Arbeit darüber vorliegen –, sie beschleunige die Bildung neuer Hautzellen, d.h. sie helfe bei der Wundheilung und fördere das Wachstum von neuem Gewebe. Aloe vera hat eine antibiotische Wirkung, sie soll auch bei Akne helfen und außerdem die Haut weichmachen.

Aloe-vera-Extrakte enthalten u.a. verschiedene *essentielle Aminosäuren*. Als Feuchthaltemittel für die Haut genügen 10 bis 15 % rückverdünnte Lösung in der Creme, d.h. 1 bis 1,5 % des handelsüblichen 10fach-Konzentrats. Bei Wund- und Heilsalben, Sonnenmilch, After-Sun-Creme, Sonnenbrandcreme nimmt man 20 bis 30 %, also 2 bis 3 % des 10fach-Konzentrats. Konzentriert wird der Aloe-vera-Saft wegen der einfacheren Lagerung und Anwendung bei der Cremeherstellung. 10fach-Konzentrat heißt, daß wenn man 1 Teil Aloe-vera-Konzentrat

Abb. 36: Aloe vera und ihre wohltuenden Wirkstoffe kannten schon die Indianer vor 3.500 Jahren: Hier eine Gewächshauspflanze.

noch ein paar Tropfen D-Panthenol mit untermischen.

Hier ein Rezept, das wir als sehr wirksam an uns selbst ausprobiert haben; es ist den Indianern nachempfunden:

Mittel gegen Sonnenbrand

10 ml	Aloe vera
50 ml	abgekochtes und abgekühltes Wasser
20 Tr.	D-Panthenol oder α-Bisabolol

Bei hochgradigem Sonnenbrand empfehlen wir Ihnen allerdings, den Arzt aufzusuchen (vgl. auch Sonnencreme).

α-**Bisabolol** – diesen Namen kennen Sie wahrscheinlich nicht. Die Kamille kennt hingegen jeder als Heilpflanze. Sie hat nachweislich eine bakterien- und entzündungshemmende Wirkung.

Eine Pflanze enthält generell eine Mehrzahl von Wirkstoffen, wobei sich die Wissenschaftler häufig nicht sicher sind, welche dieser Bestandteile im einzelnen eine Rolle spielen und welche nicht. Deshalb ist es schon ein Unterschied, ob man nur den Hauptwirkstoff eines Krautes isoliert verwendet, oder ob man einen Kräuterauszug einsetzt, der möglichst vollständig alle Wirkstoffe der natürlichen Pflanze enthält. Wie gesagt, die Kamille als segensreiches Hausmittel hat sicherlich schon vielen Menschen bei inneren und äußeren Beschwerden geholfen, sei es nun bei Magen-Darmstörungen oder Hautreizungen bzw. Entzündungen. Zur Anwendung kommt seit jeher entweder der wäßrige Auszug aus den Kamilleblüten

mit 9 Teilen destilliertem Wasser verdünnen muß, wenn man die ursprüngliche Konzentration des Saftes erhalten will. Aber dies empfiehlt sich nur, wenn man zum Beispiel ein stets griffbereites Hausmittel gegen Verbrennungsfolgen herstellen will. Nehmen Sie dann auf jeden Fall zum Verdünnen vorher abgekochtes destilliertes Wasser, damit Sie eine keimfreie Creme erhalten und Infektionen vermieden werden.

Noch ein im „Falle des Falles" sehr nützlicher Tip: Wenn Sie der *Sonnenbrand* bereits erwischt hat oder erste Anzeichen ihn ankündigen, dann mischen Sie sich eine Lösung aus 1 Teil *Aloe vera* 10fach-Konzentrat und 1 Teil *Wasser* und tragen diese Essenz direkt auf die Haut auf. Sie können auch

(Tee) und neuerdings auch ein Frischpflanzenextrakt, oder aber das ätherische Öl, das leider im Falle der Kamille sehr teuer ist. Ein Nachteil der Kamille übrigens, den viele nicht kennen: diese natürliche Kamille kann – allerdings nur in seltenen Fällen – Allergien hervorrufen.

Der nachgewiesene Hauptwirkstoff in der Kamille ist das *Bisabolol* – exakt α-Bisabolol. Im ätherischen Kamilleöl können davon bis zu 45 % enthalten sein.

Wenn es einen erschwinglichen Preis haben soll, wird das Bisabolol synthetisch hergestellt. Es hat aber die gleichen Wirkungen wie natürliches. Vor allen Dingen wirkt es entzündungshemmend und ist sehr gut hautverträglich, d.h. es kann keine allergische Reaktion der Haut auslösen. Deshalb ist es auch für Babycremes zu empfehlen.

Das Bisabolol wirkt entzündungshemmend, kann aber auch bei bereits bestehenden Hautirritationen gezielt eingesetzt werden. Allerdings vollzieht sich die Wirkung sehr langsam; 24 Stunden nach der Anwendung stellt man noch kaum eine Wirkung fest.

Ein Entzündungsprozeß, der auf der Haut abläuft, ist ein völlig natürlicher Vorgang. Es gehört ja zu den Schutzaufgaben der Haut, den Körper vor dem Eindringen fremder Stoffe oder Bakterien zu schützen. Eine Entzündung ist nichts anderes als eine Schutzreaktion, die gleichzeitig einen Heilprozeß in Gang setzt. Deshalb soll sie gar nicht sofort unterdrückt werden.

Übrigens gibt es eine interessante Feststellung über die Konzentration in

Abb. 37: Ein altes Heilmittel: Kamille. Wir empfehlen besonders den Wirkstoff *Bisabolol* daraus.

Abb. 38: Aus diesen und anderen Pflanzen können Sie Ihre Kräuterextrakte selbst gewinnen.

der Creme: Mehr Bisabolol bedeutet keinesfalls bessere Wirkung; im Gegenteil: zuviel (mehr als 2 bis 3 %) ergibt eine geringere Wirksamkeit. Die beste Dosierung in der Creme sind 0,8 %. Bisabolol wird vor allem für die empfindliche Haut empfohlen.

Allantoin kommt in der Natur als Bestandteil der Beinwellwurzel vor. Dem Allantoin sagt man auch eine heilende Wirkung nach. Es soll der Haut ein gesundes, zartes Aussehen verleihen und wird u. a. auch für Akne-Cremes eingesetzt. Die Dosierung kann bei 0,1 bis 0,5 % liegen. Es ist gut hautverträglich.

Kräuterextrakte

Die positive Wirkung von Kräuterextrakten auf der Haut können Sie auf verschiedene Weise nutzen. Sie können sie zum Beispiel durch heißen Aufguß wie beim Tee-Extrakt gewinnen und sie anstelle des destillierten Wassers in die Creme einrühren (siehe oben).
Einfacher ist es, flüssige Pflanzenextrakte zu kaufen und tropfenweise zuzufügen. Es gibt da eine sehr große Auswahl der verschiedensten Kräuter. Wir haben ein Konzentrat ausprobiert, das aus Frischpflanzen gewonnen wird. Es soll den Vorteil haben, Pflanzenwirkstoffe zusätzlich zu enthalten, die beim üblichen Trocknen herkömmlicher Pflanzendrogen verloren gehen. Der Auszug erfolgt mit Wasser (43 %), Propylenglycol (42 %) (nicht das Diäthylenglycol des Weines, sondern ein besonders hautfreundliches,

ungiftiges Glycol) und 15 % Weingeist. Machen Sie vorher unbedingt einen Allergietest auf der Haut, damit nichts schief geht. Die Wirkungsangaben stammen zum Teil aus der Volksmedizin bzw. Homöopathie. Es gibt folgende Kräuterartenauszüge (nehmen Sie etwa 1/2 Teelöffel auf 30 bis 40 ml Creme):

Hopfen: regt Durchblutung an, soll kurzzeitig straffen (1/2 Teelöffel)
Brunnenkresse: gegen fettige und unreine Haut
Ackerschachtelhalm: gegen unreine Haut, leicht straffend (1/2 Teelöffel)
Sonnenhut: wundheilend, gegen Sonnenbrand und Insektenstiche
Feldstiefmütterchen: heilend, entzündungshemmend, gegen Akne und Hautjucken
Brennessel: durchblutungsfördernd, gegen Hautjucken – in der Volksmedizin gege Ekzeme und rheumatische Schmerzen
Salbei: leicht straffend, gegen Bakterien, daher desodorierend und wundheilend
Schafgarbe: wundheilend weil bakterienhemmend, gut für strapazierte Haut
Walnußblätter: leicht straffend und insektenvertreibend (nicht für trockene Haut geeignet)
Johanniskraut: wundheilend, gegen Bakterien und leicht straffend, gut gegen strapazierte, wunde und unreine Haut
Hamamelis: durchblutungsfördernd, entzündungshemmend, kühlend, juckreizstillend, leicht

---

straffend; gegen Sonnenbrand, rissige und spröde, übermäßig trockene Haut
Ringelblume (Calendula): bakterientötend, heilend, anregend, gegen unreine Haut, in Sonnenschutzmitteln oder After-Sun-Cremes

---

Ätherische Öle

Sie können auch ätherische Öle verwenden, die ja hochkonzentriert sind. Sie stellen sozusagen den flüchtigen Geist einer Pflanze dar.
Über die Wirkung von Kräuterextrakten und ätherischen Ölen haben wir im *Hobbythek-Buch 10* ausführlich berichtet. Ab *Seite 87* wiederholen wir hier, wie Sie auf einfache Weise herrliche Badeöle selbst herstellen können.
Meist reichen einige Tropfen des ätherischen Öls, das man im übrigen auch zur Parfümierung der Creme verwenden kann.

Parfümierung der Creme

Beobachten Sie einmal, wie die meisten Menschen zunächst eine Creme beurteilen: Sie riechen daran. Allein dies zeigt, daß offenbar der Geruchssinn instinktiv eine große Rolle dabei spielt, ob eine Creme akzeptiert und für gut befunden wird oder nicht. Deshalb legt die Kosmetikindustrie großen Wert auf das Parfüm einer Creme. Auch wir wollen hier nicht das Prinzip der Askese predigen, wers mag, soll sich ruhig seine Creme parfümieren.

Abb. 39: Ätherische Öle duften herrlich und tun wohl.

Deshalb hier in Kürze ein paar generelle Tips, welche Duftstoffe geeignet sind. (Ganz ausführlich werden Sie die Welt der Parfüms und Duftstoffe in einem eigenen Band dieser Buchreihe dargestellt finden. Er erscheint Herbst 1987.)

Wir sagten es schon, daß gewisse ätherische Öle, besonders die von Blüten und Früchten, sehr gut duften und sich – allein oder in Komposition miteinander – hervorragend zum Parfümieren eignen.

Ätherische Öle sind Naturprodukte oder zumindest naturidentische, wenn das Öl, so wie es aus der Pflanze kommt, zu teuer ist. Aber keine Angst, naturidentische haben die gleiche Wirkung und meist auch den gleichen Duft wie natürliche ätherische Öle – im Rahmen der Schwankungsbreite, den auch das reine Naturprodukt besitzt. Einige wenige Menschen können gegen bestimmte ätherische Öle allergisch sein. Probieren Sie es auch hier also vorher auf der Haut aus, wenn Sie

wissen, daß Sie anfällig sind. Und zwar bevor Sie es in die Creme rühren, sonst glauben Sie möglicherweise, es läge an der Creme.

Es macht viel Spaß, diese Düfte selbst zu testen. Besorgen Sie sich deshalb ruhig mehrere ätherische Öle; einerseits, um das persönliche Erlebnis dieser Düfte zu kosten, andererseits, um selbst Duftkombinationen zu kreieren. Die kleinen Fläschchen (ca. 10 ml) kosten im Mittel nicht mehr als 3 Mark, manchmal sogar weniger. (Beschaffen Sie sich die Preisliste der verschiedenen Versandfirmen des Bezugsquellennachweises und vergleichen Sie die Preise.)

Folgende ätherische Öle sind zu Parfümierungszwecken geeignet (die Mengenangaben gelten für 30 bis 40 ml Creme; als Anhaltspunkt wählen Sie bei Duftkombinationen entsprechend weniger):

Bergamotte duftet herrlich und ist Hauptbestandteil des Kölnischen Wassers 4711 (mit Orangenblütenöl). 2 bis 3 Tropfen genügen. Vorsicht: Nicht in Tages- und Sonnencremes verwenden; Bergamotte macht die Haut sonnenlichtempfindlich und beschleunigt den Sonnenbrand.

Geraniumöl: Sehr süßlicher Duft, Rosen ähnlich, (hat mit Geranien auf dem Balkon nichts zu tun) (1-2 Tropfen)

Jasminöl: Reines Jasminöl ist zu teuer, daher meist naturidentisches Öl. Duftet wie Jasminblüten betörend (3-4 Tropfen)

Lavendelöl: Herrlicher, entspannender Duft wie die Lavendelblüten. Soll Insekten vertreiben (3-4 Tropfen)

Mandarinenöl: Duftessenz der Mandarinenschale – ohne Säure. Angenehmer, frischer Duft (3-4 Tropfen)

Melissenöl: herrlich entspannender Duft wie Melisse (3-5 Tropfen)

Menthol: wer's mag – auch gut gegen Erkältung. Kühlt die Haut (2-3 Tropfen)

Nelkenöl: strenger Geruch wie Gewürznelken, vertreibt Insekten (2-3 Tropfen)

Orangenöl: wie Orangenschale ohne Säurekomponente (3-4 Tropfen)

Orangenblütenöl: meist naturidentisch, weil rein zu teuer. Herrlich frischer Duft. Bestimmt zusammen mit Bergamotte den Geruch des Kölnischen Wassers 4711 (3-4 Tropfen)

Patschouli: Typisch indischer Duft (herb) (2-3 Tropfen)

Pfefferminze: Kühlt (1-2 Tropfen)

Rosenholzöl: Herber Geruch (2-3 Tropfen)

Rosenöl: (naturidentisch) wie Rosen (1-2 Tropfen)

Salbei: Heilt gleichzeitig (2-3 Tropfen)

Sandelholzöl: Indisch, milder als Patschouli (2-3 Tropfen)

Thymian: desinfizierend – wie Thymiangewürz. Wers mag (2-3 Tropfen)

Zitronenöl: Ätherisches Öl der Zitrone, duftet wie ungespritzte Zitronenschale, ohne Säure (2-3 Tropfen)

Es gibt auch spezielle *Parfümöle* und Duftkombinationen. Diese Öle sind meist synthetisch oder naturidentisch hergestellt, können aber trotzdem empfohlen werden, weil sie besonderen Hautprüfungen unterzogen wurden. Allerdings empfiehlt sich auch hier wieder ein persönlicher Allergietest, bevor Sie sie in die Creme einrühren – sofern Sie eine generelle Neigung zu Allergien haben. (Das sind immerhin mehr als 10 % aller Menschen.) Die Düfte werden hier nur beschrieben, wenn relativ unbekannt. Alle diese Öle bestehen zum Teil aus

---

Apfelblüte, grüner Apfel (wie Apfelblüten bzw. Apfel); **Flieder, Geisblatt** (süßlich); **Jasmin, Lotos** (süßlich exotisch); **Maiglöckchen, Moschus weiß – Moschus wild** (klassische Parfümgrundsubstanz. Natürlich ist echter Moschus unerschwinglich teuer. Moschus ist der Sexuallockstoff eines an einen übergroßen Hasen erinnernden Kleinhirsches. Er lebt im Himalaja (Tibet) und in einigen chinesischen und sibirischen Hochgebirgen. Das Parfüm wird aus einer Drüse gewonnen. Leider ist das Tier wegen der Begehrtheit seines in konzentrierter Form penetranten Duftes fast ausgestorben. (Die Chinesen beginnen allerdings, es gezielt in Moschusfarmen zu züchten).

Rose, Orchidee (Phantasiebezeichnung; relativ frisch duftend); **Veilchen, Magnolie** (angenehm süßlicher Duft), aber auch **Teerose, Erdbeer, Maracuja** und **Zimt**.

Kombinationen von mehreren Düften, die an Naturdüfte angelehnt sind.

Einige Versandfirmen liefern auch eigene Düfte, die einfach nur gut riechen sollen wie ein normales Parfüm. Die Bezeichnungen Biazz, Misty, Tabac, Rosky, Opium, Heu, Fresh Grass usw. oder einfach nur mit Cremeparfüm Nr. 1, 2, 3 usw. deuten auf diese Phantasiekompositionen hin.

Sie können natürlich auch Ihr eigenes Parfüm verwenden. Allerdings darf es aber kein Eau de Cologne oder Eau de Toilette sein, weil sie meistens zu 90 % aus hochprozentigem Alkohol bestehen, der die Emulsion der Creme beeinträchtigt.

So wirds gemacht bei der Cremeherstellung

Jetzt wird es aber höchste Zeit, zur Praxis zu kommen. Sicher kribbelt es Ihnen schon in den Fingerspitzen. Bei einem so umfassenden Gebiet wie dem der Kosmetik, ist es freilich schon wichtig und sicher auch interessant für Sie gewesen, vorher die grundsätzlichen Zusammenhänge zu klären.

Welche Arbeitsgeräte brauchen Sie?

Da wir normalerweise nur sehr kleine Cremeportionen rühren (ca. 30 g) – für den baldigen Verbrauch –, verwenden wir auch entsprechend kleine Gefäße. Eine Anschaffung, die sich wirklich lohnt, sind *2 feuerfeste Bechergläser* in Größen zwischen 50 und 100 ml für kleine Crememengen, bzw. 200 oder 300 ml für den größeren Bedarf.
Die Creme wird bei rund 70 °C zusammengerührt. Deshalb brauchen Sie für den Anfang vor allem ein *Thermometer* mit einem Meßbereich bis 100 °C! Später geht es, wenn Sie ein Gefühl dafür entwickeln können, auch ohne Thermometer.
Wichtig ist auch eine *Waage*, die zum Abwiegen kleiner Mengen geeignet ist (Briefwaage). Entscheidend ist, daß sich einigermaßen genau eine Mindestmenge von 2 g abwiegen läßt. Eine normale Küchenwaage ist also meist nicht geeignet. Mittlerweile gibt es im Handel auch elektronische Küchenwaagen mit digitaler Anzeige. Sie eignen sich zwar sehr gut, kosten aber

Abb. 40: Mehr Gerät brauchen Sie für die Cremeherstellung nicht.

in preiswerterer Ausführung um die 100 Mark (vgl. auch Beschaffungsnachweis). Flüssigkeiten lassen sich auch in entsprechenden Meßbechern oder mit einer Skala versehenen Bechergläsern messen.
Das Rühren klappt am besten mit einem *Löffelstiel* aus Cromargan oder Kunststoff. Andere Metalle, insbesondere Silber, können sich nachteilig auswirken. Holz geht auch, läßt sich aber nicht gründlich genug reinigen. Gut geeignet ist auch ein Glasstab (Laborbedarf). Nicht zu gebrauchen

sind Mixer oder Schneebesen, mit denen Sie zu viel Luft in die Creme rühren würden.
Hier noch einmal die Arbeitsgeräte auf einen Blick:

Briefwaage oder andere feine Waage, die auf 1-2 g genau mißt
Thermometer bis ca. 100 °C
2 feuerfeste Bechergläser (z.B. 50-100 ml oder größer), möglichst mit Meßskala, oder kleine Marmeladengläser und 1 Pfanne für das dann nötige Wasserbad.

---

evtl. 2 Meßzylinder bis 100-ml. Bechergläser mit genauer Skala können den Meßzylinder ersetzen
Plastik- oder Chromarganlöffel zum Rühren oder ein Glasstab
Kleinere Marmeladengläser oder ähnliches zum Abfüllen der Fettphase
Kleinere Cremedöschen (30-50 ml) zum Abfüllen der fertigen Creme (vgl. Herstellernachweis). Als Cremedöschen können Sie natürlich auch Ihre gebrauchten aus „der Vorhobbythek-Zeit" verwenden; sie müssen aber gründlich und kochendheiß gespült werden.

Der ganz besondere Trick der Hobbythek

Sollten Sie bereits nach den Ratschlägen einschlägier Biobücher eine Creme selbst gerührt haben – was sehr oft nicht klappte –, dann kennen Sie das Problem. Abgesehen davon, daß diese Cremes äußerlich nicht vergleichbar mit denen aus dem Kosmetikladen sind – was mit der richtigen Einstellung noch in Kauf genommen werden kann –, haben Sie sich besonders darüber geärgert, daß das Abwiegen der einzelnen Zutaten fast unmöglich ist. Es sei denn, Sie rühren große Mengen an. Dies aber verbietet sich schon allein deshalb, weil unsere Cremes sich nicht lange halten, damit wir möglichst ohne oder nur mit wenig Konservierungsmitteln auskommen. Unkonservierte Cremes halten sich aber nun einmal bestenfalls nur 2 Wochen; leicht konservierte bis 4 Wo-

chen. In dieser Zeit verbraucht man höchstens 30 bis 50 g Creme; und deshalb sollte man nie mehr anrühren. Dies aber bedeutet, daß die Zutaten auf derart kleine Mengen zusammenschrumpfen, daß sie kaum wiegbar sind. Allein daran kann die eigene Cremeherstellung schnell scheitern.
Viele Anhänger dieser Cremes sind deshalb dazu übergegangen, sie sich in der Apotheke abwiegen oder sie gar dort anrühren zu lassen – bei Apothekerpreisen, die verständlich sind, weil ja für den Apotheker ein relativ hoher Zeitaufwand mit diesen Arbeiten verbunden ist. Deshalb haben wir schon im *Hobbythek-Buch 3* einen Ausweg gesucht und gefunden. Viele von Ihnen haben damals diese Methode als das Ei des Kolumbus bezeichnet.
Nun, diesmal ist das um so angebrachter; denn unsere Creme ist ja jetzt noch viel besser als damals geworden.

Die Fettphase getrennt anrühren

Unsere Idee geht von folgenden Fakten aus:
Eine Creme besteht – wie erwähnt – einerseits aus Fett und andererseits aus Wasser. Fett bzw. Öl hält sich auch ohne Konservierungsmittel relativ lang. Natürliche Öle und Fette können – sofern sie luftdicht verschlossen sind – bis zu zwei Jahren und mehr aufbewahrt werden. Das gleiche gilt fürs Wasser. Erst wenn in der Creme Fett und Wasser zusammengebracht werden, werden sie anfällig für Bakte-

rien, Schimmelpilze und sonstige Mikroben. Das ist der wesentliche Grund dafür, daß Creme verderben kann. Zusätzliche Wirkstoffe – insbesondere die Eiweißstoffe Kollagen und Elastin – verstärken diese Gefahr noch. Deshalb – das ist entscheidend – bringen wir alle fettlöslichen Stoffe wie Emulgator, Konsistenzgeber und Öle – sie bilden die sogenannte *Fettphase* – so spät wie möglich mit den wasserlöslichen Bestandteilen – der *Wasserphase* – zusammen.
Wir schlagen damit zwei Fliegen mit einer Klappe. Wir können die Fettphase in größeren Mengen zusammenmischen; denn das Fett allein hält sich bis zu einem Jahr im Kühlschrank. Dadurch haben wir kein Problem mehr mit dem Abwiegen von Minimengen unter 1 g, wie das bei der herkömmlichen Naturkosmetik gang und gäbe ist. Seitdem geht das Anrühren der fertigen Creme im Nu.
Man braucht dann nur noch etwas von dem Fett zu erhitzen und die entsprechende Menge heißes, destilliertes Wasser zuzugeben und zu rühren. Das geht relativ schnell.
Die Fettmischung bewahrt man am besten in einem verschließbaren Marmeladenglas auf. Sie wird etwa so fest wie Butter bzw. Margarine und man kann damit blitzschnell (unter 10 Minuten Zeitaufwand) seinen Cremevorrat für die nächsten 8 Tage auffrischen. Auf diese Weise geht es natürlich auch problemlos ohne Konservierungsstoffe.
Ein weiterer Vorteil: Wir konnten unsere Cremerezepte wie ein Baukastensystem auf nur 3 Grundrezepte – ausgehend von der Fettphase – aufbauen.

Die Wasserphase

Abb. 41: Die Fettphase wird auf der lauwarmen Herdplatte oder im Wasserbad angerührt.

In die Wasserphase gehören alle Stoffe, die wasserlöslich sind.
An erster Stelle ist das *Wasser* selbst zu nennen. Es empfiehlt sich, destilliertes oder zumindest entmineralisiertes Wasser zu verwenden. Es geht zwar auch mit Wasser aus der Leitung, aber nur, wenn es außergewöhnlich weich ist, also nur eine geringe Wasserhärte bis zu 10 bis 12 °d. H. besitzt. Die Kalkbestandteile, die das Wasser ja hart machen, könnten sich auf der Haut ebenso unangenehm auswirken wie das Chlor, das in etlichen Ländern häufig in höheren Mengen als bei uns dem Trinkwasser zur Desinfektion zugefügt wird.

Zur Sicherheit sollten Sie das destillierte bzw. entmineralisierte Wasser – auch wenn Sie es in der Apotheke kaufen – zumindest einmal aufkochen, damit eventuell vorhandene Krankheitskeime abgetötet werden. Verschließen Sie die Abfüllflasche gut und wiederholen Sie dies, wenn das Wasser länger als 2 Monate steht.

In die Wasserphase gehört gegebenenfalls auch das Konservierungsmittel. Wir haben uns für sanfte Konservierungsstoffe entschieden, die in der Apotheke u.a. zum Konservieren von Hustensaft verwendet werden (mehr dazu ab *Seite 42*).

Die anderen wasserlöslichen Stoffe wie Kollagen, Kräuterextrakte, Vitamine usw. werden nicht mit erhitzt, sondern kommen erst zum Schluß hinein, wenn die fertige Creme noch handwarm ist (ca. 30 °C). Dasselbe gilt für Parfüm und ätherische Öle.

So erhalten Sie die fertige Creme

Die genauen Rezepte unseres Creme-Baukastens stehen im nächsten Kapitel. Hier wollen wir zunächst einmal erklären, wie es grundsätzlich gemacht wird.

Jede Creme besteht, wie gesagt, aus zwei Teilen: der *Fettphase* und der *Wasserphase*. Alle Fettbestandteile – wozu auch der Emulgator gehört – werden gewogen und gemeinsam aufgeschmolzen. Von der so gewonnenen Fettphase – ob gerade hergestellt und noch flüssig oder als Vorrat im Kühlschrank gelagert und fest – nehmen Sie eine kleine Menge, gerade so viel wie Sie glauben, in den nächsten 8 Tagen verbrauchen zu können. Wir empfehlen 10 g pro Person; das ergibt später fertig vermischt je nach Wassergehalt 30 bis 40 g Creme oder 50 g Milch.

Jetzt zur Vorbereitung der Wasserphase:

Suchen Sie sich im Rezeptteil eine Creme aus. Dort steht, wieviel destilliertes Wasser oder Wasser mit Konservierungsstoff (Aqua conservans) Sie benötigen. Der einzige Zusatzstoff, der mit dem Wasser *nicht* erhitzt wird, ist Elastin; er kommt – sollten Sie sich dafür entscheiden – später in die fast kalte Creme.

Erhitzen Sie Wasser und Fettphase getrennt, fangen Sie mit dem Wasser an, da es zum Erwärmen länger braucht als das Fett.

Als Gefäße eignen sich am besten die auf *Seite 54* angesprochenen feuerfesten Bechergläser. Damit sind Sie fast schon profimäßig ausgerüstet.

Sie können aber auch kleine Marmeladengläser verwenden. Das setzt allerdings voraus, daß Sie die Erwärmung im Wasserbad durchführen. Das geht am besten in einer mittelgroßen Pfanne, deren Boden 2 bis 3 cm hoch mit Wasser bedeckt ist, das Sie auf mittlerer Flamme zum leichten Köcheln bringen. Dort passen nebeneinander beide Gläser mit Wasser- und Fettphase hinein. Wenn Sie die feuerfesten Bechergläser verwenden, können Sie das Erhitzen der Zutaten auch unmittelbar auf der elektrischen Kochplatte durchführen; beide passen ge-

Abb. 42: Getrennt erwärmte Fett- und Wasserphase müssen gut miteinander im Wasserbad gemischt werden.

meinsam darauf. Aber Vorsicht: Nur auf niedrigste Heizstufe schalten, damit das Fett nicht überhitzt wird!

Die Fettphase darf nicht heißer werden als 70 °C, sonst leidet das Öl. Das Wasser kann ruhig heißer werden, ganz Vorsichtige bringen es sogar kurz zum Sieden, um alle auch nur irgendmöglichen Keime zu töten. Das ist aber nicht unbedingt nötig, wenn Sie das destillierte Wasser nach dem Kauf aufgekocht haben.

Allerdings sollte das Wasser, wenn es ins Fett gerührt wird, nicht heißer als 70 °C sein.

Wenn Fett und Wasser etwa 65 bis 70 °C haben, nehmen Sie beide Gefäße vom Feuer und beginnen mit dem Löffelstiel oder Glasstab in dem Fett zu rühren und tropfen währenddessen vorsichtig ein paar Tropfen Wasser in das Fett. Wenn Sie es zwei- bis dreimal gemacht haben, bekommen Sie ein sicheres Gefühl dafür. Sehr wichtig ist, daß Sie stets das *Wasser in das Fett tropfen, nie umgekehrt*. Nach den ersten Tropfen Wasser, die Sie in das Fett gegeben haben, gießen Sie unter ständigem Rühren langsam im feinen Strahl das restliche Wasser dazu. Das vorher durchsichtige, klare Fett wird dabei milchig und dickt – je kälter es wird – immer mehr an. Sie dürfen jetzt *nicht aufhören zu rühren, bis die Creme handwarm ist*.

Sie können übrigens, weil unsere Emulgatoren wirklich Spitze sind, diesen Vorgang auch beschleunigen, indem Sie das Rührgefäß gelegentlich in ein kaltes Wasserbad eintauchen. Probieren Sie es aus. Die Creme wird allerdings meist etwas gleichmäßiger, wenn sie nicht so schnell abgekühlt wird.

Das Gute an unserer Methode ist, daß diese kleinen Mengen schnell erhitzt und ebenso schnell fertig gerührt und abgekühlt sind.

Sobald die Creme etwa Handwärme angenommen hat – also bei rund 30 °C –, müssen die anderen Zusatzstoffe wie Kollagen, Kräuterextrakte, Vitamine, ätherische Öle, Parfüm hineingerührt werden.

Die Zusatzstoffe gibt es zum Teil flüssig in praktischen Tropffläschchen oder pulverförmig. In jedem Fall lassen sie sich problemlos dosieren und einrühren. Achten Sie beim Rühren nur stets darauf, daß möglichst wenig Luft untergerührt wird. Die Industrie entfernt Luftblasen durch nachträgliches Homogenisieren in zwei einer Mangel ähnelnden Walzen. Wir können leicht darauf verzichten, denn die Bläschen bewirken schlimmstenfalls eine etwas grobere Cremeoberfläche, der Wirkung tun sie aber keinen Abbruch.

Ein wenig können Sie Luftblasen dadurch vermindern, daß Sie beim Abfüllen das Döschen mehrmals kräftig auf eine Unterlage klopfen. Die Luftbläschen treiben dann leichter nach oben. Aber je vorsichtiger Sie rühren, um so weniger Bläschen entstehen.

Abb. 43: Fertige Cremes aus eigener Produktion.

Einstellen des pH-Wertes

Wenn Sie zusätzlich den pH-Wert einstellen wollen (vgl. *Seite 14* f.), dann verfahren Sie folgendermaßen:
2 bis 4 Tropfen Zitronensäurelösung aus den kleinen, gelben Plastikzitronen (Citrovin), die es überall in Lebensmittelläden gibt, oder 4 bis 8 Tropfen natürlicher Zitronensaft reichen beim Lamecreme aus (30 bis 40 ml Creme), um einen pH-Wert um 5,5 zu erzielen. Bei Tegomuls nie viel mehr als 1 Tropfen Zitronensäurelösung nehmen, sonst wird die Emulsion wieder ungleichmäßig. Der pH-Wert liegt dann um 6,5 bis 7. Geben Sie die Zitronensäuretropfen auf einen Eßlöffel, verdünnen Sie ihn mit 5 bis 6 Tropfen destilliertem Wasser und rühren Sie sie in die handwarme Creme ein.

Haltbarkeit kennzeichnen

Noch ganz wichtig: Beschriften Sie Ihre Creme unbedingt mit dem Herstellungs- bzw. Haltbarkeitsdatum, damit Sie stets wissen, wie alt sie ist. Dafür gibt es kleine selbstklebende Etiketten. Sollten Sie die Creme verschenken wollen – was wirklich ein sehr persönliches, geschätztes Geschenk ist – dann vermerken Sie in jedem Fall das Haltbarkeitsdatum.
Unkonserviert: 2 Wochen, wenn kein Kollagen oder Elastin in der Creme ist und 1 Woche mit diesen Eiweißstoffen.
Mit Konservierungsstoff: 3 Wochen Haltbarkeit.

Abb. 44: Das Haltbarkeitsdatum nicht vergessen.

Machen Sie Ihre Freunde zusätzlich auf die begrenzte Haltbarkeit der selbstgerührten Creme aufmerksam. Unsere Creme ist eben ein etwas „erklärungsbedürftiges" Produkt, gerade weil sie so individuell ist.

Unser Cremebaukasten

Unser Cremebaukasten baut auf 2 Emulgatortypen auf:
● auf *Tegomuls 90 S* (vgl. *Seite 33*)
● auf *Lamecreme ZEM* (vgl. *Seite 33*)
Tegomuls erzeugt etwas weniger Glanz auf der Haut als Lamecreme und ist deshalb besser für Tagescreme und Milch geeignet. Außerdem bindet er etwas mehr Wasser, was für die Tagescreme erwünscht ist.
Lamecreme empfehlen wir für etwas fetthaltigere Cremes. Außerdem kann man bei ihm mit Zitronensäure den pH-Wert der Creme problemloser als bei Tegomuls auf Werte unter 7 bis 6

einstellen, was für Nachtcremes ebenfalls von einigem Vorteil ist.
Grundsätzlich sind die beiden Emulgatoren durchaus vergleichbar. Sie kommen auch mit nur einem aus. Probieren Sie selbst, welcher Ihnen am sympathischsten ist; der Emulgator kostet nur sehr wenig, so daß diese Erfahrung mit einem minimalen Finanzaufwand gewonnen werden kann.
Wir gehen bei der *Fettphase* von ungefähr 100 g Gesamtmenge aus. Sie reicht je nach Wasserphasenbeimischung für 300 bis 400 g fertiger Creme. Wenn Sie pro Woche 30 g Creme benötigen, kommen Sie gut 10 Wochen damit aus. Sie können natürlich anfangs zum Ausprobieren auch weniger Fettphase ansetzen; dann nehmen Sie nur die Hälfte, ein Viertel oder ein Zehntel unserer angegebenen Zutatenmengen.

Abb. 45: Unser „Cremebaukasten".

Das Grundrezept der Tagescreme mit Tegomuls

Für die *Fettphase* nehmen Sie:

25 g	Tegomuls 90 S
60 g	natürliches Pflanzenöl
20 g	Konsistenzgeber (Kakaobutter, Wachse usw.)

Die abgewogene Menge Tegomuls, Pflanzenöl und Konsistenzgeber gibt man in ein Becherglas und schmilzt es unter häufigem Rühren auf der Herdplatte schonend, bei möglichst niedriger Temperatur (ca. 50 bis 60 °C). Gießen Sie es dann in ein verschließbares Glas (kurz vor dem Erstarren noch einmal leicht durchrühren, damit sich die Bestandteile gleichmäßiger verteilen). Dieses vermischte Fett läßt sich gut verschlossen im Kühlschrank bis zu 1 Jahr aufbewahren.

Das Rühren der fertigen Creme

Nehmen Sie von dieser Fettphase 10 g und schmelzen es wieder auf. Parallel erwärmen Sie 30 g dest. Wasser (mit oder ohne Konservierungsstoffe). Wenn Fett und Wasser 70 °C warm sind, wird das Wasser langsam in das Fett-Öl-Gemisch gerührt (wie es genau geht, steht auf *Seite 57*). Dort lesen Sie auch, welche weiteren Wirk- bzw. Zusatzstoffe wann in die Creme gerührt werden können). Wenn Sie sich für das Konservierungsmittel *Euxyl K 100* entscheiden, dann rühren Sie die Creme mit destilliertem Wasser an und fügen in die Abkühl-phase jeweils pro 10 g fertiger Creme 3 Tropfen des 1:10 verdünnten Euxyl K 100 hinzu (vgl. unbedingt das Kapitel Konservierungsstoffe ab *Seite 43*). Auf 30 g Creme kommen 9 Tropfen, auf 40 g Creme 12 Tropfen, auf 50 g Creme 15 Tropfen; jeweils des verdünnten Konzentrats. Dies ist eine Creme mit einem Wasser-Fettverhältnis von 3:1; d.h. auf 100 g Gesamtteile entfallen 75 Teile Wasser und 25 Teile Fett. Noch anders ausgedrückt: Sie haben eine Creme mit 75 % Wasser – eine gute Tagescreme.*

In gewissen Grenzen können Sie die Wassermenge verändern, von 1:1 (50 % Wasser) bis 4:1 (80 % Wasser). Bei 1:1 kommen auf 10 g Fettphase 10 g Wasser. Bei 2:1 auf 10 g Fettphase 20 g Wasser. Bei 4:1 40 g Wasser. Etwas reduzieren sollten Sie den Wasseranteil, wenn Sie später viele wäßrige Wirkstoffe unterrühren wollen. Probieren Sie auch diese Variante einmal aus: je weniger Wasser, um so fester – je mehr, um so weicher wird die Creme. Im übrigen gibt es auch Unterschiede abhängig davon, welche Zutaten Sie verwenden. Sie härten auch mit der Zeit noch nach. (Vgl. *Seite 40*) Bei hohem Wassergehalt kann es allerdings passieren, daß die Creme später „ausfällt". Dann setzt sich un-ten Wasser ab. In diesem Fall hat es der Emulgator nicht geschafft, Wasser und Öl ausreichend zu verbinden. In Ausnahmefällen trifft dies bereits bei 4:1 (80 % Wasser) auf; deshalb ist dies die Grenze.

Eine *Pflegemilch* kann deshalb nicht einfach dadurch gewonnen werden, daß man den Wasseranteil erhöht. Wir haben daher ein weiteres Grundrezept mit höherem Ölanteil, der die Milch gleichfalls flüssig macht, entwickelt.

Das Grundrezept der Körpermilch mit Tegomuls

Die **Fettphase:**

20 g	Tegomuls 90 S
85 g	Pflanzenöle

Das Anrühren der fertigen Milch:
Alles geschieht wie oben unter 10.1 beschrieben, mit einem Unterschied: Auf 10 g Fettphase kommen 30 bis 40 g dest. Wasser.
Auch in diese Körpermilch können Sie natürlich die zusätzlichen Wirkstoffe in die handwarm gerührte Milch eingeben; angefangen wieder beim Kollagen, Aloe vera, Bisabolol, Kräuterextrakte, Parfüm, ätherische Öle usw. Füllen Sie sie in eine hübsche Plastikflasche. Das ist zugleich besonders hygienisch, weil die Finger die Creme nicht infizieren können.

---

* Die Chemiker mögen uns verzeihen, daß wir uns hier nicht an ihre Methode der Kennzeichnung der Mischungsverhältnisse halten, uns scheint unsere Methode für den Laien einfacher zu begreifen.

Das Grundrezept der Nachtcreme mit Lamecreme

Fettphase L1:

20 g	Lamecreme ZEM
70 g	natürl. Pflanzenöle, darunter besonders empfehlenswert: Weizenkeim-, Erdnuß-, Sesam-, Maiskeim-, Jojobaöl

Sie sehen, daß bei den angegebenen Ölen Konsistenzgeber nicht erforderlich sind. Die Creme wird trotzdem ausreichend fest. Bei einigen hier nicht genannten Ölen allerdings nicht; die bleiben zunächst sehr flüssig und dicken erst ein paar Tage später nach. Dazu gehören Avocado-, Mandel-, Distel-, Soja-, Sonnenblumen- und Aprikosenöl.

Keine Probleme gibt es mit diesen Ölen, wenn Sie eine kleine Menge Konsistenzgeber verwenden, wie Kakao- oder Schibutter, Cetylalkohol und Walratersatz. Deshalb hier zwei weitere Varianten der Lamecreme-Fettphase. Probieren Sie jeweils die Ihnen angenehmste aus.

Fettphase L2 mit Kakaobutter:

20 g	Lamecreme
65 g	natürliche Öle
10 g	Kakao- oder Schibutter

Die Kakaobutter macht die Creme besonders softig.

Fettphase L3 mit Cetylalkohol oder Walratersatz:

20 g	Lamecreme
70 g	natürl. Öle
5 g	Cetylalkohol oder Walratersatz

Cetylalkohol und Walratersatz machen die Creme fester; sie läßt sich dann auch dicker auftragen.

Das Anrühren der fertigen Creme

Das Verfahren ist dasselbe wie bei der Tegomulsfettphase (vgl. *vorhergehende Seite*), mit dem Unterschied, daß der Wasseranteil niedriger ist.

Nehmen Sie

10 g	der Fettphase L1, L2 oder L3
15–20 g	dest. Wasser (mit oder ohne Konservierungsstoff)

(Zur Konservierung vgl. *Seite 42*.)

Sie erhalten bei diesem Rezept eine Creme, die wesentlich fetter ist als mit Tegomuls. Daher eher für die Nachtcreme besonders geeignet. Das Verhältnis beträgt 10 : 20, d. h. 1 : 2 – also umgerechnet 66 % Wasser, bzw. 10 : 15 = 60 %.

Natürlich können Sie auch hier alle Zusatzstoffe kurz vor dem völligen Erkalten einrühren.

Lamecreme hat den Vorteil, daß man den pH-Wert auch unter pH 6 einstellen kann.

Manche Hauttypen reagieren positiv auf leicht saure Cremes. Aber Vorsicht, nicht übertreiben.

Diese Grundrezepte sollen Ihnen nur einige Anhaltspunkte geben. Dank der ausgezeichneten Emulgatoren ist der Spielraum auch für Ihre eigenen Ideen sehr groß. Es würde uns freuen, wenn Sie möglichst viel experimentieren, Ihrer eigenen Kreativität nachgeben, um sozusagen die für Ihre Haut geeignetste Creme individuell zu finden. Sie sparen dann nicht nur viel Geld, sondern es macht auch Spaß.

Anschließend stellen wir einige von uns ausprobierte Rezepte für verschiedene Zwecke zusammen – mit der jeweiligen Beurteilung als losen Anhaltspunkt für Sie.

Rezepte, Rezepte . . .

Die angegebenen Rezepte bauen – bis auf einige Ausnahmen – auf den ab *Seite 60* dargestellten Fettphasen auf. Der besseren Übersicht wegen geben wir diese jeweils nochmals vor jedem Rezept an.

Die fertige Creme ist auch ohne Zusatzstoffe exzellent. Damit allerdings die Nase nicht vernachlässigt wird, sollten Sie das Parfüm nicht vergessen.

Natürlich geben wir Ihnen hier auch konkrete Rezepte mit diversen Wirkstoffen an, die Sie untereinander vertauschen können. Im Hinblick auf die Mengenangaben haben wir uns bemüht, daß Sie bei kleinen Mengen ohne Waage auskommen.

Immer wieder gebrauchte kleine Mengen haben wir für Sie auf einer Präzisionswaage nachgemessen.

Unsere Abkürzungen:

1 Tr.	=	1 Tropfen
1 EiL.	=	1 Eierlöffel
1 TL	=	1 Teelöffel
1 Msp.	=	1 Messerspitze
dest. Wasser	=	destilliertes Wasser
Aqua cons.	=	Aqua conservans (konserv. Wasser)
oder Euxyl (1:10):		Dabei handelt es sich um das Konservierungsmittel Euxyl K 100 in der Verdünnung 1:10.

Sollte Ihr Versandhändler keine Tropfflasche geliefert haben, dann besorgen Sie sich in der Apotheke eine Tropfpipette oder Pipettenflasche, wie Sie sie vielleicht von den Nasentropfen her kennen.

Rezepte für normale Haut

Tagescreme für normale Haut

Rezept 1

Fettphase:

25 g	Tegomuls 90 S
60 g	Aprikosenkernöl, Erdnußöl, Maiskeimöl, Mandelöl, Sojaöl oder Sonnenblumenöl
20 g	Walratersatz oder Schibutter

Fertige Creme (40 g):
(Herstellung wie auf *Seite 57*)

10 g	Fettphase (1 Teil) und
30 g	dest. Wasser (3 Teile) oder Aqua cons. bzw.
12 Tr.	Euxyl (1:10).

Zusatzstoffe:

6 Tr.	Bisabolol (0,2 g)
11 Tr.	Aloe vera 10fach (0,4 g)
2–4 Tr.	Parfümöl

oder

20 Tr.	D-Panthenol 50 %ig (0,8 g)
1 EiL	Calendula-Frischpflanzenextrakt (2 g)
2–4 Tr.	Parfümöl

oder

1 Msp.	Elastinpulver (0,3 g)
1 TL	Kollagen, nativ (2–3 g)
5 Tr.	D-Panthenol 50 %ig (0,2 g)
3 Tr.	äther. Thymianöl
2–4 Tr.	Parfümöl z.B. Moschus, weiß

(bei Proteinzusatzstoffen Creme möglichst konservieren)

Schön softig, mit sehr wenig Rückstand auf der Haut, wird die Creme bei Verwendung von Aprikosenkernöl. Mit Erdnußöl wird sie ähnlich, kann aber ein wenig glänzen auf der Haut. Sojaöl macht die Creme geschmeidig und leicht, ohne Rückstand auf der Hautoberfläche. Auch mit Maiskeimöl, Mandelöl und Sonnenblumenöl entstehen sehr schöne Cremes.

Frisch gerührt sind die Cremes alle sehr softig und weich, aber nach einigen Tagen dickt der Walratersatz etwas nach. Es bleibt aber weiterhin ein schönes Hautgefühl erhalten. Der Walratersatz fettet und glänzt nicht. Die Creme läßt sich leicht verteilen, zieht gut ein und trotzdem haben Sie hinterher noch einen leichten Schutzfilm auf der Hautoberfläche. Von den genannten Zusatzstoffen können Sie sich aussuchen, was Sie möchten: entzündungshemmendes Bisabolol, D-Panthenol, das die Zellteilung beschleunigt, Aloe vera, Kräuterex-

Abb. 46: Unsere Tagescreme mit ihren Zutaten.

trakte, Elastinpulver, das einen leichten Schutzfilm auf der Haut bildet und eventuell sogar Kollagen, das die Feuchtigkeit auf der Hautoberfläche bindet. Nicht zu vergessen die Parfümierung – bei empfindlicher Haut allerdings besser ohne.

Rezept 2

Fettphase:

25 g	Tegomuls 90 S
60 g	Distelöl
15 g	Walratersatz oder 10 g Schibutter

Fertige Creme (40 g):

1 Teil   Fettphase (10 g)
3 Teile dest. Wasser (30 g)
Aqua cons. bzw. 12 Tr. Euxyl (1 : 10).

Zusatzstoffe:

wie bei Rezept 1

Diese Creme mit Distelöl wird besonders geschmeidig und wirkt außerdem matt auf der Haut. Sie dickt aber etwas stärker nach; deshalb haben wir den Anteil von Walratersatz reduziert.

Nachtcreme für normale Haut

Eine Creme für den Tag und eine für die Nacht? Die Unterscheidung zwischen Tages- und Nachtcreme ist hauptsächlich ein Hinweis auf ihren Fettgehalt. Leider nennen die Hersteller von Kosmetikcremes den Fettgehalt nicht, obwohl dies eine gute Orientierung wäre. Statt dessen teilen sie die Cremes nach Hauttypen ein, wobei natürlich die trockene Haut eine Creme mit ziemlich hohem Fettgehalt verlangt.

Eine Tagescreme ist normalerweise nicht ganz so fett wie eine Nachtcreme. Sie würde sonst glänzen, was man bei einer Nachtcreme schon eher in Kauf nimmt.

Außerdem werden von einer Nachtcreme besonders pflegende Eigenschaften verlangt, was die werbende Wirtschaft soweit treibt, von „night repair" zu sprechen.

Es ist richtig, daß während des Schlafes und in Ruhezeiten besonders viele neue Hautzellen gebildet werden. Daher stammt wohl auch der Begriff vom „Schönheitsschlaf". Sie wissen sicher aus eigener Erfahrung, daß das Aussehen sichtbar leidet, wenn Sie einmal mit besonders wenig Schlaf auskommen mußten.

Unabhängig davon sollte man jedoch auch tagsüber von einer besonders pflegenden Creme profitieren können. Menschen mit trockener Haut benutzen deshalb zum Beispiel ihre Nachtcreme auch am Tag.

Rezept 1

Fettphase

20 g	Tegomuls 90 S
75 g	Avocadoöl

Fertige Creme (40 g)
(Herstellung wie auf *Seite 57*)

10 g	Fettphase und
30 g	dest. Wasser oder Aqua cons. bzw.
12 Tr.	Euxyl (1 : 10).

Zusatzstoffe:

10 Tr.	Bisabolol (0,3 g)
10 Tr.	D-Panthenol 50 %ig (0,4 g)
2–4 Tr.	Parfümöl

oder:

11 Tr.	Aloe vera 10fach Konzentrat (ca. 0,4 g)
1 Msp.	Elastin (ca. 0,3 g)
1 EiL	Kollagen, nativ (2–3 g)
2–4 Tr.	Parfümöl

Avocadoöl hat sehr interessante pflegende Eigenschaften für die Haut: es verteilt sich gut, zieht schnell ein und ist vitaminreich. Außerdem soll es die Feuchtigkeit auf der Haut besonders gut halten. Es hat nur einen Nachteil: es glänzt stark auf der Hautoberfläche. Deshalb verwendet man es gern für Nachtcremes.
Übrigens ergibt Tegomuls mit Avocadoöl eine etwas festere Creme als mit anderen Ölen.

Abb. 47: Eine gute Nachtcreme ist für die Hautpflege besonders wichtig.

Rezept 2

Fettphase

20 g	Lamecreme ZEM
70 g	Weizenkeimöl
5–10 g	Kakaobutter oder sonstige Konsistenzgeber

Fertige Creme (40 g)

10 g	Fettphase und
20–30 g	dest. Wasser oder Aqua cons. bzw.
10 Tr.	Euxyl (1 : 10)

Zusatzstoffe:

½ TL	Collagen (2–3 g)
20 Tr.	D-Panthenol 50 %ig (0,8 g)
2–4 Tr.	Parfümöl

oder

11 Tr.	Aloe vera 10fach (0,4 g)
2–4 Tr.	Parfümöl

Für dieses Cremerezept eignet sich *nur Weizenkeimöl*. Mit anderen Sorten gelingt es nicht so ganz; es wird zu flüssig.

Pflegemilch für normale Haut

Rezept 1

Fettphase

30 g	Tegomuls 90 S
75 g	Mandel-, Maiskeim-, Soja-, Sesam-, Jojoba-, Aprikosenkern-, Distel- oder Erdnußöl

Fertige Milch (60 g)

10 g	Fettphase und
50 g	dest. Wasser oder Aqua cons. bzw.
18 Tr.	Euxyl (1 : 10)

Zusatzstoffe:

15 Tr.	Aloe vera 10fach (0,5 g)
3–4 Tr.	Parfümöl

oder

6 Tr.	Bisabolol (0,2 g)
1 Msp.	Crotein C (0,4 – 0,5 g)
3–4 Tr.	Parfümöl
(Creme möglichst konservieren)	

oder

22 Tr.	D-Panthenol 50 %ig (0,1 g)
1 EiL	Calendula-Frischpflanzenextrakt (2 g)
3–4 Tr.	Parfümöl

Dieses Rezept ist auch als Bodylotion für den ganzen Körper gut geeignet.

Man kann auch sehr gut ätherische Öle dazugeben, z. B. 3 bis 4 Tropfen Thymianöl (wirkt leicht desodorierend) oder Salbeiöl (wirkt leicht schweißhemmend) oder Rosmarinöl (durchblutungsfördernd). Viel Spaß beim Ausprobieren!

Rezept 2

Fettphase

20 g	Tegomuls 90 S
85 g	Soja-, Sesam-, Distel-, Aprikosenkern-, Mandel-, Weizenkeim-, Jojoba- oder Sonnenblumenöl

Fertige Milch (50 g)

10 g	Fettphase und
40 g	dest. Wasser oder Aqua cons. bzw.
15 Tr.	Euxyl (1 : 10)

Zusatzstoffe:

wie bei Rezept 1

Reinigungsmilch für normale Haut

In den Kapiteln, in denen wir den Hydrolipidmantel und Säureschutzmantel der Haut erklären, sind wir schon ausführlich darauf eingegangen, daß die normale, gesunde Haut sich durch die eigene Talgproduktion auf natürliche Weise selbst pflegt und durch Bakterienflora und ihren sauren pH-Wert über Abwehrkräfte verfügt. Natürliche Pflege und Schutz geraten durch die alkalische Reinigung mit Seife, auf die wir im Seifenkapitel im einzelnen noch einmal eingehen, zunächst völlig aus dem Gleichgewicht. Trotzdem wäre es falsch zu sagen, wir brauchten uns nicht zu waschen. Zum einen lagert sich auf der Haut im Laufe des Tages viel Schmutz ab; außerdem hat die Haut Schweiß- und Schlackenstoffe abgegeben. Auch der hauteigene Hydrolipidmantel hat seine Tükken: So können zum Beispiel Talg und Schweiß in ihre Einzelbestandteile – die Fettsäuren – zerfallen, wenn sie längere Zeit auf der Haut bleiben. Der Name Säure sagt schon, daß sie sich zum Teil sehr aggressiv auf der Haut bemerkbar machen können. Auf regelmäßige Reinigung können wir also nicht verzichten.

Nun gibt es für die verschiedenen Hauttypen durchaus unterschiedliche Verfahren. Sie lassen sich zwar nicht standardisieren; aber ein paar allgemeine Tips gibt es schon.

Abb. 48: Reinigungsmilch säubert und pflegt die Haut zugleich.

So sollte man bei *fettiger Haut* von Zeit zu Zeit zu Flüssigseife, wie wir sie ab *Seite 128* vorstellen, oder zu Waschcreme oder Peelingcreme greifen. Zwischendurch genügt vielleicht eine Reinigungsmilch.

Bei *normaler Haut* sind Sie noch am besten dran; da ist es mehr oder weniger Ansichtssache, was man bevorzugt.

Bei *trockener Haut* sollten Sie aber auf jeden Fall für Gesicht und Hals eine Reinigungsmilch verwenden. Sie reinigt ebenso gründlich wie Wasser und Seife. Das bezieht sich ebenso auf die fettlöslichen wie die wasserlöslichen Verschmutzungen.

Reinigungsemulsion besteht ja aus Fett und Wasser. Und da Fett bekanntlich am besten mit Fett zu lösen ist, läßt sich das verschmutzte Hautfett ohne Probleme mit einem Wattebausch abnehmen. Der in der Reinigungsmilch enthaltene Wasseranteil wiederum entfernt den Schweiß und andere wasserlösliche Verschmutzungen wirklich „porentief". Da Eiweißhydrolysate wie *Crotein* und *Nutrilan* (*Seite 85* und *122*) ebenfalls einen leichten Wascheffekt erzeugen, sollten Sie davon etwas in die Emulsion geben.

Tragen Sie zur Reinigung auf Gesicht und Hals mit einem Wattebausch großzügig die Reinigungsemulsion auf. Schon dabei werden Sie sehen, wie die Watte sich dunkel färbt, der gelöste Schmutz also an ihr haften bleibt. Anschließend entfernen Sie mit frischer Watte oder einem Papiertuch die Emulsion, bis keine Schmutzreste mehr auf der Watte zu sehen sind. Wer sein Make-up sehr stark aufträgt, muß diesen Vorgang sicher wiederholen.

Denn besonders bei der Verwendung von Puder und deckenden Make-ups ist es besonders wichtig, vor dem Schlafengehen die Haut gründlich zu reinigen, damit die verstopften Poren wieder frei werden. Wenn die Reinigungsmilch entfernt ist, können Sie einen Wattebausch mit Gesichtswasser tränken und die Haut damit noch einmal sanft abreiben. Natürlich können Sie auch mit klarem Wasser nachspülen. Zum Schluß die Pflegecreme nicht vergessen.

Übrigens können Sie statt einer speziellen Reinigungsmilch auch eine Pflegemilch oder normale Pflegecreme benutzen. Das vereinfacht die Sache allein schon dadurch, daß Sie nur eine einzige Creme anzurühren brauchen. Sollten Sie ihr jedoch teure Wirkstoffe zugesetzt haben, dann wäre sie zum Reinigen einfach zu schade. Da sie beim Reinigen sofort wieder entfernt wird, kämen diese Zusatzstoffe doch nicht zur Wirkung.

Fettphase

20 g	Tegomuls 90 S
80 g	Sonnenblumenöl
5 g	Cetylalkohol

Fertige Milch (50 g)

| 10 g | Fettphase und |
| 40 g | dest. Wasser oder Aqua cons. |

Zusatzstoffe:

1 Msp.	Crotein (0,5 g)
oder	
1 EiL	Nutrilan
5 Tr.	Menthol (0,2 g)

Sie sehen: die Reinigungsmilch unterscheidet sich von der Pflegemilch nur in Kleinigkeiten, und zwar in kostensparenden. Da Reinigungsmilch nur kurz auf der Haut ist und sofort wieder entfernt wird, wären teure Inhaltsstoffe zu schade. Verwenden Sie preiswertes Öl; es kann auch pflanzliches Salatöl sein. Der Cetylalkohol als Zusatz hat einen kosmetischen Sinn: er macht die Haut schön weich. Zusätzliche Wirkstoffe sind ebenfalls überflüssig bis vielleicht auf Menthol, das einen kühlenden Effekt auf der Haut hat. Der Proteinzusatz ergibt nach dem Reinigen ein glatteres Hautgefühl.

Rezepte für trockene Haut

Tagescreme für trockene Haut

Rezept 1

Fettphase

25 g	Tegomuls 90 S
60 g	Distel-, Aprikosenkern-, Mandel-, Maiskeim-, Sonnenblumen-, Soja-, Sesam-, Erdnuß-, Weizenkeimöl
20 g	Kakaobutter oder Schibutter

Fertige Creme (40 g)

10 g	Fettphase und
30 g	dest. Wasser oder Aqua cons. bzw.
12 Tr.	Euxyl (1:10)

Zusatzstoffe:

7 Tr.	Bisabolol (0,2 g)
½ TL	Calendula-Frischpflan-zenextrakt (2 g)
12 Tr.	Aloe vera 10fach (0,4 g)
2–4 Tr.	Parfümöl

oder

20 Tr.	D-Panthenol 50%ig (0,8 g)
1 Msp.	Elastinpulver (0,3 g)
½ TL	Kollagen, nativ (2–3 g)
2–4 Tr.	Parfümöl

Die *Kakaobutter* macht die Creme etwas fetter. Trotzdem wird sie mit Distelöl besonders matt und läßt sich gut verteilen.

Die leider etwas teure *Schibutter* bringt die besten Ergebnisse. Wir haben diesen Tip nachträglich ausprobiert und sind von Konsistenz und Wirkung begeistert. Dies gilt für alle Cremes – ob sie nun mit Temoguls oder mit Lamecreme emulgiert werden.

Mit *Aprikosenöl* wird die Creme besonders softig und wegen der leichten Verteilbarkeit für den ganzen Körper verwendbar.

Mit *Mandelöl* wird die Creme ausgesprochen schön, d. h. sie zieht immer sehr gut ein.

Ähnliche Ergebnisse erzielt man mit *Maiskeimöl, Sonnenblumenöl* oder *Sojaöl*.

Mit *Sesamöl* entsteht eine softige Creme, die einen ganz leichten, angenehmen Rückstand auf der Haut hinterläßt.

Creme mit *Erdnußöl* und *Weizenkeimöl* glänzt etwas auf der Hautoberfläche. Die Weizenkeimölcreme ist übrigens

weich, aber nicht ganz so softig wie die anderen. Mancher mag ja lieber eine etwas festere Creme. Dafür können Sie auch mehr Kakaobutter verwenden, aber entsprechend weniger Öl (z. B. 1 g Kakaobutter mehr bedeutet 1 g Öl weniger).

Rezept 2

Fettphase

20 g	Tegomuls 90 S
75 g	Distelöl, Mandelöl, Aprikosenkern-, Erdnuß-, Jojoba-, Maiskeim-, Sesam-, Soja- oder Sonnenblumenöl

Fertige Creme (40 g)

10 g	Fettphase und
30 g	dest. Wasser oder Aqua cons. bzw.
12 Tr.	Euxyl (1:10).

Zusatzstoffe:

wie bei Rezept 1.

Diese Creme enthält keinen Konsistenzgeber. Sie ist ähnlich softig wie die vorher beschriebene und zieht ohne jeden Rückstand in die Haut ein. Zusätzliche Wirkstoffe können Sie selbst auswählen.

Rezept 3

Fettphase

20 g	Lamecreme ZEM
70 g	Distelöl
5 g	Walratersatz

Fertige Creme (30 g)

10 g	Fettphase und
15–20 g	dest. Wasser oder Aqua cons. bzw.
9 Tr.	Euxyl (1:10).

Diese Creme können Sie – wie alle übrigen auch – entweder so verwenden, wie sie ist, oder noch zusätzliche Wirkstoffe zufügen.

Zusatzstoffe:

7 Tr.	Bisabolol (0,2 g)
1 Msp.	Elastinpulver (0,3 g)
½ TL	Kollagen, nativ (2–3 g)
2–4 Tr.	Parfümöl

Aqua cons. nicht vergessen

oder

8 Tr.	Aloe vera 10fach (0,3 g)
20 Tr.	D-Panthenol 50%ig (0,8 g)
2–4 Tr.	Parfümöl

oder

½ TL	Calendula-Frischpflanzenextrakt (2 g)
2–4 Tr.	Parfümöl

Distelöl und Walratersatz lassen die Haut nicht glänzen, obwohl es sich um eine Creme mit relativ viel Fettbestandteilen handelt. Wenn Sie Elastinpulver und Kollagen zufügen, enthält die Creme die Hauptbestandteile des „Repairkomplex" (vgl. *Seite 45*).

Abb. 49: Eine Tagescreme für trockene Haut mit einem Teil der Pflanzen, aus denen die Öle für diese Creme gewonnen wurden.

Rezept 4

für besonders empfindliche, trockene Haut

Fettphase

25 g	Tegomuls 90 S
60 g	Jojobaöl
20 g	Kakaobutter oder Schibutter

Fertige Creme (40 g)

10 g	Fettphase und
30 g	dest. Wasser oder Aqua cons. bzw.
12 Tr.	Euxyl (1:10).

Zusatzstoffe:

10 Tr.	Bisabolol (0,3 g)
25 Tr.	D-Panthenol 50 %ig (1 g)
½ TL	Kollagen, nativ (2–3 g)

Diese Creme ist sehr geschmeidig; sie glänzt mit Kakaobutter allerdings etwas auf der Haut, was bei Schibutter weniger der Fall ist. Das ist aber in gewissen Grenzen abhängig von Ihrer speziellen Hautbeschaffenheit. Statt teuren Jojobaöls können Sie auch anderes Öl oder Mischungen verwenden, zum Beispiel halb Jojobaöl, halb Sonnenblumenöl. Am besten probieren Sie selbst aus, welches Öl Ihrer empfindlichen Haut zusagt.

Auf Zusatzstoffe können Sie natürlich auch ganz verzichten. Das entzündungshemmende Bisabolol ist als Wirkstoff besonders gut geeignet, weil es keine Allergien hervorrufen kann. Die Parfümierung sollten Sie allerdings weglassen.

Tagescreme für besonders trockene Haut – auch als Nachtcreme geeignet

Fettphase

20 g	Tegomuls 90 S
75 g	Distel-, Mandel-, Aprikosenkern-, Erdnuß-, Jojoba-, Maiskeim-, Sesam-, Soja- oder Sonnenblumenöl

Fertige Creme (30 g)

10 g	Fettphase und
20 g	dest. Wasser oder Aqua cons. bzw.
9 Tr.	Euxyl (1:10).

Zusatzstoffe siehe „Tagescreme für trockene Haut"

Diese Creme enthält relativ viel Fett; genau das Richtige also für die trockene Haut. Die Emulsionen gelingen mit den genannten Ölen sehr gut, und sie glänzen nicht oder nur sehr wenig. Mit der Zeit werden Sie Ihre Lieblingsölsorte herausfinden.

Nachtcreme für trockene Haut

Rezept 1

Fettphase

20 g	Tegomuls 90 S
75 g	Avocadoöl

Fertige Creme (30 g)

10 g	Fettphase und
20 g	dest. Wasser oder Aqua cons. bzw.
9 Tr.	Euxyl (1:10).

Zusatzstoffe:

10 Tr.	Bisabolol (0,3 g)
12 Tr.	Aloe vera 10fach (0,4 g)
2–4 Tr.	Parfümöl

oder

30 Tr.	D-Panthenol 50 %ig (1,2 g)
½ TL	Kollagen, nativ (2–3 g)
2–4 Tr.	Parfümöl
	(Creme möglichst konservieren)

Eine schöne Creme, die sehr gut einzieht. Dieses Rezept kann man übrigens mit allen anderen Ölen ebenso nachvollziehen; aber Avocadoöl ist besonders interessant, weil es vitaminreich ist und sich beim Auftragen gut verteilt.

Rezept 2

Fettphase

20 g	Lamecreme ZEM
65-70 g	Weizenkeimöl, Jojobaöl, Erdnußöl, Sesamöl oder Maiskeimöl
5-10 g	Konsistenzgeber (Walratersatz, Kakaobutter, Schibutter)

Fertige Creme (30 g)

10 g	Fettphase und
20 g	dest. Wasser oder Aqua cons. bzw.
9 Tr.	Euxyl (1 : 10).

Fettphase und Wasser genügen, um eine herrliche Creme für die trockene Haut zu bekommen. Wenn Sie allerdings möchten, können Sie noch zusätzliche Wirkstoffe einrühren. Bei Proteinen das Aqua conservans nicht vergessen!

Zusatzstoffe:

7 Tr.	D-Panthenol 50 %ig (0,3 g)
8 Tr.	Aloe vera (0,3 g)
2–4 Tr.	Parfümöl

oder

1 EiL	Calendula-Frischpflanzenextrakt (2 g)
2–4 Tr.	Parfümöl

oder

15 Tr.	D-Panthenol 50 %ig (0,6 g)
1 Msp.	Elastinpulver (0,3 g)
1 EiL	Kollagen, nativ (2–3 g)
2–4 Tr.	Parfümöl
(Creme möglichst konservieren)	

Diese Creme zieht wunderbar in die Haut ein. Mit allen genannten Ölen erhalten Sie eine gute Emulsion.

Rezept 3

Fettphase

20 g	Lamecreme ZEM
65–70 g	Avocadoöl, Sojaöl, Mandelöl
5 g	Kakaobutter oder Schibutter

Fertige Creme (30 g)

10 g	Fettphase und
20 g	dest. Wasser oder Aqua cons. bzw.
9 Tr.	Euxyl (1 : 10)

Zusatzstoffe:

½ TL	Kollagen, nativ (2–3 g)
1 Msp.	Elastin (0,3 g)
15 Tr.	D-Panthenol 50 %ig (0,6 g)
2–4 Tr.	Parfümöl
(Creme möglichst konservieren)	

oder

8 Tr.	Aloe vera 10fach (0,3 g)
1 EiL	Calendula-Frischpflanzenextrakt (2 g)
2–4 Tr.	Parfümöl

Eine sehr angenehme Nachtcreme. Avocadoöl und Sojaöl haben zusätzlich feuchtigkeitsbindende Eigenschaften. Auch Mandelöl ergibt eine schöne Creme.

Antifaltencreme

speziell auch für Hals- und Augenpartie

Fettphase

20 g	Lamecreme
65–70 g	Jojobaöl oder Mischung Weizenkeimöl und Avocadoöl
5 g	Kakao- oder Schibutter

Fertige Creme (30 g)

10 g	Fettphase und
15–20 g	Aqua cons. bzw.
9 Tr.	Euxyl (1 : 10)

Zusatzstoffe:

25 Tr.	D-Panthenol 50 %ig (1 g)
8 Tr.	Aloe vera 10fach
1 Msp.	Elastinpulver (0,3 g)
¾ TL	Kollagen, nativ (3–4 g)
2–4 Tr.	Parfümöl
(Creme möglichst konservieren)	

Pflegemilch für trockene Haut

Rezept 1

Fettphase

15 g	Tegomuls 90 S
90 g	Sojaöl, Sesamöl, Mandelöl, Sonnenblumenöl oder Jojobaöl

Fertige Milch (40 g)

10 g	Fettphase und
30 g	dest. Wasser oder Aqua cons. bzw.
12 Tr.	Euxyl (1 : 10)

Zusatzstoffe:

```
 1 EiL   Kollagen, nativ (2 g)
25 Tr.   D-Panthenol 50 %ig (1 g)
 3–4 Tr. Parfümöl
(Milch möglichst konservieren)
```

oder

```
10 Tr.   Aloe vera 10fach
 1 EiL   Calendula-Frischpflanzen-
         extrakt
 3–4 Tr. Parfümöl
```

Abb. 50: Pflegemilch.

Rezept 2

Fettphase

```
20 g   Tegomuls 90 S
85 g   Mandelöl, Sesamöl, Distel-
       öl, Sojaöl, Jojobaöl oder
       Sonnenblumenöl
```

Fertige Milch (50 g)

```
10 g   Fettphase und
40 g   dest. Wasser oder Aqua
       cons. bzw.
15 Tr. Euxyl (1 : 10)
```

Zusatzstoffe:

```
1 TL    Kollagen (4 g)
1 Msp.  Elastin (0,3 g)
3 Tr.   Thymianöl, äther.
(Milch möglichst konservieren)
```

oder

```
15 Tr.  Aloe vera 10fach (0,5 g)
25 Tr.  D-Panthenol 50 %ig (1 g)
 3–4 Tr. Parfümöl
```

Reinigungsmilch für trockene Haut

Das gleiche Grundrezept wie Pflegemilch, aber mit relativ preiswerten Inhaltsstoffen. Keine teuren Zusatzstoffe, sondern höchstens 0,5 % Menthol (Kühleffekt) und 3 bis 4 Tr. Parfümöl. 1 % Crotein C ergibt nach dem
Reinigen eine besonders glatte Haut
(vgl. auch *Seite 85*). Wenn Sie waschaktive Substanzen zum Reinigen verwenden wollen, lesen Sie bitte zunächst ab *Seite 128* nach.

Rezepte für fette, unreine Haut

Tagescreme für fette Haut

Fettphase

25 g	Tegomuls 90 S
55 g	Distelöl oder Jojobaöl
20 g	Walratersatz oder Schibutter

Fertige Creme (40 g)

1 Teil	Fettphase (5 g)
7 Teile	dest. Wasser (35 g) Aqua cons. bzw.
24 Tr.	Euxyl (1 : 10)

Zusatzstoffe:

10 Tr.	Bisabolol (0,3 g)
1 Msp.	Allantoin (0,1 g)
1 EiL	Brunnenkresse-Frischpflanzenextrakt (2 g)

Diese Creme enthält viel weniger Fett als die anderen, dafür aber mehr Wasser. Wenn Sie etwas mehr Fettbestandteile bevorzugen, können Sie auch 1 Teil Fett und nur 5 Teile dest. Wasser vermischen.
Wählen Sie *Distelöl*, so erhalten Sie eine Creme, die auf der Haut besonders matt erscheint, während *Jojobaöl* sich bei der Aknebehandlung günstig auswirken soll.
Als zusätzliche Wirkstoffe sind entzündungshemmendes *Bisabolol* und *Allantoin* zu empfehlen. Die genannten Kräuterextrakte wie etwa Brunnenkresse dienen nur als Beispiel. Sie können auch Extrakte anderer Kräuter ausprobieren. Sollten Sie allerdings Kamille verwenden, so lassen Sie das Bisabolol weg; denn dies ist ja der Hauptwirkstoff der Kamille, und doppelt wäre zuviel.

Pflegemilch für fette und unreine Haut

Rezept 1

Fettphase:

30 g	Tegomuls 90 S
75 g	Distelöl, Sojaöl oder Jojobaöl

Fertige Milch (40 g)

1 Teil	Fettphase (5 g) und
7 Teile	dest. Wasser (35 g) Aqua cons. bzw.
24 Tr.	Euxyl (1 : 10)

Zusatzstoffe:

10 Tr.	Bisabolol (0,3 g)
12 Tr.	Aloe vera 10fach (0,4 g)
40 Tr.	D-Panthenol 50 %ig (1,2 g)

oder

1 Msp.	Allantoin (0,1 g)
1 EiL	Hamamelis-Frischpflanzenextr. (2 g)

Das Mischungsverhältnis von Fett und Wasser ist bei der Milch das gleiche wie bei der vorher beschriebenen Creme. Sie können also wählen, ob Sie sich lieber mit Milch oder mit Creme pflegen möchten. Auch die hier genannten Zusatzstoffe sind gut für die Akne-Behandlung geeignet.

Rezept 2

Fettphase:

25 g	Tegomuls 90 S
65 g	Distelöl oder Jojobaöl
10 g	Walratersatz

Fertige Milch (40 g)

1 Teil	Fettphase (5 g) und
7 Teile	dest. Wasser (35 g) Aqua cons. bzw.
24 Tr.	Euxyl (1 : 10)

Zusatzstoffe:

wie bei Rezept 1

Reinigungsmilch für fette, unreine Haut

Fettphase:

25 g	Tegomuls 90 S
65 g	Sojaöl oder Sonnenblumenöl
10 g	Cetylalkohol

Fertige Milch (40 g)

1 Teil	Fettphase (5 g) und
7 Teile	dest. Wasser (35 g) Aqua cons. bzw.
24 Tr.	Euxyl (1 : 10)

Zusatzstoffe:

5 Tr.	Menthol (0,2 g) oder
3 Tr.	äther. Salbeiöl (desinfizierend, schweißhemmend)

Für die Reinigungsmilch werden nur preiswerte Zutaten verwendet; Sie können ruhig auch pflanzliche Salatöle nehmen. Wenn Sie Menthol mögen: es hat eine erfrischende, kühlende Wirkung. Bevor Sie zusätzlich noch waschaktive Substanzen verwenden, lesen Sie weiter auf *Seite 83*.

Peelingcreme für fette und unreine Haut

Fettphase:

25 g	Tegomuls 90 S
55 g	Sonnenblumenöl oder Sojaöl
20 g	Cetylalkohol

Fertige Creme (40 g)

1 Teil	Fettphase (5 g) und
3 Teile	dest. Wasser (35 g) Aqua cons. bzw.
12 Tr.	Euxyl (1 : 10)

Zusatzstoffe:

10 %	Mandelschalen-Olivenstein-Granulat (4 g)
1 Msp.	Allantoin (0,1 g)
3 Tr.	Thymianöl (äther.)

Fette Haut neigt in verstärktem Maße zur Verhornung der Oberhaut, wo-durch u. a. auch die Talgdrüsen verstopfen. Deshalb ist eine Peelingcreme, die durch sanftes Massieren mit den Fingerspitzen überflüssige Hornhautschüppchen entfernt, eine gute Sache. Wenn Sie dieser Peelingcreme gleichzeitig noch ein wenig waschaktive Substanz zufügen möchten, schauen Sie bitte ab *Seite 83 nach.*

Statt des Mandelschalen-Olivenstein-Granulats können Sie auch Mandelkleie verwenden oder Seesand, den es für kosmetische Zwecke zu kaufen gibt.

Feuchten Sie das Gesicht etwas an und tragen Sie die Peelingcreme mit kreisenden Bewegungen der Fingerspitzen auf; eventuell mit sanftem Druck, der keinesfalls zu stark werden darf. Die körnigen Bestandteile der Creme schleifen die oberen, abgestorbenen Hornhautzellen weg. Wenn Sie die Creme wieder abwaschen – mit klarem Wasser –, haben Sie ein herrlich erfrischtes Gefühl, und Ihre Haut ist unbeschreiblich glatt. Anschließend tragen Sie Pflegecreme bzw. -milch auf.

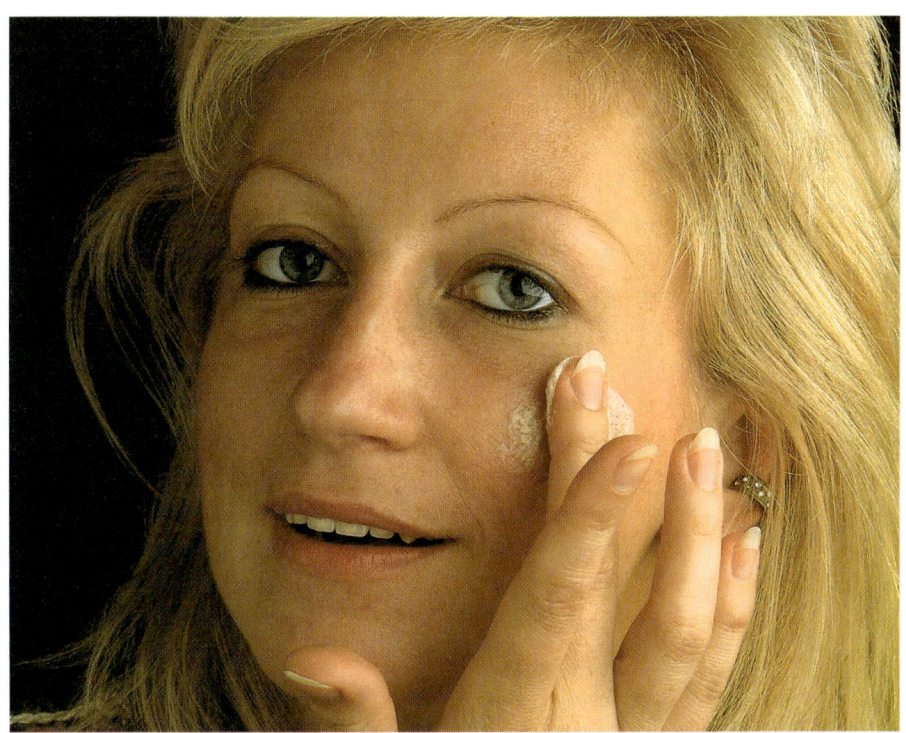

Abb. 51: Peelingcreme tut fetter und unreiner Haut gut.

Spezielle Rezepte für besondere Fälle

Wind- und Wetterschutzcreme für normale und trockene Haut

Fettphase:

25 g	Tegomuls 90 S
50 g	Sojaöl
15 g	Kakaobutter oder Schibutter
15 g	Cetylalkohol

Fertige Creme (40 g):

10 g	Fettphase und
30 g	dest. Wasser oder Aqua cons. bzw.
12 Tr.	Euxyl (1:10)

Zusatzstoffe:

10 Tr.	Bisabolol (0,3 g)
1 Msp.	Elastinpulver (0,3 g)
3 Tr.	äther. Thymianöl
2–4 Tr.	Parfümöl, z.B. Moschus weiß

oder

12 Tr.	Aloe vera 10fach (0,4 g)
10 Tr.	D-Panthenol 50 %ig (0,4 g)
10 Tr.	Vitamin E (0,3 g)
2–4 Tr.	Parfümöl

Diese Creme bildet einen leichten Schutzfilm auf der Haut, wodurch sie vor dem Austrocknen durch Wind und Wetter geschützt wird. Die Zugabe

Abb. 52: Bei diesem Wetter brauchen Sie eine Schutzcreme.

von Vitamin E bedeutet einen sehr leichten, natürlichen Lichtschutz. Wenn Sie die Creme allerdings bei stärkerer Sonneneinwirkung – z.B. beim Skilaufen – benutzen wollen, sollten Sie unbedingt einen richtigen Sonnenschutzfaktor einbauen (mehr dazu ab *Seite 79*). Denken Sie daran, daß Sie dann kein Parfümöl mit Bergamotte oder zitronenölhaltigen Bestandteilen wählen, weil das die Haut besonders lichtempfindlich macht!

Handcreme

Fettphase:

25 g	Tegomuls 90 S
60 g	Sojaöl oder Sesamöl
15 g	Bienenwachs
5 g	Cetylalkohol

Fertige Creme (40 g):

10 g	Fettphase und
30 g	dest. Wasser oder Aqua cons. bzw.
12 Tr.	Euxyl (1 : 10)

Abb. 53: Eine gute Handcreme bewahrt die Hände vor dem Austrocknen.

Zusatzstoffe:

12 Tr.	Aloe vera 10fach (0,4 g)
1 Msp.	Allatoin (0,1 g)
2−4 Tr.	Parfümöl

oder

30 Tr.	D-Panthenol 50 %ig (1,2 g)
1 Msp.	Crotein C (0,4−0,5 g)
3 Tr.	äther. Thymianöl
2−4 Tr.	Parfümöl

Konservieren wegen des Crotein C!

oder

1 Msp.	Elastinpulver (0,3 g)
½ TL	Kamille-Frischpflanzenextrakt (2 g)
3 Tr.	äther. Thyminaöl
2−4 Tr.	Parfümöl

Konservieren wegen des Elastinpulvers!

Lippenpflegecreme

Fettphase:

8 g	Lamecreme ZEM
25 g	Avocado-, Weizenkeim- oder Jojobaöl
4 g	Kakaobutter oder Schibutter
2 g	Cetylalkohol

Fertige Creme (15 g):

5 g	Fettphase und
10 g	dest. Wasser oder Aqua cons.

Zusatzstoffe:

15 Tr.	D-Panthenol 50 %ig (0,6 g)
8 Tr.	Aloe vera 10fach (0,3 g)
4 Tr.	Bisabolol (0,1 g)

kein Parfüm verwenden!

Avocadoöl und Weizenkeimöl pflegen rauhe, rissige Lippen besonders gut; aber auch Jojobaöl ist empfehlenswert.

Was Sie zum Thema Sonne und Haut wissen sollten

Bevor wir Ihnen Rezepte für selbstgemachte Sonnenschutzmilch und -creme verraten, wollen wir Ihnen zum Thema Sonnenbaden und den Einwirkungen auf die Haut ein paar wichtige Zusammenhänge erläutern.

Zunächst zum Nutzen: Die Sonne kann heilen

Sonne ist nicht in jedem Fall schädlich, im Gegenteil: richtig dosiert vermag sie sogar zu heilen. Sie kann körpereigene Abwehrkräfte stärken, zur Vitaminbildung beitragen, Schlafstörungen vorbeugen, entspannen und sogar durch ihre Wärme rheumatische Beschwerden lindern. Ihre Strahlen regen den Stoffwechsel an und auch die Hormonbildung.
Die Haut produziert unter der Einwirkung des Sonnenlichts das Vitamin D, das für das Knochenwachstum wichtig ist. Vitamin-D-Mangel führt zur sogenannten *Rachitis*, auch Englische Krankheit genannt, weil sie im vorigen Jahrhundert zuerst in Glasgow unter in schlimmen Verhältnissen lebenden Arbeiterkindern aufgefallen war. Die Knochen bleiben dabei durch schlechte Kalkeinlagerungen weich. Die Sonne kann auch Hautleiden bes-

sern, wie beispielsweise die Schuppenflechte. Hier sind es vor allem die UV-A-Strahlen (siehe *Seite 78*), die therapeutisch wirken. Aber auch Akne kann mit Hilfe einer Sonnenkur behandelt werden.

Vorsicht bei zuviel Sonne

Ärzte warnen vor unkontrollierter, massiver Sonnenbestrahlung der Haut. Sonnenbrand und schnelleres Altern der Haut, Runzeln und Faltenbildung sind da noch die harmlosesten Folgen. Zuviel Sonne kann auch Hautkrebs auslösen; dies gilt inzwischen als erwiesen. In den letzten Jahrzehnten, seit die jährliche Urlaubsflut in den Süden strömt, wird eine höhere Erkrankungsrate festgestellt. Man vermutet, daß hier die Sonne mitverantwortlich ist, aber auch die vielen künstlichen Sonnen in den Solarstudios.
Was bei diesen künstlichen Strahlen so

Abb. 54: Körperlandschaft am Meer

gefährlich sein könnte – so jedenfalls die Vermutung vieler Ärzte –, ist die permanente Bestrahlung über das ganze Jahr hinweg. Früher hatte die Haut wenigstens einen Winter lang Zeit zur Regeneration.

Heute aber ist Ganzjahresbräune gefragt. Die Ärzte warnen vor dieser Permanenz. Allerdings sind die modernen Sonnenbänke ungefährlicher als die alten „Höhensonnen".

Die Risiken starker Sonnenbestrahlung sind am größten bei extrem hellhäutigen Menschen. Das sind in der Regel die Blonden und Rothaarigen.

Was passiert eigentlich beim Sonnenbaden?

Der Selbstschutz der Haut

Rassen mit unterschiedlichen Hautfarben haben sich in Jahrmillionen entwickelt und auch ihre mehr oder weniger große Empfindlichkeit für die Sonne erworben. Der Mensch der nördlichen Breiten braucht auch deshalb die weiße Haut (mit größerer Durchlässigkeit für die Sonnenstrahlung), um mit weniger Sonne genügend Vitamin D aufbauen zu können; denn im „Erbplan" ist die Möglichkeit der großen Reisen in andere Klimazonen nicht vorgesehen.

Betroffen von den Reaktionen auf die Sonne ist vor allem die Oberhaut und die Grenzschicht zwischen Oberhaut und Lederhaut. Darin befinden sich die von der Natur vorgegebenen Hilfsmittel, mit denen die Haut auf zuviel Sonnenlicht reagiert.

Den wichtigsten Schutz bieten die Pigmente, Farbkörner, die den Farbstoff *Melanin* enthalten. Dieses Melanin wird in kleinen spezialisierten Zellen gebildet, in den *Melanozyten*. Die Produktion des Melanin wird durch das Sonnenlicht ausgelöst; allerdings erst im Laufe von Tagen und Wochen. Es bewirkt die eigentliche Bräunung. Durch sie wird die Haut weniger durchlässig für die Sonnenstrahlen, die gewissermaßen wie mit einer Art Jalousie von den tieferen Hautschichten ferngehalten werden.

Schwarze und andere dunkelhäutige Rassen haben wesentlich mehr Melanozyten als weiße; sie können also mehr Melaninfarbstoff bilden, der ihnen größeren Sonnenschutz bietet.

Bei uns Hellhäutigen setzt dieser Schutz allerdings erst relativ spät ein; denn es dauert einige Zeit, bis der Farbstoff sich bildet. Deshalb behilft sich die Haut zunächst anders.

Sie baut einerseits relativ schnell eine „Lichtschwiele" auf, indem sie die Oberhaut verdickt. Das ist die Hornschicht, die Sie ein paar Tage später im Badewasser abrubbeln können. Auch die Lichtschwiele bräunt in gewisser Weise. Wenn sie sich allerdings zu schnell bildet, dann ist die Bräune nicht sehr dauerhaft, weil die Lichtschwiele einen derart hohen natürlichen Lichtschutzfaktor aufbaut, daß die Haut das nachhaltiger bräunende Melanin gar nicht mehr zu bilden braucht. Dieser natürliche Lichtschutzfaktor über die Schwiele kann Werte von 6 bis 10 annehmen – mehr als eine starke Sonnenschutzcreme.

Ein Schutz ist in gewisser Weise auch der Sonnenbrand, der aber verhängnisvollerweise mit zeitlicher Verzögerung auftritt. Erst nach 2 bis 4 Stunden kommen die ersten Schmerzen – zu spät, um sich jetzt noch zu schützen. Deshalb sollten Sie sich strikt an die nachfolgenden Tips halten.

Bräunungszeiten richtig dosiert

Wenn Sie längere Zeit nicht in der Sonne waren – zum Beispiel nach Winter und Frühjahr – und Ihr erstes Sonnenbad nehmen wollen, dann sollten Sie die in der Tabelle angegebenen Zeiten nicht wesentlich überschreiten. Setzen Sie also am ersten Tag die Haut nicht länger als 10 Minuten der prallen Mittagssonne aus: 10 Minuten von vorne und 10 Minuten von hinten. Diese Zeiten scheinen relativ kurz zu sein: aber sie stimmen. Die Bräune wird später um so nachhaltiger.

Allerdings handelt es sich dabei um Zeiten bei praller Mittagssonne und glasklarem Himmel, wenn die Sonne im Zenit steht, also steil vom Himmel scheint. In der Nachmittagssonne kann man diese Zeit verdoppeln, gegen Abend sogar verdreifachen.

Aber dies abzuschätzen, ist schwierig. Noch schwieriger ist es, wenn der Himmel diesig oder leicht bewölkt ist. Deshalb hat sich die Hobbythek einen Bausatz für ein ganz besonders nützliches Meßgerät ausgedacht, das diese schwer einschätzbaren Bedingungen automatisch berücksichtigt. Eine ausführliche Beschreibung mit Bauanleitung finden Sie im *Hobbythek-Buch 8*. (Demnächst auch als „Sunwatch" auf dem Markt). Auf unserer Tabelle der empfohlenen Sonnenbadezeiten sehen Sie, daß die Sonnenzeiten von 10 Minuten am ersten Tag bis 75 Minuten am siebten oder 4 Stunden nach der 2. und 10 Stunden nach der 3. Woche steigen. Die Haut bildet von Tag zu Tag einen steigenden natürlichen Sonnenschutz – wir nennen ihn hier einmal, wie die Kosmetikindustrie, „Sonnenschutzfaktor" (SF). Schon nach dem ersten Sonnentag steigt er von 1 auf 1,4. Das liegt daran, daß die Haut sich leicht rötet und die Lichtschwiele sich aufzubauen beginnt. Am 2. Tag steigt der SF bereits auf 2, und am 7. Tag erreicht er schon den Faktor 10. Nach 7 Tagen können Sie also theoretisch 10mal länger ohne Schaden in der Sonne liegen als am 1. Tag. Dann haben Sie bereits durch starke Pigmentbildung haltbare Bräune bekommen – vorausgesetzt, Sie haben es nicht übertrieben. Nach 3 Wochen kann der SF der Haut Werte von 70 bis 100 erreichen. Dabei entfällt allein auf die Pigmentbildung das 10- bis 15fache, auf Schwiele und chemische Reaktionen der Rest, also das 7- bis 10fache.

Natürlich können Sie den natürlichen Schutz durch Sonnenschutzcremes noch verstärken. Dann können Sie die in der Tabelle ausgewiesenen Zeiten mit dem auf der Packung der Creme angegebenen Sonnenschutzfaktor multiplizieren.

Hier ein Beispiel:
Sonnenbadezeit (am zweiten Tag): 15 Minuten, Sonnenschutzfaktor der Creme: 6. Sie können dann 6 x 15, also 90 Minuten in der Sonne bleiben. Vergessen Sie aber nicht, sich *überall* einzucremen, besonders auch auf der Stirn, der Nase und dem Fußspann, der häufig vergessen wird.

Sonnenschein ist nicht gleich Sonnenschein

Der eigentliche schädliche Teil der Sonnenstrahlung ist die ultraviolette oder auch kurz UV-Strahlung. UV-Strahlen sind „kalte" Strahlen; sie kommen also nicht nur bei heißer Sommersonne vor. Hinzu kommt, daß die auf unseren Körper gelangende UV-Strahlung erheblich intensiver werden kann, wenn man sich z. B. am Wasser oder im Schnee aufhält. Wußten Sie, daß heller Meeresstrand die UV-Strahlung bis zu 80 % und Schnee bis zu über 90 % reflektieren kann? Selbst eine Wolkendecke im Gebirge läßt im Sommer immer noch 40 % der UV-Strahlung durch.

Die UV-Strahlen teilt man nach ihrer Wellenlänge (in μm = Mikrometer = Millionstel Meter angegeben) in 3 Arten:

Tag	Min.	SF
1.	10	ca. 1,4
2.	15	ca. 2
3.	20	ca. 3
4.	30	ca. 4
5.	40	ca. 5,5
6.	55	ca. 7,5
7.	75	ca. 10
Woche	Std.	SF
1.	1¼	ca. 10
2.	4	ca. 30
3.	10	ca. 70–100

SF = natürlicher Sonnenschutzfaktor

Abb. 55: Bräunungstabelle.

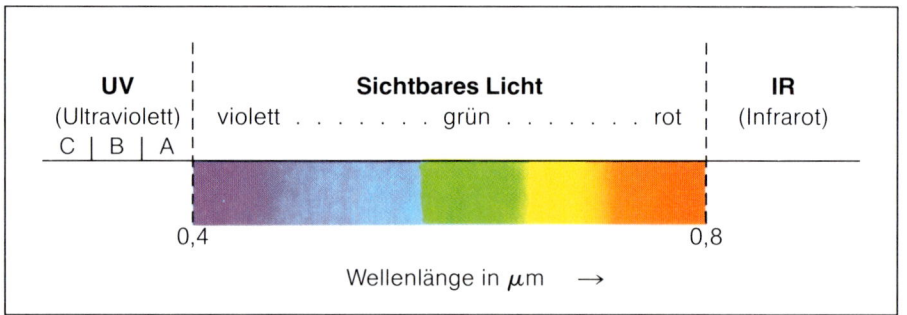

Abb. 56: Die ultravioletten Strahlen liegen im Spektrum jenseits des sichtbaren Teils.

| UV-C-Strahlen: 0,20-0,28 μm |
| UV-B-Strahlen: 0,28-0,32 μm |
| UV-A-Strahlen: 0,32-0,40 μm |

Die UV-C-Strahlen sind am gefährlichsten, da sie sehr energiereich sind und mit ihrer Wellenlänge in der Nähe der Röntgenstrahlen liegen. Sie werden zum größten Teil von der Erdatmosphäre absorbiert, können dem Menschen dann also nicht direkt schaden. Nur im Hochgebirge kann es etwas gefährlich werden.

Die UV-B-Strahlen sind im engeren Sinne für den Sonnenbrand verantwortlich, während die UV-A-Strahlen die eigentliche Bräunung bewirken. Ein gutes Sonnenschutzmittel muß also einen wirksamen UV-B-Filter haben.

Trotz allem sind auch die UV-A-Strahlen nicht ganz frei von Risiken. Die Haut trocknet aus, sie wird in ihrer Regenerationsfähigkeit geschwächt, d.h. sie altert schneller. Das macht sich in steigender Grobporigkeit und Faltenbildung bemerkbar. Deshalb sollten Sie nach jedem Sonnenbad Ihre Haut mit einer guten Feuchtigkeitscreme ausgiebig pflegen, um wenigstens den Feuchtigkeitsverlust auszugleichen.

Tips, wie man solche Cremes selbst herstellen kann, gibt es in diesem Buch reichlich. Sogar Sonnenschutzmilch können Sie sich selbst rühren.

Sonnenschutzmilch

Damit Sie Ihre Haut gegen die Sonne mit selbstgemachter Creme oder Milch schützen können, haben wir zwei Rezepte mit einer anerkannt wirksamen Sonnenschutzsubstanz *(Parsol MCX)* entwickelt und an uns selbst mit Erfolg ausprobiert. Sie filtert die UV-Strahlen ganz gezielt.

Für den Sonnenbrand sind besonders die kurzwelligen UV B-Strahlen verantwortlich. Sie werden im hohen Maße zurückgehalten (bei einer Konzentration von 2 bis 2,5 % in der Creme werden 84 bis 90 % dieser Strahlen gefiltert). Die langwelligeren UV A-Strahlen, die die Haut vor allem bräunen, weil sie die Pigmente der Haut anregen, werden weitgehend durchgelassen. Deshalb erfolgt die Bräunung schneller. Trotzdem ist Vorsicht angebracht; zu viel Sonne ist auch beim besten Sonnenschutzmittel schädlich.

Parsol MCX ist eine Art Öl; genau gesagt ein Zimtsäureester – fast alle Öle sind ja Ester. Es ist eine hellgelbe, etwas dickliche Flüssigkeit und praktisch geruchlos.

Der Hersteller garantiert absolute Unschädlichkeit und sagt, es würde keinerlei Reiz- oder Allergie-Erscheinungen hervorrufen – selbst bei langanhaltendem Gebrauch. Wenn Sie ganz sicher sein wollen, dann machen Sie – sofern Sie generell allergiegefährdet sind – einen Allergietest mit der reinen Substanz (vgl. Seite 32). Parsol MCX wird in die Ölphase gemischt, da es nicht wasserlöslich ist.

Auf die fertige Creme bezogen kann man ungefähr davon ausgehen, daß jedes Prozent einen Sonnenschutzfaktor (SF) darstellt. Um beispielsweise SF3 zu erhalten, braucht man folglich 3 %; immer bezogen auf die fertige Crememenge, d.h. auf Wasser und Fett zusammen.

Hier das Rezept:

10 g	Tegomuls 90 S
40 g	Mandel-, Erdnuß-, Avo-
	cado-, Jojoba- oder Sojaöl
10 Tr.	Vitamin E
7 g oder 8 ml Parsol MCX für SF3
14 g oder 16 ml Parsol MCX für SF6

Fertige Milch

10 g	Fettphase
40 g	destilliertes Wasser
	(nur mit Euxyl (1 : 10) kon-
	servieren)

Zusatzstoffe (in fertige Milch einrühren):

1 Eierl.	Sonnenhut-Frischpflan-
	zenextrakt (2 g)
	und/oder
20 Tr.	Aloe vera 10fach (0,7 g)
3–4 Tr.	Parfümöl
15 Tr.	Euxyl (1 : 10)

Angerührt wird die Milch wie immer. Das Mischungsverhältnis mit Wasser sollte nur in engen Grenzen verändert werden, da sich sonst auch der SF ändert. Im Hinblick auf den Sonnenschutzfaktor spielt es auch eine Rolle, wie dick oder dünn Sie die Milch auftragen.

Beim Sonnenbaden ist es außerdem ungeheuer wichtig, die Haut vor *Austrocknung* zu schützen. Sogar die typische fette Haut verringert bei Sonnenbestrahlung ihre Talgproduktion.

Vitamin E hat zusätzlich eine leichte Lichtschutzwirkung.

Zum Konservieren sollten Sie unbedingt Euxyl K 100 verwenden, weil die Sonnenmilch natürlich hohen Temperaturen ausgesetzt ist. Am besten nehmen Sie immer nur so viel Milch mit in die Sonne, wie Sie an einem Tag verbrauchen. Den Rest lassen Sie zu Hause im Kühlschrank. Auf keinen Fall Proteine zugeben.

Da es sich um eine O/W-Emulsion handelt, müssen Sie die Milch, wenn Sie im Wasser waren, erneut auftragen. Das ist hier wie bei den meisten gekauften Sonnenschutzmitteln, sofern die Wasserfestigkeit nicht ausdrücklich erwähnt ist. Dann allerdings ist es eine W/O-Emulsion, die sich fettig anfühlt und unter der man stärker schwitzt.

Sonnenschutzcreme

Fettphase:

10 g	Lamecreme ZEM
25 g	Erdnuß-, Sesam- oder Weizenkeimöl
10 Tr.	Vitamin E
3 g	Cetylalkohol
4 g oder 5 ml Parsol MCX = SF 3	
8 g oder 9 ml Parsol MCX = SF 6	

Fertige Creme (30 g):

10 g	Fettphase und
20 g	destilliertes Wasser mit Euxyl (1 : 10) konservieren

Abb. 57: Schützen Sie sich in der Sonne mit einer guten Sonnenschutzcreme.

Zusatzstoffe (in fertige Creme einrühren):

20 Tr.	D-Panthenol (50 %ig) (0,8 g)
12 Tr.	Aloe vera (10fach) (0,4 g)
20 Tr.	Bisabolol (0,6 g)
2–4 Tr.	Parfümöl (Bergamotte und Zitrone vermeiden)
10 Tr.	Euxyl K 100 (1 : 10-Konzentrat)

Herstellung wie bei der Sonnenschutzmilch.

Insektenabwehrende Mittel

Von einigen ätherischen Ölen wird gesagt, daß sie in der Lage sind, lästige Insekten zu vertreiben, oder zumindest dafür sorgen, daß es Mücken und Fliegen vermeiden, sich auf derart behandelter Haut niederzulassen. Wir hatten bis jetzt noch keine Gelegenheit, die Wirkung auszuprobieren. Vielleicht versuchen Sie es einmal. An warmen Sommerabenden können solche Mittel äußerst nützlich sein. Da Mücken vor allem abends stechen, wäre es sinnvoll, die After-Sun-Milch damit zu präparieren oder eine normale Körpermilch.
Folgende ätherische Öle sind geeignet: Citronellöl, Nelkenöl und Lavendelöl. Außerdem werden Aloeextrakt und Walnußblätterextrakt (nicht für trockene Haut) empfohlen. Süße Duftnoten sind keinesfalls zur Abwehr geeignet.

After-Sun-Milch

Fettphase:

20 g	Tegomuls 90 S
85 g	Jojobaöl, Sojaöl, Erdnußöl, Mandelöl oder Distelöl

Fertige Milch (50 g):

10 g	Fettphase und
40 g	Aqua cons. bzw.
15 Tr.	Euxyl (1 : 10)

Zusatzstoffe:

1 EiL	Kollagen, nativ (2–3 g)
1 Msp.	Elastinpulver (0,3 g)
15 Tr.	D-Panthenol 50 %ig (0,6 g)
3–4 Tr.	Parfümöl

Wegen des Kollagen möglichst konservieren.

oder

20 Tr.	Aloe vera 10fach (0,7 g)
10 Tr.	D-Panthenol 50 %ig (0,4 g)
1 Msp.	Crotein C (0,4–0,5 g)
3–4 Tr.	Parfümöl

Wegen des Crotein möglichst konservieren.

oder

1 TL	Sonnenhut-Frischpflanzenextrakt (4 g)
13 Tr.	Bisabolol (0,4 g)
3–4 Tr.	Parfümöl

Die von der Sonne strapazierte Haut braucht besonders viel Pflege und Feuchtigkeit.
Bei Sonnenbrand vgl. Spezial Tip bei Aloe vera.

After-Sun-Creme

Als After-Sun-Creme können Sie eine feuchtigkeitsspendende Creme wählen, die Ihrem Hauttyp entspricht. Außerdem können Sie Bisabolol und etwas mehr Aloe vera hinzufügen.

Babycreme

Fettphase:

20 g	Lamecreme
65 g	Sonnenblumenöl
25 g	Cetylalkohol

Fertige Creme:

1 Teil	Fettphase (10 g) und
3 Teile	dest. Wasser (30 g)

Zusatzstoff:

4 Tr.	Bisabolol

Diese Creme läßt sich sehr gut dick auftragen auf Babys meiststrapazierte Stellen. Das Bisabolol – der Kamillen-Wirkstoff – hilft bei Hautreizungen. Ist Babys Haut einmal besonders stark gerötet, können Sie auch noch 10 Tropfen D-Panthenol zufügen. Wenn Ihnen die Creme gefällt, rühren Sie beim nächsten Mal eine größere Portion an.
Die Haltbarkeit der Babycreme würden wir aus Sicherheitsgründen und weil jegliche Konservierungsstoffe fehlen, auf max. 8 Tage begrenzen.

Abb. 58: Die schonendste Art, sich das Gesicht zu säubern: Pflege mit Waschcreme.

Cremes zum Waschen

Die Luxuswaschcreme der Hobbythek

Die Waschcreme wird ebenso wie Seife in dünner Schicht aufgetragen und mit Wasser wieder abgespült. Aber lesen Sie vor der Herstellung das folgende:

Warum Waschcreme?

Waschen, was heißt das? Seltsame Frage werden Sie vielleicht denken. Es ist doch selbstverständlich: Wer sich wäscht, will Schmutz oder Schweiß von der Haut entfernen. Basta!

Ganz richtig, aber damit ist die Frage keineswegs vollständig beantwortet. Sie wissen, welch ein Problem es ist, aus Kleidungsstücken – vor allem aus weißen oder hellfarbenen Stoffen – Flecken zu entfernen; nicht umsonst blüht das Reinigungsgewerbe. Nur Fachleute sind in der Lage, die Vielfalt der Substanzen zu erkennen, die uns beschmutzen.

Da können wir eigentlich froh sein, daß die Haut, zumindest was die äußerliche Reinheit anbelangt, wesentlich pflegeleichter ist. Im Zweifelsfall wächst der Flecken heraus, sofern er nicht – wie z.B. bei der Tätowierung – unter die Haut gegangen ist. Leider bringt es diese Eigenschaft mit sich, daß viele Menschen sehr sorglos mit ihrer Haut umgehen. Oft werden die schärfsten Reinigungsmittel auch zum Saubermachen der Haut verwendet. Denken Sie nur einmal daran, wie

Sie sich selbst verhalten, wenn Sie mit Lackfarbe gearbeitet haben. Testbenzin, Aceton oder andere Lösungsmittel, meist äußerst giftige, werden der Haut ohne Nachdenken zugemutet. Dabei geht es auch mit wesentlich milderen Reinigungsmitteln. Im einzelnen werden wir auf diese Thematik ganz ausführlich im Kapitel über Seifen eingehen. Hier möchten wir nur kurz einen Zwitter zwischen Creme und Seife behandeln: die Waschcreme.

Die Waschcreme ist in vielen Fällen – besonders bei empfindlicher Haut – ein ideales Reinigungsmittel. Sie ist wesentlich milder als Seifen und reine Tenside, schont den natürlichen Schutzfilm der Haut und reinigt trotzdem exzellent und – um ein Schlagwort der Kosmetikindustrie aufzugreifen – porentief. Wer das richtig beurteilen will, muß allerdings ein Vorurteil abbauen, das lautet: „Eine Seife reinigt dann besonders gut, wenn sie stark schäumt". Dies ist eindeutig falsch. Der Schaum ist nur eine Begleiterscheinung, die in der Regel bei reinen Seifen und Tensiden auftritt. Deshalb kann man damit auch die hübschen Seifenblasen herstellen, weil diese Mittel die Oberflächenspannung des Wassers herabsetzen. Dies wirkt zwar u.a. fettlösend, was in der Tat hilft, fettigen Schmutz zu entfernen; aber es gibt auch andere Möglichkeiten. Man kann diesen Schmutz zum Beispiel auch mit sauberem Öl oder Fett abwaschen. Vielleicht kennen Sie das vom Urlaub am Meer: Es gibt ja kaum mehr einen Strand, an dem man nicht in Teerflatschen hineintritt. Den Teer entfernt man nicht mit Benzin oder Terpentin – das greift die Haut zu

stark an –, sondern am einfachsten mit Salat- oder Sonnenschutzöl.

Nun, Fettschmutz könnte also mit reinem Öl abgewaschen werden. Aber wie bekommt man das Öl dann wieder von der Haut? Öl ist ja nicht wasserlöslich und wirkt auf der Haut keineswegs dermatologisch ideal (vielleicht lesen Sie dazu noch einmal ab *Seite 98* nach). Außerdem gibt es eine Menge wasserlöslichen Schmutz, wie etwa Staubrückstände auf der Haut.

Auch hier hilft wieder der Emulgator. Er ist ja die Brücke zwischen Wasser und Fett.

Eine reine Creme hat zwar ideale Rückfettungseigenschaften, aber auch ihre Grenzen, was die Reinigungskraft anbelangt. Deshalb haben wir eine Lösung gesucht und in der Kombination mit Seifen – oder genauer gesagt – mit *Tensiden* gefunden.

Die altehrwürdige Seife und die modernen Tenside haben große Ähnlichkeit mit den Emulgatoren. Auch sie bauen eine Brücke zwischen Wasser und Fett. Während der Emulgator aber die Aufgabe hat, Wasser und Öl zur stabilen Emulsion zusammenzuführen – also eine Langzeitehe zu schließen –, soll die Seife oder das Tensid eher für ein kurzzeitiges Schäferstündchen zwischen beiden sorgen. Mit nüchternen Worten: Die Hautwaschmittel sollen das Schmutzfett anlösen, damit es mit Wasser weggespült werden kann; und zwar mit möglichst wenig Seifenmenge. Deshalb müssen Seifen und Tenside viel aggressiver sein als Emulgatoren. Man sollte sie also nicht längere Zeit auf der Haut lassen. Nun, das wollen wir mit unserer Waschcreme auch gar nicht. Trotzdem haben wir uns bemüht, das modernste und mildeste Hautwaschmittel zu finden, das es derzeit gibt.

Tenside haben heute weitgehend die klassischen Seifen abgelöst. Anfangs sicher zu Unrecht, weil sie keineswegs hautfreundlicher als Seifen waren. Im Gegenteil: viele zerstörten den Schutzfilm und trockneten die Haut noch stärker aus als Seifen. Das gilt übrigens auch für einige sogenannte medizinische Waschemulsionen, die billigste, aggressive Tenside beinhalten.

Wir suchten wieder den Rat von Prof. Tronnier. Er empfahl uns zwei ungewöhnlich milde Waschsubstanzen, die auch dann keine nachteilige Wirkung auf der Haut hinterlassen, wenn sie längere Zeit darauf bleiben. In Verbindung mit der rückfettenden Fettphase unserer Creme, haben wir so ein ideales Waschmittel für empfindliche Hautpartien wie das Gesicht usw. gefunden.

Betain – eine milde Waschsubstanz

Das erste dieser Tenside ist ein sogenanntes *Betain* (a und i getrennt gesprochen; vgl. auch *Seite 119*). Dieser Stoff kommt sogar in der Natur vor, zum Beispiel in Zuckerrüben. Vor 100 Jahren entdeckte es darin der deutsche Chemiker C. Scheibler. Er taufte es Betain nach dem lateinischen Begriff *beta* = die Rübe. Heute stellt man diesen Stoff synthetisch in verschiedenen Varianten her und hat damit eine der hautschonendsten Waschsubstanzen zur Verfügung. Meist

mischt man es mit anderen Tensiden; allein dies bewirkt eine erhebliche Milderung der Gesamtwaschsubstanz.

Wir verwendeten Betain in unserer Waschcreme pur. Ein weiterer Vorteil: Es reizt fast überhaupt nicht die Augenbindehaut, d.h. wenn es ins Auge kommt, schmerzt es nicht. Es empfiehlt sich also besonders als Seifenersatz für Kinder.

Für die Fachleute: Wir haben mit dem Produkt *Tegobetain L7* experimentiert. Es ist ein *amphoteres Tensid*, genauer ein *Kokosamidoalkylbetain* mit dem pH-Wert 5. Sicher sind auch vergleichbare Produkte anderer Firmen geeignet. Sie müßten es selbst ausprobieren.

Tegobetain L7 besitzt eine 30 %ige Konzentration an „waschaktiver Substanz" (WAS). Da viele im Handel erhältliche Waschmittel etwa 15 %ige WAS enthalten, kann man es bei der Verwendung als Seife auf das Doppelte verdünnen. In unseren Rezepten geben wir die zuzufügende Wassermenge exakt an.

Lamepon – ein ungewöhnlich hautverträgliches Waschmittel aus Kollagen

Auf Anraten von Prof. Tronnier haben wir noch ein zweites Tensid ausgewählt (vgl. auch *Seite 114*). Es wird aus Hauteiweiß – aus Kollagen – gewon-

Abb. 59: Betain und Lamepon ergeben eine besonders milde Waschcreme.

nen. Fachlich ausgedrückt: Es ist ein sogenanntes *Eiweiß-Fettsäure-Kondensat* – ein naturnahes Waschmittel. Die genaue chemische Wirkung beschreiben wir im Kapitel über Seifen. Hier nur einige Hinweise in Kürze: Das lange, stäbchenförmige Kollagenmolekül wird chemisch zerkleinert (Hydrolyse) und mit Hilfe von Kokosfettsäure und Kaliumsalz zu diesem wirklich ungewöhnlich hautverträglichen Tensid umgewandelt.

Auch Lamepon brennt kaum in den Augen und eignet sich exzellent als Shampoo besonders für Kinder. Die Waschkraft ist vergleichbar mit allen anderen Tensiden; allerdings schäumt es etwas weniger. Auch Lamepon S hat 30 %ige WAS, kann also mit der doppelten Menge Wasser verdünnt werden, damit es auf den WAS-Gehalt der meisten käuflichen Seifen kommt. In unseren Waschcremerezepten geben wir die genauen Mischungsverhältnisse von Wasser und Lamepon an.

Weitere Pflegemittel für Waschcreme und Reinigungsmilch

Aus Eiweißhydrolysaten können nicht nur moderne Waschmittel gewonnen werden, sondern auch Pflegemittel mit verbesserter Haut-, Haar- und Schleimhautverträglichkeit. Zwei Produkte möchten wir hier nennen: *Nutrilan L* und *Crotein C*. Beides sind Handelsbezeichnungen, die wir hier stellvertretend für alle anderen nennen, denn es gibt eine Vielzahl ähnlicher Produkte.

Nutrilan ist eine Flüssigkeit und *Crotein* ein Pulver. Sie sorgen für einen leichten Film auf Haut und Haar. Sollten Sie mit einer von Ihnen gekauften Flüssigseife oder mit einem Shampoo nicht zufrieden sein, dann können Sie die Hautverträglichkeit nachträglich mit etwa 10 % zugesetztem Nutrilan L (10 ml auf 100 ml) bzw. 2 Gewichtsprozente Crotein C (2 g auf 100 g) wesentlich verbessern. In unseren Rezepten finden Sie in einigen Fällen diese Substanzen.

Rezepte, Rezepte . . .

Auch hier haben wir auf unserem *Cremebaukasten* aufgebaut.

Die Fettphase der Creme bildet die rückfettende Substanz, das verdünnte Tensid die „Wasserphase" (Flüssigphase). In der Fettphase haben wir Cetylalkohol bevorzugt, weil er preiswert und ein guter Konsistenzgeber mit zusätzlich positiver Hautwirkung ist.

Wir gehen wieder von zwei Fettphasen aus: die eine auf Basis von Lamecreme, die andere von Tegomuls. In der Regel mischen wir Fett- und Flüssigphase 1:1. Wie bei der Creme werden Fett- und Flüssigphase getrennt erhitzt (auf etwa 50 bis 60 °C) und kaltgerührt.

Die Waschcreme hält sich auch ohne Konservierung bis zu 4 Wochen; nur bei Zumischung von Eiweißhydrolysaten wird die Haltbarkeit auf 2 Wochen begrenzt, sofern Sie nicht Aqua conservans verwenden.

Rezepte auf der Basis von Lamecreme

Fettphase Lamecreme

20 g	Lamecreme ZEM
70 g	Sonnenblumenöl
5 g	Cetylalkohol

Fertige Waschcreme

20 g dieser Fettphase kann mit den folgenden Flüssigkeitsphasenmengen verrührt werden:

Flüssigkeitsphase mit 15 % WAS (Betain)

10 g	dest. Wasser
10 g	Tego-Betain (30 %ige WAS)

Tego-Betain in Wasser auflösen. Diese Waschcreme hat eine relativ feste Konsistenz.

Flüssigkeitsphase mit 10 % WAS (Lamepon)

13 g	dest. Wasser
7 g	Lamepon S

Lamepon in Wasser auflösen. Diese Waschcreme hat eine cremige Konsistenz.

Geeignete Zusatzstoffe:

1 EiL	Nutrilan

oder

1 Msp.	Crotein C; bei beiden Eiweißhydrolysaten Aqua cons. verwenden

Abb. 60: Der Cremebaukasten der Waschcreme mit Fettphase, den mildesten Tensiden und Wasser.

3 Tr.	Salbeiöl äth. (schweißhem-mend, desinfizierend)

oder:

5 Tr.	Menthol (erfrischend), Vorsicht Augen!

Rezepte auf der Basis von Tegomuls

Fettphase:

25 g	Tegomuls 90 S
60 g	Sonnenblumenöl
15 g	Walratersatz
5 g	Cetylalkohol

Auch hier werden wieder 20 g Fettphase mit folgenden Flüssigphasenmengen getrennt erhitzt und dann kalt gerührt:

Flüssigphase mit ca. 10 % WAS (Lamepon)

13 g	dest. Wasser
7 g	Lamepon S

Waschcreme mit weicher, cremiger Konsistenz.

Flüssigphase mit 10 % WAS (Betain)

13 g	dest. Wasser
7 g	Tego-Betain (30 %ige WAS)

Ergibt eine Waschcreme mit fester Konsistenz.

Flüssigphase mit 15 % WAS (Betain)

10 g	dest. Wasser
10 g	Tego-Betain (30 %ige WAS)

Ergibt eine cremige Waschcreme.

Flüssigphase mit 15 % WAS (Lamepon)

10 g	dest. Wasser
10 g	Lamepon S

Ergibt eine relativ flüssige Waschcreme.
Geeignete Zusatzstoffe wie bei Lamecreme.

Badespaß mit ätherischen Ölen

Nachdem wir das Waschen und Pflegen der Haut mit Waschcremes kennengelernt haben, wollen wir hier noch einmal auf die Pflege und Erfrischung durch ätherische Badeöle zurückkommen, die wir im *Hobbythek-Buch 10* ausführlich beschrieben haben.

Unsere Haut ist nicht nur eine sinnreich aufgebaute Schutzschicht; sie läßt auch bestimmte Stoffe relativ leicht und schnell in das Körperinnere gelangen. Leider sind das nicht nur gute Substanzen, sondern in unserer chemieverseuchten Umwelt zunehmend auch schädliche. Für uns ein Grund, diese schädlichen Wirkungen durch bewußt eingesetzte heilende, lindernde und stärkende Substanzen zu neutralisieren.

Man hat herausgefunden, daß ätherische Öle zum Teil auch über die Haut in den Organismus gelangen können. Bei Eukalyptusöl und Thymianöl geschieht das zum Beispiel innerhalb von 20 bis 40 Minuten. Bei Zitronenöl dauert es etwas länger, ebenso bei Kiefernadelöl, Lavendelöl und Pfeffer-

minzöl. Man hat aber auch herausbekommen, daß sie bei einer Anwendung im warmen Badewasser schneller durch die Haut gehen. Wir haben hier also die angenehme Erscheinung, daß in einem duftenden warmen Melissenbad das ätherische Öl durch die Haut hindurch seine Wirkungen im Organismus entfalten kann, ohne den Magen-Darm-Trakt zu belasten.

Abb. 61: Badespaß mit duftenden Ölen.

Allerdings lassen sich Öl und Wasser bekanntlich nicht ohne weiteres mischen. Dies gilt natürlich auch für unsere ätherischen Öle, die ohne einen gewissen Trick als Fettaugen auf dem Wasser schwimmen würden. Außerdem sind sie so hoch konzentriert, daß sie verdünnt werden sollten; am besten mit Fettölen, die den Vorteil haben, gleichzeitig die Haut rückzufetten. Solche Fettöle sind zum Beispiel alle kaltgepreßten Pflanzenöle. Für unsere Zwecke verwendbar sind alle Öle, die wir für die Cremeherstellung auf *Seite 33* beschrieben haben.

Diese Fettöle sind die *Basisöle*, in die man die ätherischen Öle hineinmischt.

Damit das Badeöl nicht auf dem Badewasser schwimmt, sondern sich mit ihm vermischt – eine Emulsion bildet – brauchen wir wieder einen Emulgator. Wir haben zwei naturnahe Emulgatoren gefunden, die sich sehr gut dafür eignen:

Twen 80. Das ist ein Stoff, der aus Zucker gewonnen wird und der auch für Lebensmittel zugelassen ist, also innerlich angewendet werden kann.

Der zweite Emulgator ist *Oxypon 288*, der durch chemische Umwandlung aus Olivenöl gewonnen wird. Er ist preiswerter als Twen 80 und erzeugt auch eine bessere Emulsion, hat aber leider die Eigenschaft, bei niedrigen Temperaturen auszuflocken. Deshalb haben wir uns nach einem anderen Emulgator umgeschaut, der die gleichen Eigenschaften wie *Oxypon 288* hat, ohne auszuflocken:

Mulsifan CPA. (Vgl. Bezugsquellenanhang).

Die Güte einer Badeölemulsion erkennen Sie daran, daß sie sich gleichmäßig wie Milch im Tee im Wasser verteilt und keine Fettaugen auf der Oberfläche hinterläßt.

Der sehr hohe Preis von Badeölen im Handel täuscht darüber hinweg, daß ätherische Öle, von denen man ja nur geringe Mengen braucht, relativ billig zu bekommen sind. Wenn Ihnen da eine Apotheke nicht weiterhelfen kann, wenden Sie sich an eine der Adressen im Anhang.

Und noch ein Hinweis: Wenn Sie eines unserer Badeöle verwenden, dann sollten Sie mit der Seife sehr sparsam umgehen oder sie sogar ganz weglassen. Sie hinterläßt auf der Haut kein angenehmes Gefühl. Das Badeöl ist durchaus ein Seifenersatz mit Reinigungskraft; denn der Emulgator macht das Öl ja wasserlöslich, wodurch es in gewissen Grenzen auch den Schmutz löst, der dann abgespült werden kann.

Sie können mit unseren Badeölen natürlich nicht nur baden, sondern auch duschen. Einfach den Körper naß machen, Badeöl auftragen und wieder leicht abspülen. Sie können sich dadurch sogar das nachträgliche Eincremen sparen. Suchen Sie sich unter den ätherischen Ölen den Duft aus, der am besten zu Ihnen paßt.

Aber – wir sagten es schon – ätherische Öle haben nicht nur einen kosmetischen Nutzen, sondern auch einen gesundheitlichen. Mehr dazu in unseren Rezepten.

Wissen sollten Sie, daß solche Bäder aber nicht in jedem Falle gesund sind. Bei Überfunktion der Schilddrüse, bei Epilepsie, bei Lungentuberkulose und auch bei bestimmten Erkrankungen der Atemwege sollte man nicht ohne weiteres in ein Vollbad steigen – seien

die zugesetzten Extrakte noch so gesundheitsfördernd. Da fragen Sie ruhig vorher einmal Ihren Arzt.

Badeöle à la Hobbythek

Das Grundrezept:
Auf 80 % Fettöl (Basisöl, vgl. oben) kommen 10 % Emulgator und 10 % ätherisches Öl. Das heißt bei 80 ml Basisöl erhalten wir schließlich 100 ml Badeöl. Die reichen für 4 bis 5 Vollbäder und entsprechend mehr Duschbäder. Die Mischung vor dem Eingießen ins Bad kräftig schütteln!

Noch ein kurzes Wort zu angeblichen Nebenwirkungen: Vor allem bei Ölen, die die Durchblutung fördern, kann es zur Hautrötung kommen. Das ist im Grunde erwünscht, kann aber bei Menschen mit Allergien unangenehm sein. Sollten Sie dazugehören, dann müssen Sie etwas vorsichtig sein und ausprobieren, welches Öl Ihnen wirklich wohl tut.

Rezepte, Rezepte . . .

Zunächst stellen wir Ihnen Badeöle vor, die bereits Pfarrer Kneipp empfohlen hat.

Melissenölbad

Es duftet nicht nur herrlich, sondern beruhigt und hilft, nach einem streßbeladenen Tag, Entspannung zu finden.

Lavendelölbad

Es erfrischt, wirkt anregend und ausgleichend auf den Organismus.

Wacholderbeerenölbad

Wirkt durchblutungsfördernd, günstig bei Rheuma und Muskelzerrungen. Da Wacholder etwas streng und herb riecht, kann man in das Grundrezept noch ein paar Tropfen Geranium- oder Rosenöl geben. Angenehm ist auch eine Mischung mit Rosmarinöl im Verhältnis 1:1.

Rosmarinölbad

Es belebt den Körper und regt den Kreislauf an. Hilft bei rheumatischen Schmerzen und bei Erkältungskrank-

Abb. 62: Aus Melisse und anderen Pflanzen werden die ätherischen Öle gewonnen.

heiten. Gut mischbar mit Wacholder, Salbei und Thymianöl. Es soll sogar Ungeziefer vertreiben. Das Öl kann auch zum Inhalieren mit etwa 50 % Wasser gemischt bis kurz vor das Sieden erhitzt und dann die Dämpfe vorsichtig eingeatmet werden.

Thymianölbad

Wirkt desinfizierend und krampflösend und hilft bei Erkältungskrankheiten. Kann gut mit Eukalyptus und Rosmarinöl gemischt werden. Wem der Duft zu streng ist, mag Orangen-, Geranium-, Rosen- oder Melissenöl hinzufügen. Da müssen Sie einfach Ihren eigenen Geruchsnerven folgen.

Kiefern- bzw. Fichtennadelölbad

Das ätherische Öl wird aus den Nadeln verschiedener Arten wie zum Beispiel der Latschenkiefer aus dem Hochgebirge gewonnen. Sie sind sozusagen die klassischen Duftöle für das Bad, weil sie die Haut besonders gut durchdringen. Sie wirken gegen Beschwerden der Atemwege, Asthma und auch chronische Katarrhe. Ein angenehmes Bad bei Grippe, Rheuma und Gicht. Gut mischbar mit Eukalyptus-, Zypressen- und Zedernöl.

Eukalyptusölbad

Das gibt es noch kaum zu kaufen. Besonders bei Erkältungskrankheiten zu empfehlen. Sehr gut zum Inhalieren geeignet. In seltenen Fällen kann es zu allergischen Reaktionen kommen.

Niaouliölbad

Niaouli ist ein Myrtengewächs, das aus Neukaledonien stammt. Der Duft erin-

nert an Eukalyptus, ist aber etwas herber. Das Öl hat auch ähnliche Wirkungen; allerdings ist sein antiseptischer Effekt etwas stärker. Wundheilend und gewebestimulierend. Auch gut zum Inhalieren geeignet.

Zedernholz- und Zypressenölbad

Ein exotischer, „biblischer" Duft. Die Wirkstoffe beider Pflanzen werden seit Urzeiten als Medikament benutzt. Ähnliche Wirkung wie bei Niaouli, jedoch stärker beruhigend, da es in geringen Mengen Kampfer enthält. Wirkt desodorierend und hautstraffend.

Salbeiölbad

Eine ganz wichtige Heildroge, als Bad sehr gut bei strapazierter und wunder Haut. Hilft bei übermäßiger Schweißabsonderung und als Deodorant. Gut bei Rheuma und Erkältungskrankheiten. Mischung mit Eukalyptus, Thymian oder Rosmarin.

Anis-/Fenchelölbad

Zunächst im Duft etwas ungewöhnlich; aber sehr angenehm. Gut gegen Erkältungskrankheiten; zur Entspannung und Beruhigung.

Parfüm- und Duftbäder

Und hier noch einige Duft- bzw. Parfümbäder mit bestimmten ätherischen Ölen, die man nach eigener Vorstellung und Geschmack auch miteinander mischen kann.

Was es mit den einzelnen Ölen auf sich hat, können Sie auf *Seite 53* nachlesen.

Duftbad à la Hobbythek

80 ml	Basisöl
1 g	Anisöl
1 g	Latschenkieferöl
1 g	Rosmarinöl
1 g	Wacholderöl
1 g	Nelkenöl
2 g	Geraniumöl
2 g	Bergamottöl
2 g	Orangenblütenöl
2 g	Rosenöl (künstlich)
10 g	Emulgator

Duftbad Eau de Cologne

80 ml	Basisöl
5 g	Bergamottöl
5 g	Orangenblütenöl
10 g	Emulgator

Duftbad Melissengeist

80 ml	Basisöl
5 g	Melissenöl
2 g	Orangenöl
2 g	Nelkenöl
1 g	Rosenöl
10 g	Emulgator

Sauna-Aufgüsse

Nach den gleichen Rezepten können Sie auch Sauna-Aufgüsse zusammenstellen. Allerdings müssen Sie dann den Emulgator fortlassen, weil der auf den heißen Steinen des Saunaofens unangenehm riechen würde. Ätherische Öle und Wasser mischen sich hier also nicht so innig wie bei ei-

Abb. 63: Der Sauna-Aufguß wird erst durch ätherische Öle zur Wohltat.

ner Emulsion. Das schadet aber nichts. Schütteln Sie die Mischung vor dem Aufguß nur kurz einmal kräftig durch.

Hier als Beispiel:

Sauna-Aufguß gegen Erkältung

200 ml	Wasser
1 g	Pfefferminzöl
1 g	Eukalyptusöl
2 g	Latschenkieferöl
2 g	Thymianöl
2 g	Rosmarinöl
1 g	Kampfer

Gießen Sie von dieser Mischung zunächst nicht allzu viel auf den Saunaofen. Probieren Sie die richtige Menge aus, die sicher bei ein paar Eßlöffeln liegt. *Vorsicht:* Niemals alkoholhaltige Aufgüsse verwenden. Brandgefahr!

Balsame und Kräutercremes

Von den Öl- und Kräuterbädern ist es nicht weit zur Heil-Kosmetik. Gerade in letzter Zeit sind Balsame und Cremes auf der Basis von Kräuterauszügen immer beliebter geworden.
Man kann sie mit Hilfe von ätherischen Ölen im Handumdrehen selbst herstellen.
Als Basis für einen Balsam kann man normale weiße Vaseline oder auch eine neutrale Eucerincreme nehmen, die es als Salbenbasis in der Apotheke gibt. Nehmen Sie zum Beispiel *Eucerin cum aqua* oder *Eucerin PH 5.*
Für eine Creme eignet sich als Basis aber auch eine möglichst wenig parfümierte Hautcreme.

Für die Cremebasis können Sie sich natürlich auch an die Angaben auf *Seite 59* halten.
Im Prinzip kommen fast alle ätherischen Öle als Wirkstoffe für eine Creme in Frage. Die Wirkungen haben wir schon bei den Badeölen beschrieben, weshalb wir uns hier kurzfassen können. Auch hier müssen Menschen mit Neigung zu Allergien bei bestimmten Ölen vorsichtig sein.

Hier das Grundrezept

Auf die Balsam- oder Cremebasis kommen 5 bis 10 % ätherische Öle, also auf 100 g Creme 5 bis 10 g. Alle Zutaten müssen gut und gleichmäßig verrührt werden.
Die Creme soll in dicht verschließbaren Töpfchen aufbewahrt werden, da die Öle ja leicht „verduften".

Hier einige Beispiele:

Balsam für strapazierte Haut

50 g	Eucerincreme als Grundlage
1 g	Salbeiöl
1 g	Thymianöl
1 g	Geraniumöl
0,5 g	Wacholderöl
0,5 g	Nioulöl
1 g	Zitronenöl oder Orangenöl

Balsam zur Pflege der Gesichtshaut

50 g	einer neutralen Eucerincreme als Basis
2 g	Zitronenöl

2 g	Geraniumöl
1 g	Orangenöl
1 g	Orangenblütenöl

Balsam bei Husten zum Einreiben

50 g	weiße Vaseline als Grundlage
1,5 g	Eukalyptusöl
1 g	Fenchelöl
1 g	Anisöl
1 g	Thymianöl
1 g	Pfefferminzöl

Dieser Balsam ist auch gut zum Inhalieren geeignet. Man braucht ihn nur mit kochendem Wasser zu übergießen und den Dampf einzuatmen.

Balsam bei Erkältungen

50 g	weiße Vaseline
1 g	Pfefferminzöl
1 g	Eukalyptusöl
1 g	Latschenkieferöl
0,5 g	Kampfer
1 g	Thymianöl

Ebenfalls gut zum Inhalieren geeignet.

Balsam zur Linderung bei Rheuma

50 g	weiße Vaseline
1 g	Eukalyptusöl
1 g	Wacholderbeerenöl
1 g	Zitronenöl
1 g	Rosmarinöl
0,5 g	Pfefferminzöl
1 g	Latschenkieferöl

Emulgatoren in der Küche

Abb. 64: Dies alles haben wir mit einem Emulgator zubereitet – und damit unsere Rezepte spürbar verbessert.

Ursprünglich sind unsere beiden Emulgatoren für die Verwendung im Lebensmittelbereich entwickelt worden. Wir geben Ihnen noch einige Anwendungsbeispiele, was man mit dem Emulgator Tegomuls 90 S in der Küche alles machen kann. Leider kann man ihn dabei nicht einfach in Pulverform verarbeiten.

Bei der Verwendung in Nahrungsmitteln, wo er auch eine Lockerungsfunktion hat, muß man zunächst eine sogenannte Wasserpaste herstellen, die dann den Lebensmitteln zugefügt wird. Das geht so:

Herstellung der Tegomuls-Wasserpaste

4 g	Tegomuls 90 S
40 g	Wasser

Unser Rezept ergibt 44 g Wasserpaste. Beachten Sie vor der Herstellung bitte genau, wieviel Sie von dieser Paste nachher tatsächlich brauchen.

Tegomuls und das kalte Wasser gibt man in ein feuerfestes Becherglas und verrührt es kräftig. Dieses Glas stellt man auf die Herdplatte – bei kleiner Heizstufe – und erhitzt es unter leichtem Rühren auf 70 bis 80 °C.

Sie brauchen eigentlich kein Thermometer, um die Temperatur zu kontrollieren, denn die richtige Temperatur ist erreicht, wenn der Emulgator sich langsam löst und die ganze Masse etwas andickt, dann nochmals gründlich rühren – und sie ist fertig. Wichtig ist, daß die Paste dick wird. Ist das nicht der Fall, dann haben Sie wahrscheinlich nicht genug gerührt. Natürlich können Sie statt des Becherglases auch ein altes Marmeladenglas verwenden und es im Wasserbad erhitzen.

Die fertige Paste läßt man einfach zum Abkühlen stehen und kann sie danach gleich verwenden. Sie bleibt im Kühlschrank 3 Tage aktiv. Bei längerem Lagern verliert sie die emulgierenden Eigenschaften.

In der Sendung haben wir ihn vorgestellt: den Super-Biskuitkuchen, ganz ohne Backpulver, aber mit Emulgator gebacken. Ideal für den, dessen Magen kein Backpulver verträgt. Wer Backpulver gut vertragen kann, kann auch beides verwenden, dann geht der Boden noch höher auf.

Teig soll ja schön luftig und locker werden. Durch Zugabe des Emulgators spart man sich die mühevolle klassische Biskuitzubereitung, bei der die Eier getrennt geschlagen werden. Mit Emulgator ist das alles viel einfacher und das gute Ergebnis garantiert. Sie merken es sofort: Durch den Emulgator wird die Luftbindung verbessert und dadurch die Teigmasse bereits vor dem Backen viel größer als sonst.

Den fertigen Teig füllt man in eine gefettete Springform und schiebt ihn bei 180 bis 200 °C in den vorgeheizten Backofen. Nach einer guten halben bis dreiviertel Stunde können Sie Ihr Prachtexemplar aus dem Ofen holen.

Biskuit-Boden mit Emulgator und Backpulver

200 g	Zucker
170 g	Mehl
60 g	Speisestärke
4 g	Backpulver
44 g	Tegomuls 90 S-Wasser-paste
4	kleine Eier

Dieser Kuchen mit Backpulver wird noch etwas höher als der ohne Backpulver. Herstellung wie vorher beschrieben.

Biskuit-Boden mit Emulgator ohne Backpulver

200 g	Zucker
170 g	Mehl
60 g	Speisestärke
66 g	Tegomuls 90 S-Wasser-paste
5	kleine Eier

Alle Zutaten werden vermischt und mit der Küchenmaschine bzw. dem elektrischen Handrührgerät kräftig aufgeschlagen, etwa 4 bis 5 Min. lang. Der

Abb. 65: Biskuitböden, an denen Sie die Wirkung des Emulgators erkennen können.

Abb. 66: Eierlikör mit einem Emulgator wird besonders stabil.

Abb. 67: Mit Emulgator gelingt Ihr Eis noch besser.

Eierlikör

6	Eigelbe
1	ganzes Ei
160 g	Invertzucker (s. Hobbythek-buch 10) oder 100 g Zucker und 60 g Wasser
11 g	Tegomuls 90 S-Wasserpaste
200 ml	40 %iger Weinbrand oder Schnaps
15 ml	90 %iger Weingeist

Die Eigelbe werden durch ein Sieb gerührt, um die Häutchen zu entfernen. Alle Zutaten – außer den 10 ml 96 %iger Weingeist – mit dem Mixer kräftig schlagen, so daß eine gleichmäßige Vermischung stattfindet. Damit diese Mischung ein richtiger Eierlikör wird, muß sie noch im Wasserbad erwärmt werden; sie schmeckt sonst nach rohen Eiern. Nicht über 50 bis 60 °C erhitzen, sonst gerinnt das Eigelb, und auch der Alkohol beginnt dann schon zu verdampfen. Während des Erwärmens im Wasserbad sollten Sie stetig rühren. Probieren Sie zwischendurch ruhig einmal. Sie werden sehen, wie der Eierlikör langsam andickt und sich im Geschmack verändert. Das kann 10 bis 15 Min. dauern.

Zum Schluß nehmen Sie den Eierlikör aus dem Wasserbad und rühren die 15 ml 90 %igen Weingeist unter. In einer schönen Flasche macht sich der Likör besonders gut.

Nougat-Likör

250 ml	süße Sahne
2	Eigelbe
150 g	Nougat
50 ml	Invertzucker oder Honig
1 P.	Vanillezucker
22 g	Tegomuls-Wasserpaste
220 ml	40 %iger Weinbrand oder Schnaps
30 ml	90 %iger Weingeist

Die Eigelbe wie beim Eierlikör durch ein Sieb streichen, Sahne erhitzen und Nougat darin schmelzen, abkühlen lassen und im Mixer mit den übrigen Zutaten verrühren. Prost!

Speiseeis mit Emulgator

Wenn Sie Speiseeis selbst herstellen wollen, brauchen Sie entweder eine elektrische Eismaschine oder Sie verfahren nach der Methode, wie sie im *Hobbythek-Buch 6* beschrieben wurde.

Nun gibt es ein Problem: Das frischgerührte Speiseeis schmeckt zwar herrlich und es zergeht einem sozusagen auf der Zunge; sobald man es aber zur Aufbewahrung in den Gefrierschrank stellt, wird es unangenehm hart. Bei gekaufter Eiscreme passiert das nicht, obwohl auch sie in der Kühltruhe gelagert wird. Sie ist auch danach noch luftig und cremig. Der Grund: Industriell hergestellte Eiscreme enthält Emulgatoranteile, und sie wird bei nur minus 10 °C gelagert. Das brachte uns auf die Idee, einen Emulgator auch in unser selbstgemachtes Speiseeis zu geben. Auf diese Weise können wir uns einen Vorrat in der Kühltruhe anlegen; wie die Profis.

Da die im Haushalt gebräuchlichen Tiefkühltruhen mit minus 18 °C, also mit tieferer Temperatur, arbeiten, ist es notwendig, das selbstgemachte Eis nach dem Herausnehmen etwas wärmer werden zu lassen. Dann schmeckt es genauso locker und leicht wie gekauftes.

Grundrezept:

1	Ei
500 ml	Milch
120-150 g	Zucker
22 g	Tegomuls-Wasserpaste

Alle Zutaten werden im Mixer verrührt und in der elektrischen Eismaschine zubereitet.

Pfirsicheis

1 Dose	Pfirsiche mit Saft (400 ml)
100-200 g	süße Sahne
1	Ei
50 g	Zucker
22 g	Tegomuls-Wasserpaste

Die Pfirsiche werden im Mixer püriert, Ei und alle weiteren Zutaten hineingeben und durchgerührt. Da die Pfirsiche schon gezuckert sind, haben wir die zusätzliche Zuckermenge im Rezept erheblich reduziert.

In der elektrischen Eismaschine zubereiten.

Nougateis

1	Ei
500 ml	Milch
100 g	Nougat
30 g	Zucker
22 g	Tegomuls-Wasserpaste
1 EL	Rumrosinen

Die Milch wird erhitzt und der Nougat bei kleiner Flamme darin geschmolzen. Unter Rühren abkühlen lassen und im Mixer mit den übrigen Zutaten vermischen — außer den Rosinen. Die Flüssigkeit in die Eismaschine geben. Wenn das Eis noch relativ weich ist, gibt man die in Alkohol eingelegten Rosinen dazu.

Brokkoli-Schinken-Soufflé mit Emulgator

Ein Soufflé ist gar nicht so einfach zuzubereiten. Gelingt es aber, dann kann man es durchaus zu den Kunstwerken aus der Küche rechnen. Aber der Emulgator hilft auch hier.

40 g	Butter
40 g	Mehl
230 ml	Milch
1 gestr. TL	gekörnte Brühe
Salz und Pfeffer	
1 Prise Muskatnuß, ger.	
1 Knoblauchzehe, gepreßt	
frische Petersilie, gehackt	

Abb. 68: Ein Brokkoli-Schinken-Soufflé mit Emulgator mißlingt nie.

```
100 g   Brokkoli
100 g   Schinken oder Speck
100 g   Emmentaler Käse
  4     Eigelb
  4     Eiklar
 44 g   Tegomuls-Wasserpaste
```

Zuerst wird der Brokkoli in Salzwasser 15 Minuten gekocht. Wenn man die Stiele vorher schält, werden sie sehr schnell weich. Der Brokkoli wird anschließend kleingeschnitten, ebenso der Schinken oder durchwachsene Speck; der Käse wird gerieben.

Der Boden der Backform wird gefettet und mit Mehl bestäubt.

Die eigentliche Soufflé-Zubereitung beginnt mit einer Mehlschwitze. Dazu wird Butter in einem Kochtopf geschmolzen, das Mehl zugegeben und mit dem Schneebesen glattgerührt. Unter weiterem Rühren die Milch zufügen und mit dem Schneebesen glattrühren und aufkochen lassen. Währenddessen würzen, aber bitte wenig Salz verwenden, weil noch Schinken dazukommt.

Den Topf von der Kochplatte ziehen, Petersilie, Schinkenwürfel und Brokkoli unterrühren, ebenso die Eigelbe, die ja nicht gerinnen dürfen und zwei Drittel des Käses.

Danach fügen Sie die Tegomulspaste hinzu und rühren sie gleichmäßig unter den schon etwas abgekühlten Brei. Jetzt den Eischnee schlagen. Zuerst nur ein Drittel des Eischnees gut unter

die vorbereitete Masse ziehen; dadurch wird sie leichter und setzt sich nicht unten ab, wenn man die restlichen zwei Drittel Eischnee ganz vorsichtig unterhebt.

Auf keinen Fall zuviel rühren; sonst verliert der Eischnee einen Teil seines Volumens.

Die lockere Masse sofort in die Souffléform füllen, den restlichen Käse darüberstreuen und in den vorgeheizten Backofen schieben. Bei 180 °C 40 Minuten backen. Zwischendurch nicht die Backofentür öffnen, sonst fällt das gerade aufgegangene Soufflé wieder zusammen.

Übrigens darf die Form nie ganz bis oben hin gefüllt sein, weil sich das Soufflé beim Backen ja sehr stark ausdehnt. Dadurch entsteht der appetitliche Anblick des frisch gebackenen Soufflés, das weit über den Rand hinaus aufgegangen ist. Deshalb sollte man die Form auch nicht zu groß wählen.

Das fertige Soufflé kommt direkt aus dem Backofen auf den Tisch. Es muß sofort gegessen werden, weil es sonst langsam in sich zusammensackt.

Auch wenn Sie vor einem Soufflé vielleicht Scheu hatten — mit unserem Emulgator sollten Sie es unbedingt einmal probieren. Es gelingt damit viel sicherer, und es schmeckt wirklich köstlich. Vertrauen Sie ruhig unserem Grundrezept.

Soufflé-Grundrezept

```
 40 g   Butter
 40 g   Mehl
230 ml  Milch
        Salz und Pfeffer
200 g   Gemüse (evtl. mit Speck)
100 g   Emmentaler Käse
  4     Eigelb
  4     Eiklar
 44 g   Tegomuls-Wasserpaste
```

Zubereitung:

Genauso wie beim Brokkoli-Rezept beschrieben.

Beispiele für Gemüsezugaben:

Frische Pilze, feingehackt mit Zwiebeln, in Butter gedünstet.

Frische junge Brennessel, frischer Sauerampfer oder andere Kräuter können roh in die Ei/Emulgatormasse gerührt werden.

Spargel wird blanchiert, feingehackt. An Stelle der 230 ml Milch verwendet man halb Spargelkochwasser, halb Sahne. Statt Speck kann man auch feingehackte Hähnchenleber hinzugeben.

Für Käsesoufflés nimmt man 200 g Emmentaler Käse. Kräuter nach Geschmack, zum Beispiel Schnittlauch.

Nach dem gleichen Rezept können Sie auch süße Soufflés zubereiten. Man läßt dann den Käse weg und gibt Obst dazu.

Sanfte Seifen und Shampoos

und was Haut und Haaren sonst noch guttut

Wasser ist zum Waschen da...

Das Rezept für das wohl wichtigste Hautreinigungsmittel hat die Natur selbst zur Verfügung gestellt. In chemischer Kurzform lautet es: H_2O. Das ist nichts anderes als oxidierter Wasserstoff, eine Verbindung der Elemente Wasserstoff (H) und Sauerstoff (O), und sie heißt auf deutsch Wasser. Vielleicht erinnern Sie sich noch an den Schlager früherer Jahre, den auch jedes Kind kannte: „Wasser ist zum Waschen da, valleri und vallera...". Das war nicht nur ein eingängiger Schlager; dahinter verbarg sich auch ein ganz geschickter pädagogischer Trick. Nur die wenigsten Kinder lassen die täglichen Reinigungsrituale der ordentlichen Mütter und Väter ohne lautstarke Proteste über sich ergehen.

Wenn es doch nur beim Wasser bliebe, dann wären diese Waschzwänge möglicherweise gerechtfertigt. Daß man nämlich auch beim Waschen etwas falsch machen kann, dazu gleich mehr. Die Werbung hat den verantwortungsbewußten Eltern schon bald klargemacht, daß ihre Kinder natürlich der Intensivpflege bedürfen, mit Seife und noch vielen anderen Pflegemitteln, auf daß ein guter Konsument aus ihnen werde. Die hohe Wertschätzung der Sauberkeit ist weitgehend ein Produkt der Kosmetikindustrie. Da wundert es einen schon, daß trotzdem immer noch 20 Prozent der Menschen offen zugeben, sich höchstens einmal in der Woche einer Ganzkörperreinigung zu unterziehen, sich also zu duschen oder zu baden. Pfui Teufel!

Aber Spaß beiseite. Die Werbung hat ihre Spuren hinterlassen, und so waschen sich heute die meisten Menschen viel intensiver, als es ihrer Haut zuträglich ist. Zwar ist gegen tägliches Duschen und Baden nichts einzuwenden, vor allem, wenn entsprechende berufliche oder sportliche Betätigung das nötig macht; aber mit Seife sollte dann sparsam umgegangen werden. Jeder Waschvorgang mit Seife greift den natürlichen Schutzfilm der Haut an und zerstört ihren Säuremantel (vgl. Seite 16). Unsere Haut ist in der Regel zwar sehr robust, aber ausgerechnet die Seife kann ihr schädlich werden. Oft machen sich die Folgen übertriebener Reinlichkeit erst Jahre oder Jahrzehnte später bemerkbar.

Nun ist Seife nicht gleich Seife, und warum dies so ist, das wollen wir Ihnen in diesem Kapitel erklären. Wenn Sie wissen, wie Seife wirkt, dann können Sie sich selbst ein Urteil bilden. Dazu müssen wir Sie noch einmal in die Welt der Chemie führen. Wir wollen aber versuchen, alles so anschaulich wie möglich zu erklären.

Warum und wie „wäscht" Seife?

Wir sagten schon, daß Wasser fürs Waschen ungleich wichtiger ist als jedes andere Reinigungsmittel. Alles, was von Natur aus wasserlöslich ist — wie Staub, ölfreier Schmutz, zucker- und salzhaltige Stoffe usw. —, läßt sich auch ohne Seife von der Haut oder aus den Haaren entfernen. Das gleiche gilt übrigens auch für Textilien, unter denen die Wolle ja aus nichts anderem als aus

Haaren besteht und andere Fasern sehr ähnliche Eigenschaften haben.

Seife brauchen wir nur, wenn wir fetthaltigen Schmutz auf der Haut haben. Wie wir schon am Anfang dieses Buches auf Seite 25 erklärt haben, sind die meisten Fette, Öle und Fettsäuren sehr „wasserscheu". Sie trennen sich vom Wasser selbst dann sofort wieder, wenn man sie intensiv miteinander verrührt hat. Fetthaltiger Schmutz läßt sich deshalb mit reinem Wasser nicht lösen. Man muß vielmehr denselben Trick anwenden, der bereits bei der Herstellung der Creme-Emulsion nützliche Dienste geleistet hat: sozusagen eine Brücke zwischen Fett/Öl und Wasser bauen. Als eine solche Brückensubstanz wird seit alters her Seife benutzt. Allerdings sind in neuester Zeit Substanzen hinzugekommen, die man Tenside (Entspannungsmittel) nennt, die aber im Prinzip genauso wirken wie die klassischen Seifen.

Die Wirkung von Emulgatoren haben wir schon ausführlich beschrieben. Wir sind auch darauf eingegangen, warum eine Waschcreme reinigt. Außerdem haben wir den Unterschied zwischen einem Emulgator und einem Tensid in seiner Wirkung auf die Haut erklärt (vgl. Seite 83). Wir fassen hier das Wesentliche noch einmal zusammen:

Jeder Emulgator hat einen ölliebenden Teil in seinem Molekül und einen wasserliebenden Teil, den wir symbolisch wie in Abb. 3 darstellen. Der ölliebende Teil verankert sich im Öl oder Fett, der wasserliebende im Wasser. Auf diese Weise kommen Öl/Wasser-Emulsionen oder Wasser/Öl-Emulsionen zustande.

Zur Entfernung von Schmutz braucht man ein Mittel, das ähnlich wirkt wie ein Öl-in-Wasser-Emulgator; denn meist ist die Wassermenge unverhältnismäßig viel größer als der Schmutz, der ausgewaschen werden soll. Es kommt darauf an, daß das Waschmittel in den ölhaltigen Schmutz eindringt, was man durch Waschbewegungen unterstützen kann. Bei der Wäsche besorgte man früher auf dem Rubbelbrett, was heute die Waschmaschine in ihrer Trommel erledigt, beim Schrubben nahm man eine Bürste, und beim Waschen des Körpers ist es immer noch der gute alte Waschlappen oder die auf der Haut reibende Hand. Durch solche Bewegungen wird der Schmutz gelöst, und er kann anschließend durch die wasserliebenden Bestandteile des Waschmittels im Wasser in der Schwebe gehalten und abtransportiert werden (vgl. Abb. 4). Der Hauptunterschied zwischen einem Öl/Wasser-Emulgator und einem Waschmittel besteht nun darin, daß das Waschmittel — damit man möglichst wenig davon braucht — das Fett wesentlich aggressiver angreifen muß als der Emulgator. Während in einer Creme etwa 5 bis 10 % Emulgator ent-

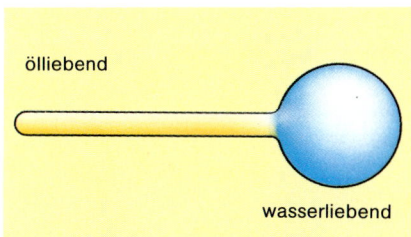

Abb. 3: Wie die Emulgatoren, haben auch die Tenside einen wasserliebenden und einen ölliebenden Teil.

halten ist, kommt eine Seifenlauge (also Waschwasser und aufgelöste Seife), in der zum Beispiel Textilien gewaschen werden, mit 0,1 bis 0,2 % reiner Seife, das heißt waschaktiver Substanz (WAS) aus. Noch geringer ist die WAS-Konzentration in der Regel bei der Körperpflege, denn die Seife wird ja mit Wasser aufgelöst und verdünnt. Wir kommen darauf später noch einmal ausführlich zurück.

Trotzdem sollte jedes Waschmittel wegen seiner Aggressivität nur kurz auf der Haut bleiben und gut wieder abgewaschen werden.

Was wir jetzt beschrieben haben, ist sozusagen der Normalfall. Er hat uns nicht ruhen lassen, und so haben wir uns auf die Suche nach einer Waschsubstanz begeben, die auch dann nicht problematisch ist, wenn sie länger auf der Haut bleibt. Sie sollte zugleich pflegend wirken und vor allem verhindern, daß die Haut rauh wird und stark austrocknet. Das passiert bei häufigem Gebrauch von normaler Seife leicht. Um die Unterschiede zwi-

schen herkömmlicher Seife und unseren Körperpflegemitteln deutlich zu machen, müssen wir jetzt ein wenig Seifenkunde treiben.

Die Seife unserer Urahnen

Eine Vorform der Seife kannten die Menschen schon vor mehr als 4000 Jahren. Auch in einer Welt ohne Industrieschlote und ohne chemisch hergestellte Teere, Öle und Fette hatte man offenbar das Bedürfnis, sich gründlich zu waschen. Darauf weisen Keilschrifttafeln der Sumerer hin, die im Delta von Euphrat und Tigris – im heutigen Irak – eine der ersten Hochkulturen entwickelt hatten. Den Stoff, mit dem die Sumerer sich reinigten, würde man heute als eine Art Schmierseife bezeichnen.

Schon wenig später verewigten die alten Ägypter auf Papyrus bereits detaillierte Seifenrezepte. Wenn man bedenkt, daß sie völlig ohne Chemiekenntnisse zustande kamen, dann ist

das schon erstaunlich. Natürlich war eine sehr einfache Chemie auch damals schon im Spiel; denn ohne sie geht bei Reinigungsmitteln überhaupt nichts. Die Sumerer, Ägypter, Griechen und Römer wußten nur nichts davon. Wahrscheinlich sind sie durch Zufall oder auch durch Erfahrung auf verschiedene Verfahren der Seifenherstellung gekommen.

Seife war in diesen fernen Zeiten ein Luxusartikel. In den römischen Thermen, die zugleich Treffpunkt der freien Bürger war, erhielten die Besucher bereits mit ihrem Eintrittsgeld Seife, hergestellt aus Ziegenfett und Holzasche.

Daß die damaligen Seifen nicht die hautfreundlichsten waren, werden Sie sich denken können. Das einzige, was sie offenbar tatsächlich bewirkten, war gewiß die Reinigung der Haut. Sie scheint bei unseren Urahnen so robust gewesen zu sein, daß größere Schäden nicht entstanden. Allerdings: das durchschnittliche Lebensalter lag damals bei etwa 35 Jahren. Vielleicht hat man deshalb so wenig von kranker Haut überliefert.

Im europäischen Mittelalter zwischen dem 9. und 12. Jahrhundert wurden die Methoden des Seifenkochens weiterentwickelt. Vor allem im Mittelmeerraum entstanden bedeutende Zentren, in denen die Kunst der Seifenherstellung immer weiter verfeinert wurde; so vor allem in Italien, Spanien und Frankreich.

Städte wie Venedig, Alicante und vor allem Marseille errangen wegen der Qualität ihrer Seifen Weltruhm, die „Savon de Marseille" war zu ihrer Zeit einer der ersten Markenartikel, und ein unangefochtener dazu. Wir müs-

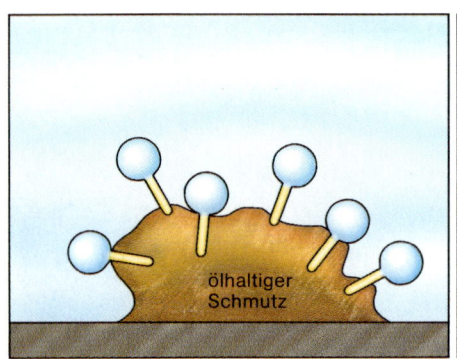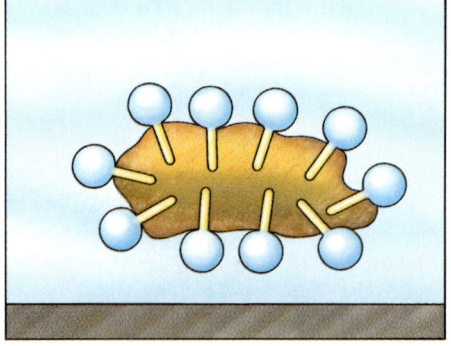

Abb. 4: So beseitigen Tenside ölhaltigen Schmutz:
Links: Die Moleküle des Waschmittels dringen in den ölhaltigen Schmutz ein;
rechts: und sie transportieren ihn – gewissermaßen abgehoben durch ihre wasserlieben den Köpfe – im Wasser fort.

Der Seiffensieder

Abb. 5

sen uns von der Qualität dieser Seife keine übertriebenen Vorstellungen machen. Es handelte sich um die klassische Kernseife, die auch heute noch für bestimmte Zwecke durchaus empfehlenswert ist. Mir, Jean Pütz, ist sie vor allem deshalb ein Begriff, weil mir meine Mutter damit mindestens ein-mal in der Woche in der Zinkwanne den Rücken abschrubbte. Kernseife sei gesund, und je mehr, um so besser – da halfen keine Proteste. Geschadet hat sie mir wohl nicht, und in den Augen meiner Mutter bin ich ein einiger-maßen sauberer Kerl geworden. Aber noch heute muß ich immer ein wenig schmunzeln, wenn in manchen Biobü-chern das Hohelied der Kernseife ge-sungen wird.

Einen unbestreitbaren Vorteil hat die Kernseife immerhin: Im Gegensatz zu manchen sogenannten modernen Seifen belastet sie die Gewässer nicht. Denn sie wird umgehend biolo-gisch abgebaut, wie man heute sagt. Bei einer Körperseife, die ja nicht in sehr großen Mengen verwendet wird, ist dies vielleicht noch nicht entschei-dend. Anders ist das bei den Waschmitteln. Da hat der Übergang von Soda und Kern- bzw. Schmier-seife unserer Großeltern zu den syn-thetischen Waschmitteln unserer Tage der Natur doch erheblich zu schaffen gemacht. Die Waschmittelindustrie hat zunächst bedenkenlos neue Sub-stanzen entwickelt, ohne sich um die ökologischen Folgen zu kümmern. Eine aggressive Werbung tat ein übri-ges, die Konsumenten zu reichlichem Gebrauch dieser Waschsubstanzen zu überreden.

Als der Schaum in den 50er und 60er Jahren auf den Flüssen und Stränden jedem Laien klar machte, daß da che-misch irgend etwas schiefgegangen war, war das Kind fast schon in den Brunnen gefallen. Die Industrie hat sich damit selbst in Verruf gebracht, und sie sollte sich deshalb nicht wun-dern, wenn viele Menschen sie heute pauschal verteufeln und ihre Produkte ablehnen. Da hilft es auch nicht, wenn dieselbe Industrie inzwischen Mittel entwickelt hat, die weniger umweltbe-lastend sind. Verständlich wird so auch, daß mancher den neuen Biopro-pheten eher glaubt als noch so gut be-legten wissenschaftlichen Ergebnis-sen.

Wir haben uns in der Hobbythek immer nach allen Seiten offen gehalten, uns dabei aber von niemandem „einseifen" lassen. Wie bei der Beurteilung von Cremes sind wir auch bei den Körperwaschsubstanzen nach dem Motto vorgegangen: Der Natur lassen wir generell den Vortritt. Nur wenn es die Chemie bzw. Industrie nachweislich besser kann – wohlgemerkt, ohne dabei Schaden anzurichten –, dann haben wir auf sie zurückgegriffen.

Was ist Seife?

Wir sagten bei dem Blick in die Geschichte schon, daß Seife immer etwas mit Chemie zu tun hat. Es gibt nirgendwo Lagerstätten, in denen Seife sozusagen abgebaut werden könnte. Seife wächst auch nicht auf den Bäumen, obgleich in bestimmten Pflanzen seifenähnliche Substanzen enthalten sind, wie z.B. die *Betaine* (vgl. *Seite 119*) oder sogenannte *Saponine*, die in der Rinde eines tropischen Baumes gefunden werden (Panamarinde des Baumes Quillayae saponariae). Auch in der sogenannten Seifenwurzel gibt es solche Stoffe. Daß aber auch die in der Natur vorkommenden Substanzen keineswegs immer harmlos sind, kann man schon daran erkennen, daß Saponine ein starkes Fischgift sind. Hinzu kommt, daß diese Pflanzeninhaltsstoffe nur in einem aufwendigen chemischen Verfahren gewonnen werden können.

Bei Seifen von Naturprodukten zu sprechen, ist also absoluter Unsinn. Es bleibt uns eigentlich nur die Wahl des kleineren Übels. Und nach dieser Devise sind wir auch vorgegangen: Wir suchten nach dem sanftesten und umweltfreundlichsten Hautwaschmittel.

Als erstes hatten wir die Idee, selbst Seife zu kochen, wie es unsere vorchristlichen oder mittelalterlichen Vorfahren taten.

Die alten Ägypter kochten bereits aus Fetten und Soda beziehungsweise der Asche bestimmter Pflanzen Seifen – so jedenfalls kann man den überlieferten Rezepten entnehmen. Leider haben wir in der Literatur nirgendwo einen Hinweis gefunden, wie die Ägypter darauf gekommen sind. Tatsache ist, daß sie einem wichtigen chemischen Naturprinzip auf die Schliche gekommen sind: der sogenannten Verseifung, die auch im natürlichen Abbau von Fetten und Ölen im ökologischen Kreislauf eine Rolle spielt.

Möglicherweise haben die Ägypter zunächst nur die Reinigungskraft der Soda, die schon die Sumerer kannten, genutzt. Es löst Fette und Öle an, indem es chemisch Seifen mit ihnen bildet.

Für alle, die es genauer wissen wollen, hier eine kleine Chemiekunde: Soda wird unter Fachleuten *Natriumcarbonat* genannt, und es hat die chemische Formel NA_2CO_3. Das heißt das kleinste Teilchen dieser chemischen Verbindung besitzt 2 Natriumatome (Na), ein Kohlenstoffatom (C) und 3 Sauerstoffatome (O). Im Mittelpunkt dieser Verbindung steht das Kohlenstoffatom (vgl. *Abb. 7*).

Soda bildet Kristalle und wird in der Regel zu Pulver gemahlen angeboten. Wenn Soda in Wasser aufgelöst wird, entsteht verdünnte Natronlauge, weil die sich zusätzlich bildende Kohlensäure, zum größten Teil als Kohlendioxid aus der Flüssigkeit wie beim Sprudel herausperlt (vgl. *Abb. 8*).

Uns interessiert vor allem die *Natronlauge*. Wie der Name sagt, ist sie eine Lauge oder – wie die Chemiker sagen

Abb. 6: Eine ägyptische Dame bei der Toilette. Sie wird von ihren Dienerinnen nicht nur gewaschen, sondern auch gesalbt.

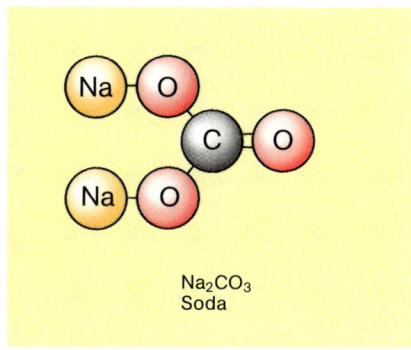

Abb. 7: Chemische Struktur von Soda.

– eine Base. Den Laugen bzw. Basen stehen die Säuren gegenüber. Über die Stärke von Säuren und Basen gibt der pH-Wert Auskunft, auf den wir auf *Seite 15* schon ausführlich eingegangen sind.

Die pH-Wert-Skala reicht von 0 bis 14. Genau in der Mitte – bei 7 – ist der Neutralpunkt. Je weiter die Säuren und die Basen vom Neutralpunkt entfernt sind, um so stärker wirken sie; das heißt je niedriger der pH-Wert bei Säuren ist, um so ätzender sind sie.

Basen und Laugen hingegen werden bei *steigendem* pH-Wert immer kräftiger. Dieser Bereich wird auch als der „alkalische" bezeichnet. Das Wort „alkalisch" kommt vom arabischen "alkali" = Pottasche, eine dem Soda eng verwandte Verbindung.

Wenn Säuren und Basen zusammenkommen, dann können sie sich gegenseitig neutralisieren. Sie verbünden sich gewissermaßen chemisch, und es entsteht ein Salz. Ein Beispiel: Salzsäure und Natronlauge verbinden sich zu Kochsalz (vgl. *Abb. 9*).

Nun haben wir schon bei den Cremes erfahren, daß Fette unter anderem aus *Fettsäuren* (vgl. *Abb. 9*) bestehen. Diese organischen Fettsäuren sind aber nicht so stark wie die anorganischen Säuren, zum Beispiel Salz-, Schwefel- oder Salpetersäure. Trotzdem verbinden sie sich gern mit den Laugen. Dann bildet sich ebenfalls ein Salz. Diesem speziellen Salz geben die Chemiker allerdings auch einen besonderen Namen: Sie nennen es „Seife". Aus der Verbindung von einer Fettsäure mit Natronlauge entsteht *Natron-Seife* (vgl. *Abb. 10*).

Mit Soda kann man sich also deshalb waschen, weil die daraus gebildete Natronlauge mit dem öl- bzw. fetthaltigem Schmutz Seifen bildet, die vom Wasser weggetragen werden können. Die so entstandenen Seifenmoleküle besitzen den ölliebenden Schwanz der Fettsäure; gleichzeitig haben sie jedoch auch den wasserliebenden des vorherigen basischen Teils, so daß sie vom Wasser aufgenommen und fortgespült werden können, und mit ihnen der Schmutz, der ihnen anhaftet.

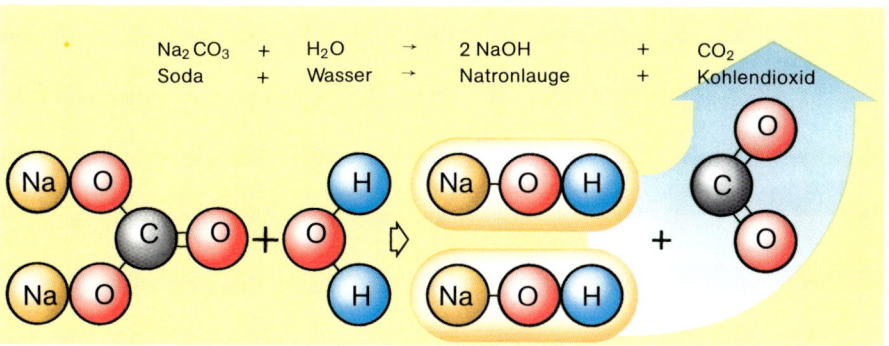

Abb. 8: Wenn Soda in Wasser gelöst wird, zerfällt es in Natronlauge und Kohlendioxid.

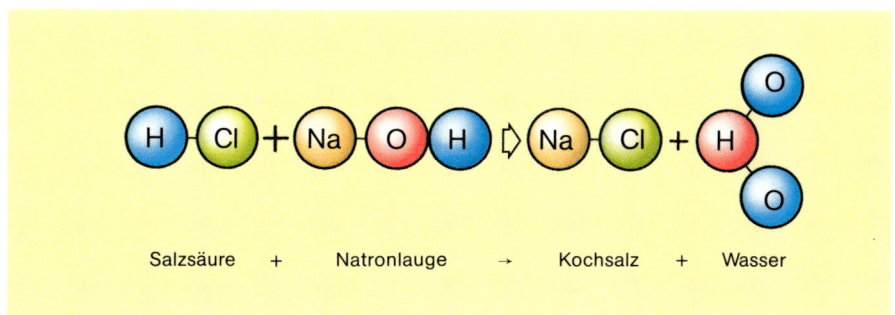

Abb. 9: Salzbildung durch Verbindung einer Säure mit einer Lauge. Hier entsteht aus Salzsäure und Natronlauge Kochsalz.

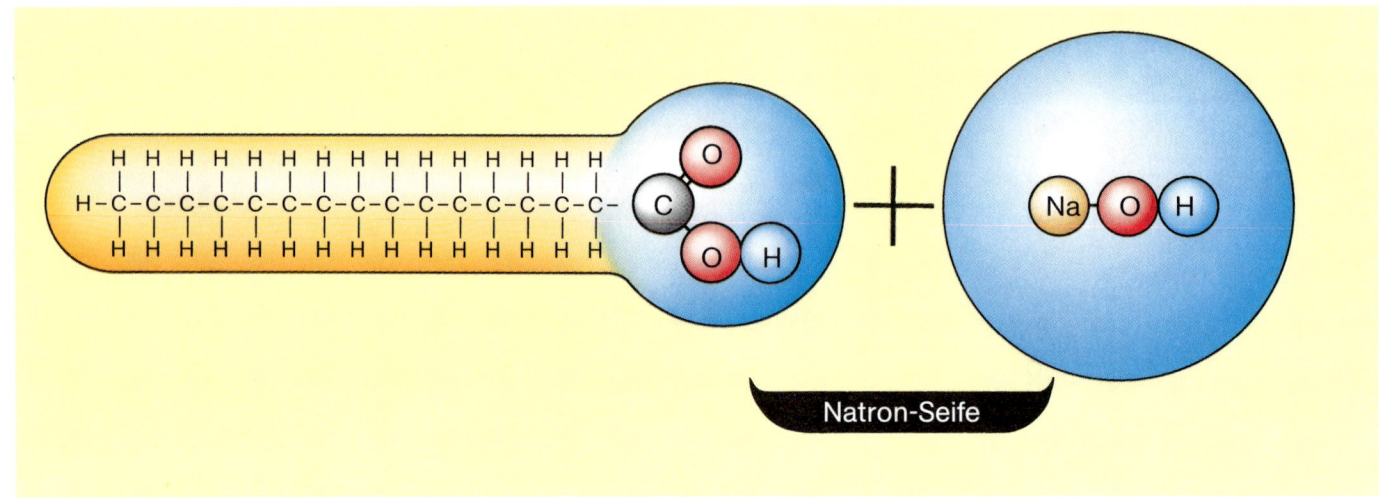

Abb. 10: Verseifung von Natronlauge und Fettsäure. Auch hier bildet sich Salz, das in diesem Fall „Seife" heißt.

Soda ist allerdings kein schonendes Waschmittel; die sich bildende Natronlauge greift die Haut oder auch Textilien sehr stark an. Brauchbar ist sie allenfalls als Geschirrspülmittel. Aber Vorsicht: nur mit Gummihandschuhen arbeiten.

Diese Gummihandschuhe hatten die alten Ägypter natürlich nicht. Vielleicht verkochten sie deshalb Soda, die sie am Rande von Salzseen und in der Wüste in Hülle und Fülle fanden, mit Fett und Öl. Dabei mußten sie entdeckt haben, daß das entstandene Produkt ebenso reinigte wie Soda. Gegenüber der Verwendung von reiner Soda hat die so entstandene Seife den Vorteil, wesentlich milder zu sein. Es war sicherlich ein Riesenschritt zur Verbesserung von Hygiene und Sauberkeit.

Das altägyptische Verfahren ist bei der

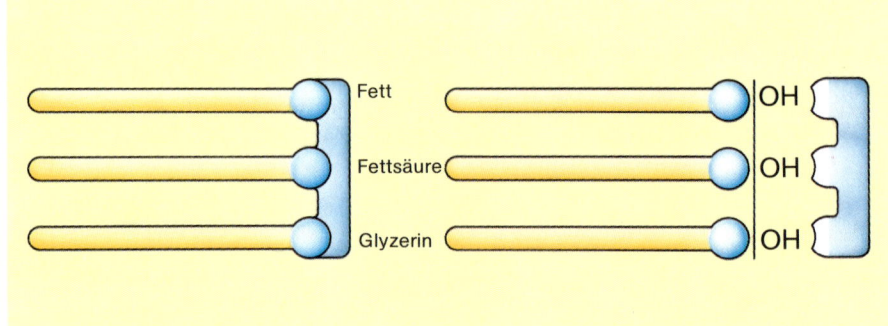

Abb. 11: Fett/Öl wird durch Einwirkung einer Lauge in Fettsäuren und Glyzerin gespalten.

Seifenherstellung bis heute nur leicht abgewandelt worden. Anstelle von Soda verwendet man konzentriertere Basen bzw. Laugen, so zum Beispiel Natronlauge (NaOH) oder Kalilauge (KOH).

Schauen wir uns die Herstellung der Seife aus Natronlauge kurz an.
Als Grundsubstanz benötigt man Fette oder Öle. Wie wir schon im Kapitel über Fette und Fettsäuren erklärt haben (vgl. Seite 20), sind die meisten

Fette *Triglyzeride*, d.h. sie bestehen aus 3 Fettsäuren und einer Glyzerinbrücke (vgl. *Abb. 11*).

Durch das Kochen mit Natronlauge wird zunächst die Glyzerinbrücke zerstört. Aus einem Fettmolekül entstehen so 3 Fettsäuremoleküle und 1 Glyzerinmolekül. Deren Fettsäureschwänze verbinden sich mit der Natronlauge, wie auf der *Abbildung 12* gezeigt.

Das Natriumatom (Na) als Salzbildner mit der Säure tritt an die Stelle des Wasserstoffatoms (H), das seinerseits mit dem OH der Lauge zu Wasser (H_2O) wird. Diesen Vorgang nennt man *Verseifung*.

Wenn die Seife mit Wasser in Berührung kommt, passiert was Interessantes. Sie löst sich zunächst wie jedes Salz – Seife ist ja ein Salz – im Wasser

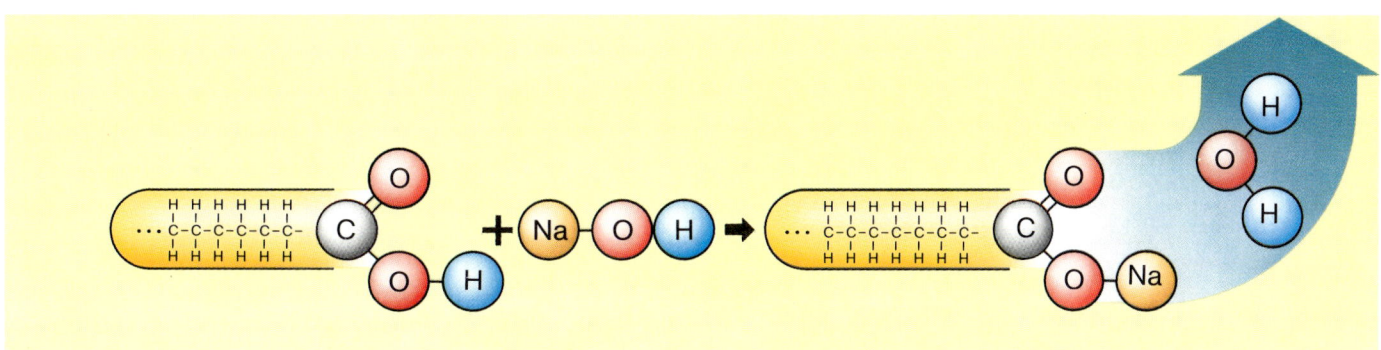

Abb. 12: Fettsäure ergibt durch Verkochen mit Natronlauge Natronseife, wobei Wasser frei wird.

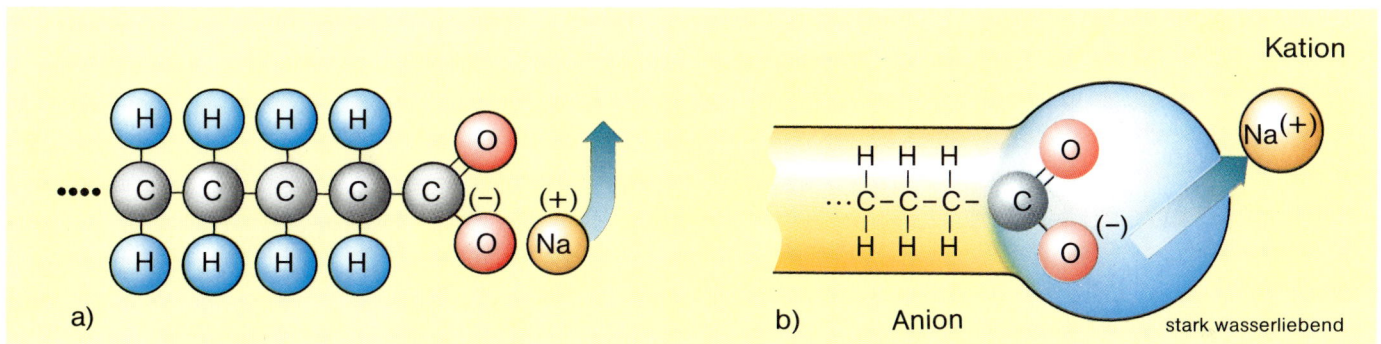

Abb. 13: So löst sich Seife in Wasser auf:
a) Das Sauerstoff- und das Natriumatom liegen in Form von Ionen vor (−) (+); *b)* beim Auflösen geht das positiv geladene Natriumatom ins Wasser über (Kation); dadurch lädt sich der Fettsäurerest negativ auf. Er wird zum anionischen Tensid.

auf. Dabei gehen Fettsäurerest und Natriumatom als *Ionen* in Lösung *(Abb. 13a)*. Zu Ihrer Information: Ein Ion ist ein elektrisch geladenes Atom oder Molekül. Metalle bilden in der Regel positiv geladene Ionen, die man auch *Kationen* nennt *(Abb. 13b)*. Dieses Natriumion geht nun wie gesagt in Wasser über, d.h. Natriumion und Fettsäurerest trennen sich gewissermaßen voneinander; der Fachmann spricht daher von Dissoziation (von Trennung).

Wenn die Seifenmoleküle, d.h. der Fettsäurerest und das Natriumatom, vereint sind, wirken sie nach außen elektrisch neutral. Wenn sie nun aber getrennt werden, d.h. das positiv geladene Natrium-Ion in Lösung geht, nimmt automatisch der Fettsäurerest eine negative Ladung an, er wird dann ein *Anion (Abb. 13b)*.

Der Kopf dieses Moleküls ist nun wesentlich wasserliebender als vorher bei der reinen Fettsäure. Um in unserer Bildersprache zu bleiben: Der ölliebende Schwanz bleibt erhalten, und der „Wasserkopf" wird nun verhältnismäßig größer (vgl. *Abb. 14*). Er funktioniert auf ideale Weise als Brücke zwischen Fett und Wasser, besser zumindest, als dies ein normaler Emulgator zustandebrächte. Für die Reinigung braucht man deshalb eine relativ geringe Seifenkonzentration in der Waschlauge.

Weil die Wirkung dieser Art Seifen auf dem anionischen Fettsäurerest beruht, spricht man auch von *anionischen Waschsubstanzen*.

Wir erwähnen das nur, weil diese Bezeichnung immer häufiger auf Etiketten von Waschmitteln erscheint. Zu diesen anionischen Waschmitteln gehören alle klassischen Seifen, z.B. die meisten Stückseifen. Kalium und Natrium sind übrigens in reinem Zustand Metalle, die allerdings in der freien Luft sofort oxidieren. Man spricht von Alkalimetallen, weil sie mit Wasserstoff und Sauerstoff starke Laugen ($NaOH$ oder KOH) bilden, deren pH-Wert schon bei geringen Konzentrationen über 10 im alkalischen Bereich liegen kann. Auch die mit Natrium oder Kalium gebildeten Seifen wirken in Wasser alkalisch, um den pH-Wert 8 herum, was ein gewisses Problem darstellt.

Vielleicht haben Sie im Zusammenhang mit Waschsubstanzen den Begriff *Tensid* schon einmal gehört. Auch wir haben ihn in diesem Buch schon mehrfach gebraucht.

Die Seife als Tensid

Tensid ist der Oberbegriff für alles, womit man waschen kann – seien es nun Seifen im klassischen Sinne oder künstliche Seifen, die auch *Syndets* oder *synthetische Tenside* genannt werden.

In dem Wort Tensid steckt die Bedeutung Spannung. Man hat es deshalb gewählt, weil alle Waschsubstanzen das Wasser entspannen, also die Oberflächenspannung vermindern, wodurch sich Schaum oder Seifenblasen bilden. Die Atome ordnen sich an der Flüssigkeitsoberfläche so an, daß sich hauchdünne Filme zu geschlossenen Gebilden formen, die Sie als Seifenblasen kennen (vgl. *Abb. 15*).

Sie sehen dort, daß die Seifenmoleküle sich außen anlagern. Die wasserliebenden Köpfe stecken in der Wasserschicht, die ölliebenden Schwänze ragen nach außen – frei nach dem Kinderliedchen: Köpfchen in das Wasser, Schwänzchen in die Höh. Sie halten dadurch den dünnen Wasserfilm relativ stabil in Form. Rund sind die Seifenblasen deshalb, weil innen Luft eingeschlossen ist und die Kugel die entspannteste geometrische Form darstellt (zum Thema Seifenblasen gibt es übrigens eine Menge interessanter Rezepte und Tips für Riesenblasen à la Roncalli im *Hobbythek-Buch 10*).

Weil dies so ist, meinen viele Menschen, daß Schaum und Reinigungskraft eines Waschmittels oder einer Seife eng miteinander zu tun haben. Mehr noch: sie beurteilen die Waschkraft eines Shampoos danach, ob es gut schäumt. Daß dies eine Fehleinschätzung ist, sieht man schon daran, daß die Industrie den Waschmitteln für Waschmaschinen Schaumbremser zufügt. In der Maschine ist der Schaum nämlich eine unerwünschte Begleiterscheinung.

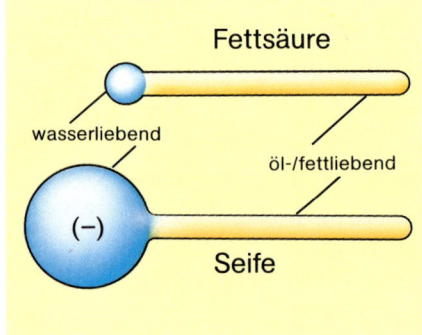

Abb. 14: Von der Fettsäure zur Seife. Unten das Modell eines anionischen Tensids.

Fettsäure

wasserliebend

öl-/fettliebend

(−)

Seife

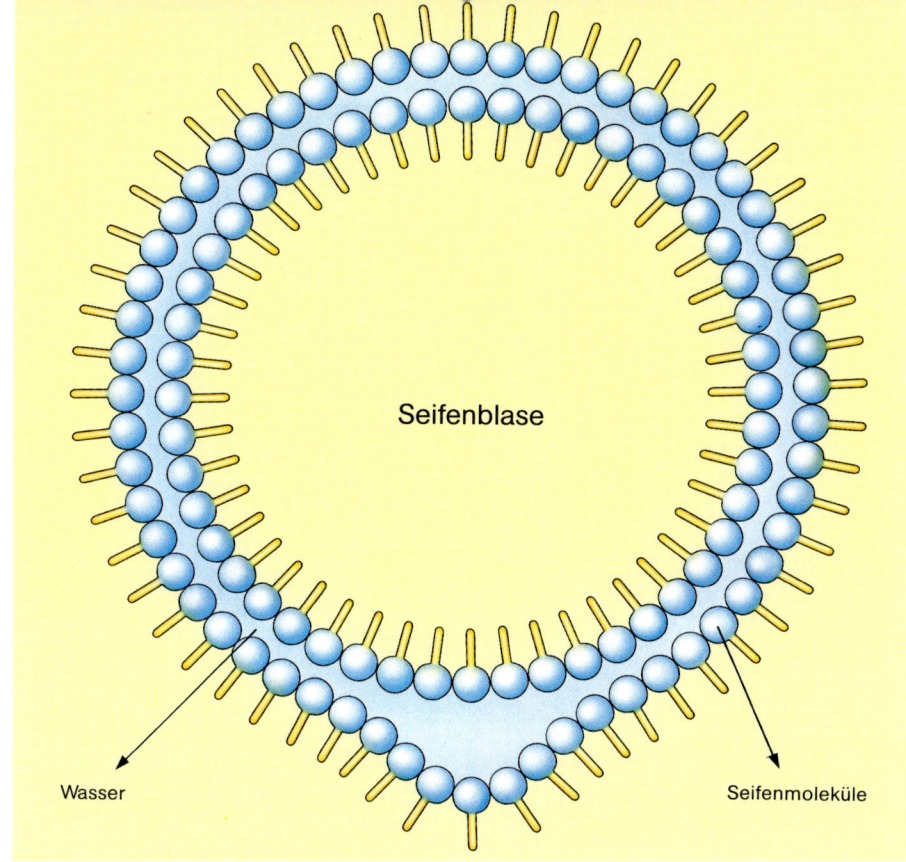

Seifenblase

Wasser

Seifenmoleküle

Abb. 15: Seifenblasen entstehen durch Aneinanderreihung der wasserliebenden Köpfe. Die ölliebenden Schwänze der Seife ragen nach außen.

Soll man sich eine klassische Seife selbst herstellen?

Als wir uns auf die Fernsehsendung und dieses Buch vorbereiteten, wollten wir uns – wie schon gesagt – vor allem mit dem Herstellen der klassischen Kernseife befassen. Wir haben mit den entsprechenden Fachleuten gesprochen, die sehr skeptisch waren. Manche rieten uns rundweg ab; und zwar nicht nur wegen des aufwendigen Verfahrens, sondern weil sie es für bedenklich hielten, wenn es von Laien angewendet wird. Die dabei ablaufenden chemischen Prozesse seien für die häusliche Küche mit zu vielen Risiken verbunden.

Nun hat uns das – wie schon so oft – keineswegs entmutigt. Viele Themen, die später in der Hobbythek ein großer Erfolg wurden, wären nicht zustande gekommen, hätten wir uns ausschließlich auf den Rat von Fachleuten verlassen. Wir hätten dann weder Roggenbrot gebacken noch Bier gebraut, auch keinen Essig hergestellt oder Gemüse durch Säuerung konserviert, weder fernöstliche Spezialitäten ausprobiert, die nicht in jedem Buch stehen, oder gar die Hautcreme aus dem ersten Teil dieses Buches zusammengerührt.

So wurden wir also zu Seifenkochern. Rezepte holten wir uns aus alten Fachbüchern bzw. aus dem 1984 erschienenen „Seifenbuch" des Limburger Waschkollektivs (Verlag Oase Badenweiler). Es ist ein eigenwilliges Buch, das aber durchaus informativ ist.

Wir kochten und rührten; vor allem unsere studentische Mitarbeiterin Edith Schoor, die bei der Realisation vieler anderer Rezepte dieses Buches mit großem Geschick geholfen hat. Abgesehen vom Gestank und hohem Zeitaufwand war das Ergebnis niederschmetternd. Wir wollten ja immerhin etwas Besseres erhalten als das, was man für ein paar Pfennige in jedem Laden kaufen kann.

Schließlich wurde uns auch klar, daß unsere selbstgekochte Seife sogar eine Gefahr darstellen könnte. Es kann nämlich durchaus vorkommen, daß minimale Reste freier Natronoder auch Kalilauge im Seifenkern zurückbleiben. Die Ursache dafür ist sicher nicht nur in unserer Ungeschicklichkeit zu suchen gewesen; immerhin ist Edith Schoor vor ihrem Studium ausgebildete chemische Laborantin gewesen. Aus allen diesen Gründen sind wir schließlich vom Seifensieden abgekommen.

Damit Sie diesen Prozeß aber einmal nachvollziehen können, wollen wir Ihnen das Seifenrezept nicht vorenthalten.

Abb. 16: Der riesige Siedekessel für die Seifenherstellung in den Luhns-Werken Wuppertal im Jahr 1901.

Es ist in drei Phasen unterteilt:

Phase 1
Zunächst die Zutaten:

200 g Fett (Rindertalg, Schweine-schmalz, Olivenöl, Palmöl, Kokosfett usw.)
36 g Natronlauge NaOH (man er-hält sie in kleinen festen Plätzchen)
200 ml destilliertes oder entmine-ralisiertes Wasser

Die Natronlaugeplätzchen werden in dem Wasser aufgelöst. Aber Vorsicht: NaOH ist in dieser konzentrierten Form sehr ätzend. Man darf sie nur nach und nach ins Wasser geben; am besten machen Sie das sicherheits-halber in einer Flasche, damit keine Spritzer an die Haut und vor allem in die Augen kommen. Niemals umge-kehrt vorgehen, das heißt Wasser auf die Plätzchen gießen. Beim Auflö-sungsprozeß heizt sich das Wasser derart stark auf, daß Spritzer durch

verkochendes Wasser nicht zu ver-meiden sind.
Dann mischen in den angegebenen Mengenverhältnissen, die genau ein-gehalten werden müssen. Auch dann wird die so entstehende Lauge durch Selbsterhitzung immerhin noch etwa 80 °C heiß. Bei weniger Wasser wird die Mischung so heiß, daß sie überko-chen kann. Also Vorsicht. Lauge ätzt! Danach erhitzt man auf der Herdplatte in einem emaillierten 2-Liter-Topf das Fett. Man kann auch eine feuerfeste

Glasschüssel nehmen. Keinesfalls Aluminium oder Gußeisengefäße verwenden, denn diese Materialien könnten mit der Lauge reagieren. Selbst Chromargan- oder Nirosta-Töpfe sind nicht sicher.

Wenn das Fett etwa 80 °C warm ist, die noch heiße Natronlauge unter stetem Rühren hinzugeben.

Phase 2

Anschließend noch einmal 600 ml destilliertes Wasser hinzufügen.

Und nun kommt das Mühselige der Seifensiederei. Diese Masse muß nämlich jetzt mindestens 5 Stunden zwischen 70 und 80 °C warmgehalten werden. Dabei muß immer wieder gerührt werden, wobei man aufpassen muß, daß der Brei niemals zu kochen beginnt. Wie beim Kochen von Pflaumenmus kann es zum Blubbern, verbunden mit Spritzern kommen. Schützen der Augen möglichst mit einer Brille ist also anzuraten.

Sie merken schon, warum wir Ihnen diese Prozedur nicht empfehlen wollen. Denn selbst nach 5 Stunden Rühren ist die Seife immer noch nicht fertig. Aber es ging uns ja eigentlich auch mehr darum, Sie bei der Seifensiederei einmal zuschauen zu lassen. Vielleicht interessiert Sie trotzdem, was in diesen 5 Stunden eigentlich chemisch im Seifentopf passiert.

Die Natronlauge und die Hitze spalten und trennen – wie schon gesagt – die Fettsäuren von ihrer Glyzerinbrücke (vgl. *Abb. 11*). Gleichzeitig werden die Fettsäuren verseift, d.h. aus den Säuren entstehen Salze, die Seifen genannt werden, und der Vorgang heißt Verseifen.

Nach 5 Stunden Kocherei haben wir in dem Topf das getrennte Glyzerin und das, worauf es ankommt: die Seife. Allerdings bleibt immer noch ein Überschuß an Natronlauge. Glyzerin und Natronlauge müssen nun mit Hilfe von Salzwasser ausgewaschen werden.

Phase 3

Man gibt also noch folgendes hinzu:

120 g Salz
200 ml destilliertes Wasser

Das Salz wird im Wasser aufgelöst und in den heißen Brei gerührt. Danach alles abkühlen lassen. Nach einiger Zeit setzt sich der sogenannte Seifenkern oben ab. Den schöpft man dann ab, kocht ihn nochmals mit destilliertem Wasser auf, rührt wieder eine Weile und läßt dann alles abkühlen.

Der Rest der Flüssigkeit, von der man den Seifenkern abgenommen hat, enthält vor allem das Glyzerin, das aber in dieser unreinen und verdünnten Form nicht mehr verwendet werden kann. Man kann es einfach weggießen; es ist nicht umweltschädlich.

Wenn wir Glück haben, hat sich unser gewaschener Seifenkern im destillierten Wasser wieder abgesetzt. Diesen Vorgang muß man gegebenenfalls mehrmals wiederholen, bis die Seife etwa einen alkalischen pH-Wert von 8 bis 9 hat. Auf keinen Fall darf die Seife zu alkalisch werden, sonst schadet sie der Haut ernsthaft.

Zum Schluß wird die Seife getrocknet und zu Stücken geformt.

Nun wissen Sie, wie es geht, und Sie wissen auch, daß die Seifensiederei viel zu aufwendig, kompliziert und obendrein nicht ungefährlich ist.

Wenn Sie trotzdem Geschmack gefunden haben, dann raten wir Ihnen zum Kauf des schon genannten „Seifenbuches" des Oase-Verlages. Dort gibt es im übrigen noch ein zweites Rezept und sonstige Tips rund um die klassischen Seifen.

Die Hobbythek hat andere Waschsubstanzen gefunden

Nach diesen nicht sehr ermutigenden Versuchen haben wir einen anderen Weg beschritten. Bei unseren intensiven Recherchen erfuhren wir, daß es mittlerweile Waschsubstanzen gibt, die äußerst hautfreundlich sind. Wir lasen viel Fachliteratur. Außerdem haben wir uns mit einem der wohl renommiertesten Hautärzte, mit Prof. Dr. Hagen Tronnier in Dortmund in Verbindung gesetzt. Er machte uns auf eine interessante Seifensubstanz aufmerksam, die wohl die sanfteste Seife ergibt, die man sich vorstellen kann. Interessanterweise wird sie aus Kollagen gewonnen, aus Eiweiß also, worüber wir bereits kurz bei der Waschcreme gesprochen haben (vgl. *Seite 84*). Man kann bei dieser Substanz durchaus von einem reinen biologischen Produkt sprechen obwohl sie durch chemische Prozesse gewonnen wird. Gleiches gilt übrigens für Substanzen wie *Betain* und *Glycinderivate*.

Ausgangsprodukte sind immer pflanzliche oder tierische Substanzen wie Fette, Salze, Eiweißstoffe, Zuckerstoffe usw. Das hat den Vorteil, daß später im Abwasser die Natur besser mit ihnen fertig wird; denn das ist ja ihr Geschäft seit Entstehung des Lebens. Wie man überhaupt sagen muß, daß manche Chemiker inzwischen der Natur ganz geschickt auf die Finger schauen, wie wir noch zeigen werden.

Neue Hautwaschmittel

Die modernen Tenside haben vieles mit der klassischen Seife gemeinsam.

Vom Prinzip her gesehen geht es ja immer darum, eine Brücke zwischen Fett und Wasser herzustellen. Bleiben wir einmal in dieser Modellsprache. Wir brauchen also ein Mittel, das aus Bausteinen – fachmännisch ausgedrückt: Molekülen – besteht, die einen fett- bzw. ölliebenden Schwanz und einen wasserliebenden Kopf besitzen. Bei der Seife ist das eine Fettsäure, zum Beispiel die Palmitinsäure mit 16 Kohlenstoffatomen, die in chemischer Reaktion die oben schon beschriebene Seifenwirkung ergibt.

Es geht natürlich auch mit anderen Fettsäuren, deren Kette weniger oder mehr Kohlenstoffatome besitzt. Durch wissenschaftliche Untersuchungen hat man aber herausgefunden, daß die Hautverträglichkeit auch von der Kettenlänge der Fettsäure abhängt. Am stärksten wird die Haut bei Kettenlängen von 12 Kohlenstoffatomen belastet

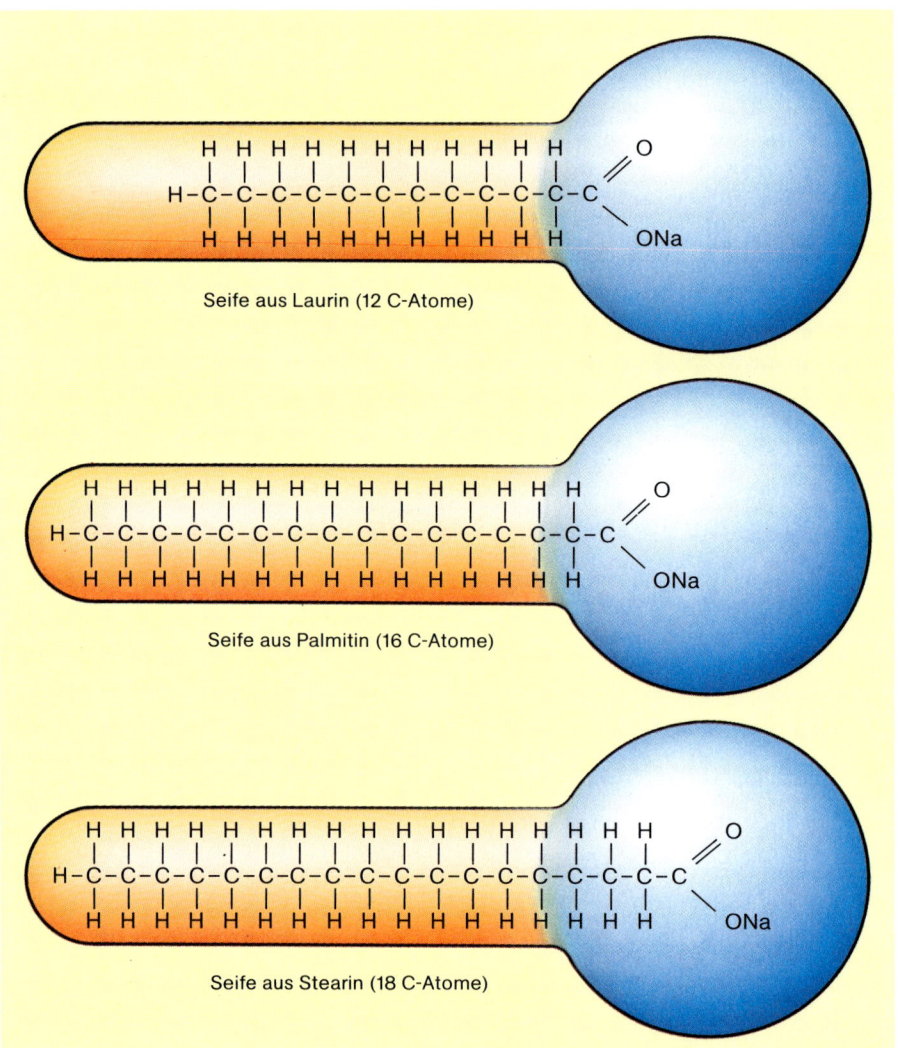

Seife aus Laurin (12 C-Atome)

Seife aus Palmitin (16 C-Atome)

Seife aus Stearin (18 C-Atome)

Abb. 17: Seifen können aus unterschiedlichen Fettsäuren entstehen.

– das ist z. B. bei der Laurinsäure der Fall. Kokos- und Palmkernöl besitzen zu 44 bzw. zu 51 Prozent diese Laurinsäure (vgl. *Tab. 3*). Daraus hergestellte Seifen sind also alles andere als mild. Oliven, Rizinus, Mais- und Weizenkeim, Erdnuß, Distel, Sonnenblume enthalten überwiegend längerkettige Fettsäuren, wie etwa die im Cremekapitel schon genannte Palmitinsäure (C_{16}), Stearinsäure (C_{18}), Arachinsäure (C_{20}) usw. Auch tierische Fette wie Talg und Schmalz haben meist Fettsäuren mit mehr als 16 Kohlenstoffatomen. Deshalb sind daraus hergestellte Seifen noch nicht einmal so schlecht.

Die Hautverträglichkeit hängt auch bei den synthetischen Waschmitteln von der Zahl der Kohlenstoffatome im Fettsäureschwanz ab. Denn auch bei diesen künstlich hergestellten Substanzen wird der ölliebende Teil in der Regel aus Fettsäuren hergestellt; es kommt also auch auf die gesamte Molekülgröße an. Grob kann man sagen, daß eine Seife um so milder wird, je größer das Seifenmolekül ist; also die Größe des ölliebenden Schwanzes und des wasserliebenden Kopfes zusammen.

Vor dem Hintergrund dieser und ähnlicher Zusammenhänge hat sich einer der einträglichsten Zweige der Chemieindustrie weltweit entwickelt.

Ihren Ausgang hat die moderne Waschmittelforschung von Deutschland genommen. Leider war auch hier wieder ein Krieg der Auslöser. Im 2. Weltkrieg brach im deutschen Reich der Naturfettimport weitgehend zusammen. Man suchte daher nach Ersatzstoffen und fand sie in der Steinkohle. Daraus gewann man bestimmte

Paraffinarten, aus denen wiederum der ölliebende Anteil der Waschmittel hergestellt wurde. Denn auch Paraffin besteht aus einer geraden oder mehr oder weniger verzweigten Kette von Kohlenwasserstoffatomen; es fehlt nur der Säurekopf (vgl. *Abb. 18*).

Auch heute noch werden auf diese Weise vollsynthetische Waschmittel hergestellt, die allerdings weniger der Hautpflege als dem Waschen von Textilien dienen. Manche davon haben in Verbindung mit Zusatzstoffen, die im

Waschpulver überhaupt einen hohen Anteil ausmachen, große Umweltprobleme erzeugt, weil sie im Naturkreislauf nur sehr schwer wieder abgebaut werden können. Hinzu kommt, daß bei der Verwendung von Phosphaten die Gewässer überdüngt werden, die dann umkippen können und zu einer stinkenden Jauche werden.

Wären nicht in den 60er Jahren gesetzliche Schranken aufgerichtet worden, wären unsere Flüsse und Seen heute in einem sicher noch schlechte-

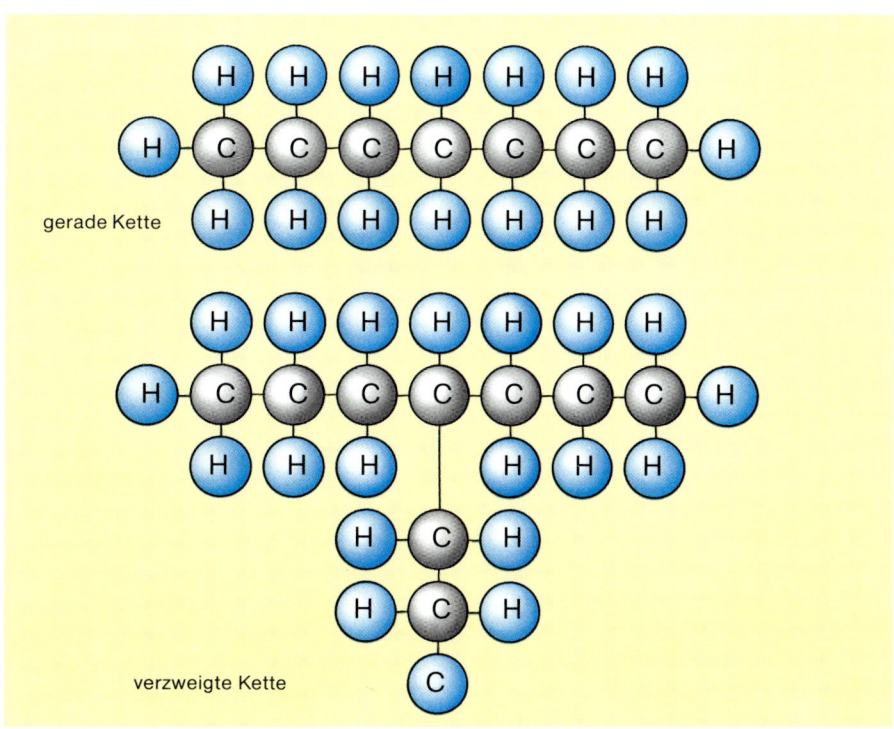

Abb. 18: Tenside können auch aus Erdöl (Paraffin), das heißt aus reinen Kohlenwasserstoffen gewonnen werden.

ren Zustand. Aber die Verbannung der Phosphate aus den Waschmitteln hat das Problem der Umweltbelastung immer noch nicht gelöst. Sie besteht durch unsere Waschwut weiter, denn auch sogenannte biologische Waschmittel – was immer man darunter verstehen mag – sind keineswegs unproblematisch. Manche Kläranlage ist auch durch sie hoffnungslos überfordert.

Auch im Hinblick auf Hautwaschmittel ist die Chemie zunächst einen – vorsichtig ausgedrückt – eigenartigen Weg gegangen. Die ersten Tenside auf dem Markt hatten zwar große Waschkraft, sie entfalteten diese Kraft aber auf derart brutale Weise, daß die Ärzte bald Alarm schlugen. Wer täglich duschte oder badete, bekam Ekzeme und Hautausschläge, die durch bestimmte Grundwaschsubstanzen ausgelöst wurden. Wir haben uns sehr viele Informationen darüber beschafft, mit Chemikern und Ärzten gesprochen und viel gelesen, was sich hier aber gar nicht alles wiedergeben läßt. Hinzu kommt das Dilemma, daß die Chemiker für die Waschsubstanzen derart komplizierte Bezeichnungen verwenden, daß es eine Zumutung wäre, Sie damit zu belasten. Was halten Sie z. B. von folgenden Tensidnamen: *Natriumlaurylsulfat* oder davon: *Monoethanolaminfettalkoholesthersulfat*? Der Fachmann kann aus solchen Bezeichnungen zwar wichtige Informationen entnehmen; aber der Laie ist einfach überfordert. Entsprechend schwierig ist es für uns, den Chemikern kontrollierend auf die Finger zu schauen. Solange mit solchen Begriffen gearbeitet wird, kann selbst ein wünschenswertes Gesetz, das die

Kennzeichnung der Inhaltsstoffe bei kosmetischen Präparaten vorschreibt, nicht die notwendige Aufklärung der Verbraucher bringen.

Dieser Mangel bezieht sich aber nicht nur auf die Inhaltsbezeichnungen.

Auch Hinweise wie „klinisch geprüft" oder „ärztlich empfohlen" tragen keineswegs zur Aufklärung bei, selbst wenn diese Hautwaschmittel nur in der Apotheke zu haben sind. Die Apotheke ist keine Garantie für besonders hautfreundliche Tenside. Professor Tronnier wies uns darauf hin, daß in einer Waschemulsion, die in Deutschland als Marktführer gilt, teilweise billigste und sogar aggressive Tenside enthalten sind, die die Haut auf die Dauer austrocknen können. Das verhindern auch nicht rückfettende Zusatzsubstanzen und Kräuterextrakte. Nach derart vielen Unerfreulichkeiten und Undurchsichtigkeiten werden Sie vielleicht fragen, weshalb wir auf diesem Gebiet überhaupt weitergearbeitet haben und Ihnen schließlich sogar Tips geben, wie Sie sich wirklich milde, haut- und haarfreundliche Seifen selbst herstellen können. Wir unterliegen keinerlei Zwängen der Industrie, und deshalb haben wir es uns einfach geleistet, weiterzumachen und auf der Basis von Tensiden Seifen zu entwickeln, die nichts mehr mit diesen harten und problematischen Waschsubstanzen zu tun haben. Die Fachleute mögen uns schon jetzt verzeihen, wenn wir im folgenden versuchen, alles so gut und so einfach wie möglich zu beschreiben und dazu nur vereinfachte Bezeichnungen verwenden.

Trotzdem müssen wir Ihnen, liebe Leser, einiges abverlangen. Wir glauben aber, Ihnen diese Informationen nicht vorenthalten zu können; denn auf einfache Behauptungen wollten wir uns nicht zurückziehen. Wenn es Ihnen zu anstrengend wird, dann lesen Sie doch einfach unsere Zusammenfassung am Ende dieses Kapitels.
Die Grundsubstanzen stammen von verschiedenen Firmen (vgl. dazu den Bezugsquellenanhang). Wir haben trotzdem versucht, uns auf wenige Substanzen zu beschränken. Die aber haben wir an uns selbst und an Bekannten, die sich freundlicherweise als Versuchskaninchen zur Verfügung gestellt haben, intensiv ausprobiert. Einer unserer Starfriseure in Köln hat sich sogar bereit erklärt, unsere Rezepturen in seinem Salon auszuprobieren. Alle Testpersonen waren begeistert und beteuerten, niemals mehr andere Seifen oder Haarwaschmittel zu verwenden. Vielleicht geht es Ihnen ebenso.

Laurylsulfat – beliebt, aber alles andere als mild

An diesem viel verwendeten Waschmittelgrundstoff möchten wir Ihnen zeigen, warum er so beliebt ist und warum wir Ihnen trotzdem davon abraten.
Als fettliebender Teil wird eine lange Kohlenwasserstoffkette mit 12 Kohlenstoffatomen verwendet, die z.B. aus der Laurinsäure gewonnen wird. Allerdings wird der wasserliebende Teil diesmal nicht – wie bei der klassischen Seife – direkt an das letzte Koh-

lenstoffatom angelagert, sondern über eine Sauerstoff/Schwefel-Brücke (vgl. *Abb. 19*). Das Schwefelatom (S) gibt der gesamten Gruppe ihren Namen (Sulfat). Das Laurylsulfat ist ein Salz der Schwefelsäure H_2SO_4, und zum Teil werden daraus hergestellte Seifen auch in Reaktion mit Schwefel- oder schwefliger Säure gewonnen. Nun können Sulfate durchaus ausgezeichnete Waschsubstanzen sein. Nur Laurylsulfat hat einerseits eine zu kurze Kette und ist allein schon deshalb aggressiv; andererseits entfettet es die Haut besonders stark.

Laurylsulfat ist allerdings sehr preiswert. Dieses und das nachfolgende Tensid haben zusätzlich eine Eigenschaft, die es besonders attraktiv zur Vermarktung machen.

Wir verwenden diese Substanz in unseren Rezepten nicht und empfehlen sie auch nicht.

Äthersulfate und der Trick mit dem Salz

Wesentlich weniger aggressiv werden Sulfate, wenn sie auf längeren C-Ketten aufbauen, und wenn man zusätzlich eine Zwischenbrücke zwischen Kohlenwasserstoffkette und Salzbildner setzt – z. B. eine *Ätherkette* (vgl. *Abb. 20*). Dabei spielen Sauerstoffatome eine wichtige Rolle. Man spricht deshalb auch von Ätherbrücke, die wir für die fachlich Vorgebildeten in *Abbildung 21* einmal dargestellt haben. Sie verlängert den Schwanz, so daß die Seife allein schon dadurch wesentlich milder wird, denn das Gesamtmolekül wird größer.

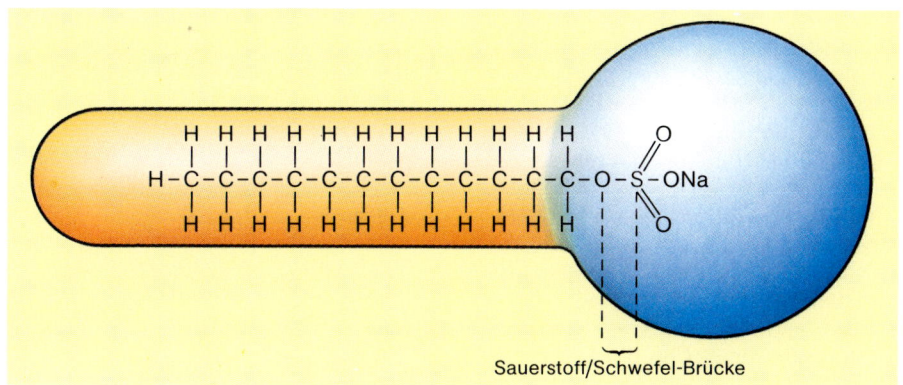

Abb. 19: Molekül des Laurylsulfats mit der typischen Sauerstoff/Schwefel-Brücke. Mit Natrium nennt man es Natrium-Laurylsulfat.

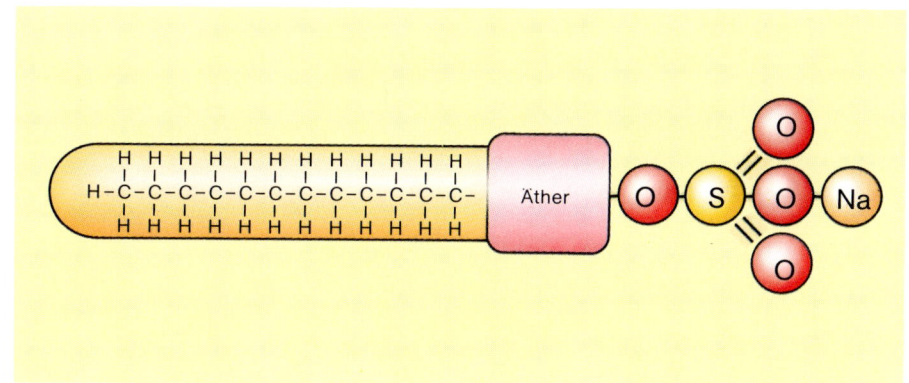

Abb. 20: Durch Zwischenschaltung einer Ätherbrücke wird das synthetische Sulfat milder.

Die beiden Grundsubstanzen *Laurylsulfat* und *Äthersulfat* sind heute als Basis in fast allen Waschsubstanzen im Handel enthalten; also in Spülmitteln, Waschmitteln, Bade- und Duschgels usw. Neben der guten Waschkraft und Schaumbildung haben sie zur Freude der Seifenmischer eine verblüffende weitere Eigenschaft: Sie lassen sich selbst in geringen Konzentrationen fast beliebig verdicken. Man braucht ganz einfach nur Kochsalz hinzuzufügen. Eine Mischung mit einem Anteil von nur 6 bis 10 Prozent waschaktiver Substanz (WAS) läßt sich noch zu einem dickflüssigen Gel einstellen, der dann freilich bis zu 10 Prozent Salz enthält. Im Vergleich zu einer wasserdünnen Seife sieht das „gesalzene" Produkt natürlich nach wesentlich mehr aus.

Mit anderen Worten: Mit solchen Mitteln läßt sich herrlich pfuschen. Es bleibt allerdings die Frage offen, ob der Verbraucher Salzlösung kaufen wollte; einmal abgesehen von der nicht unbedenklichen Wirkung des Salzes auf die Haut. Schließlich duscht man sich ja nach einem Bad im Meerwasser, das allenfalls 4 % Salze enthält, nicht deshalb mit Süßwasser ab, um sich möglicherweise sogleich wieder mit einer Salzpaste „einzuseifen".

Aus unseren Rezepten haben wir das Salz vollkommen verbannt. Zum Eindicken benutzen wir andere, hautfreundlichere Mittel.

Wie Sie bei den Rezepten bemerken werden, haben auch wir Äthersulfat verwendet, und dies vor allem des-

halb, weil es einige nützliche Eigenschaften besitzt und preiswert ist. Seine Aggressivität kann mit Hilfe einer anderen Waschsubstanz (z. B. Betain) erheblich reduziert werden. Das Produkt *Zetesol 856 T* ist beispielsweise eine Mischung von Äthersulfat und Betain. Man kann es sehr gut mit rückfettenden Substanzen, mit ätherischen Ölen und Kräuterextrakten mischen, was eine exzellente und zugleich preiswerte Seife ergibt, die es in der Qualität mit allen Spitzenprodukten im Handel aufnehmen kann.

Die WAS-Konzentration von Zetesol 856 T liegt bei 56 %. Das heißt ein Kilogramm enthält 560 g waschaktive Substanz (WAS). Normale Waschemulsionen wie Shampoo, Spülmittel usw. sollten 12 bis 15 % WAS besitzen. Man könnte also zum Beispiel aus 100 g Zetesol und 270 g Wasser insgesamt 370 g Waschlotion gewinnen – fast die vierfache Menge der Grundsubstanz also. Aus dieser Grundsubstanz können Sie nicht nur Seife zur Körperpflege, sondern auch

ganz hervorragende Spül- und Feinwaschmittel herstellen. Wir hoffen, daß Ihnen jetzt deutlich geworden ist, warum wir gerade diese Grundsubstanz in unser Sortiment mit aufgenommen haben.

Hier geht es ganz mild zu: Seifensubstanz aus Kollagen

Es ist kaum vorstellbar – aber die unbestritten sanfteste Hautwaschsubstanz wird aus Kollagen gewonnen. Kollagen ist – wie wir ab *Seite 16* ausführlich dargestellt haben – der wichtigste Baustein der Haut. Man gewinnt es in der Regel aus tierischen Rohstoffen. Kollagen besteht aus reinstem Eiweiß. Während die Grundbausteine des Eiweißes relativ kleine Moleküle aus bis zu 100 Atomen sind, setzt sich das Kollagen aus einer perlenschnurartigen Kette von etwa 3.000 dieser Bausteine zusammen. Wir erinnern uns, daß Eiweißmoleküle aus Amino-

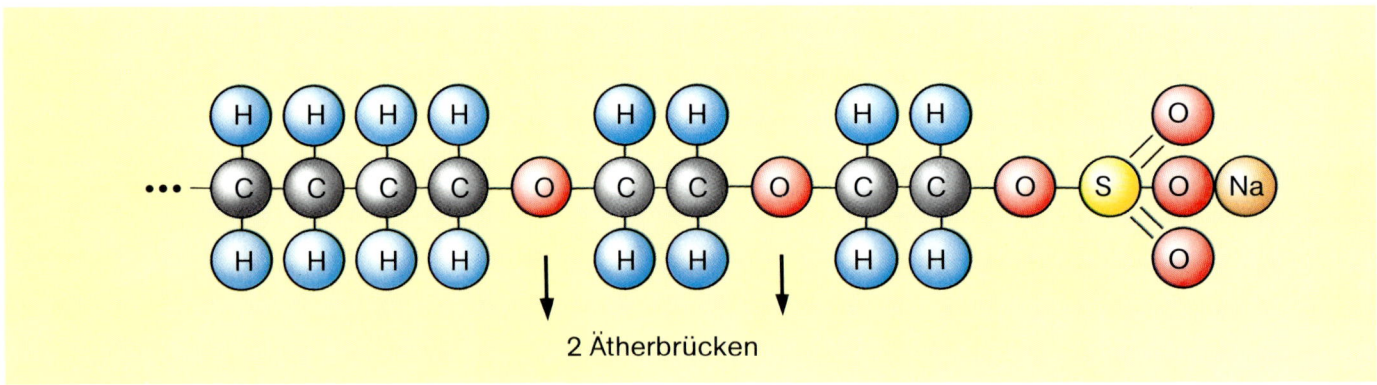

2 Ätherbrücken

Abb. 21: Struktur der Ätherbrücke. Das Sulfat wird zum Äthersulfat.

säuren bestehen, die ihrerseits die Bausteine des Lebens bilden. Es gibt über 20 verschiedene Aminosäuren, von denen wir hier nur die wichtigsten nennen, weil Sie deren Namen vielleicht schon einmal gehört haben: *Glycin, Glutamin, Alanin, Lysin, Leucin, Serin* usw. Voraussetzung für die Fähigkeit dieser Moleküle, Ketten zu bilden, ist in der Regel jeweils ein Stickstoffatom, das die Kohlenwasserstoffatome zusammenfügt.

Für alle, die es etwas genauer wissen möchten, wollen wir das an einem Beispiel verdeutlichen:

Abb. 22: Flüssige Seifensubstanz aus Kollagen (Lamepon).

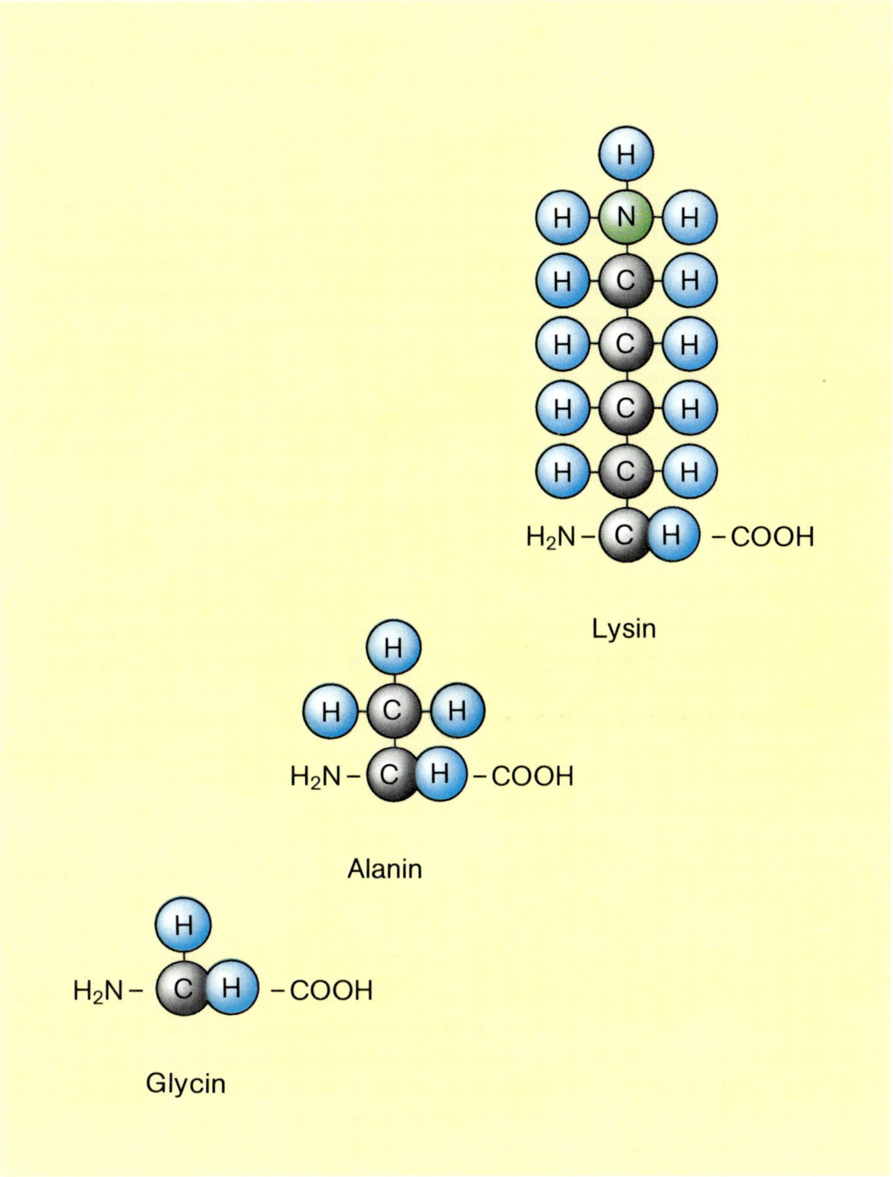

Lysin

Alanin

Glycin

Abb. 23: Drei von mindestens 20 wichtigen Bausteinen der Aminosäuren.

Die einfachste Aminosäure ist Glycin mit der chemischen Formel

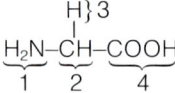

Der *erste Teil* ist das eigentliche Amin, bei dem der Stickstoff (N) bestimmend ist. 78 % der Lufthülle bestehen aus diesem Element Stickstoff, wo es aber wenig reaktiv ist. Reaktionsfreudiger ist eine Stickstoffverbindung, die Sie bestimmt kennen: *Ammoniak*. Er ist z. B. im Salmiakgeist enthalten und hat die Formel NH_3. Man vermutet, daß das Leben auf der Erde erst durch dieses Gas entstanden ist; denn die Uratmosphäre bestand zu einem merklichen Prozentsatz daraus.

Teil 2 ist ebenfalls allen Aminosäuren gemein; allerdings entsteht hier der entscheidende Abzweig zum *3. Teil*. Dieser bestimmt die Art der Aminosäure. Beim Glycin hängt dort nur 1 Wasserstoffatom am C-Atom (vgl. *Abb. 23*).

Beim *Alanin* sind es ein weiteres Kohlenstoff- und 3 Wasserstoffatome.

Beim *Lysin* sind es 4 weitere Kohlenstoffatome und 10 Wasserstoffatome, wobei an das oberste Kohlenstoffatom interessanterweise noch ein Stickstoffatom angehängt ist.

Andere Aminosäuren enthalten an solchen Schaltstellen auch noch Sauerstoff- und Schwefelatome. Diese bilden wiederum Brücken untereinander, die z. B. im Haar und bei Gewebefasern der α-Helix eine besondere Rolle spielen (vgl. ab *Seite 138*).

Teil 4 unserer Formel ist dafür verantwortlich, daß es sich hier um eine Säure handelt. Diese Säuregruppe ist die gleiche wie bei der Fettsäure.

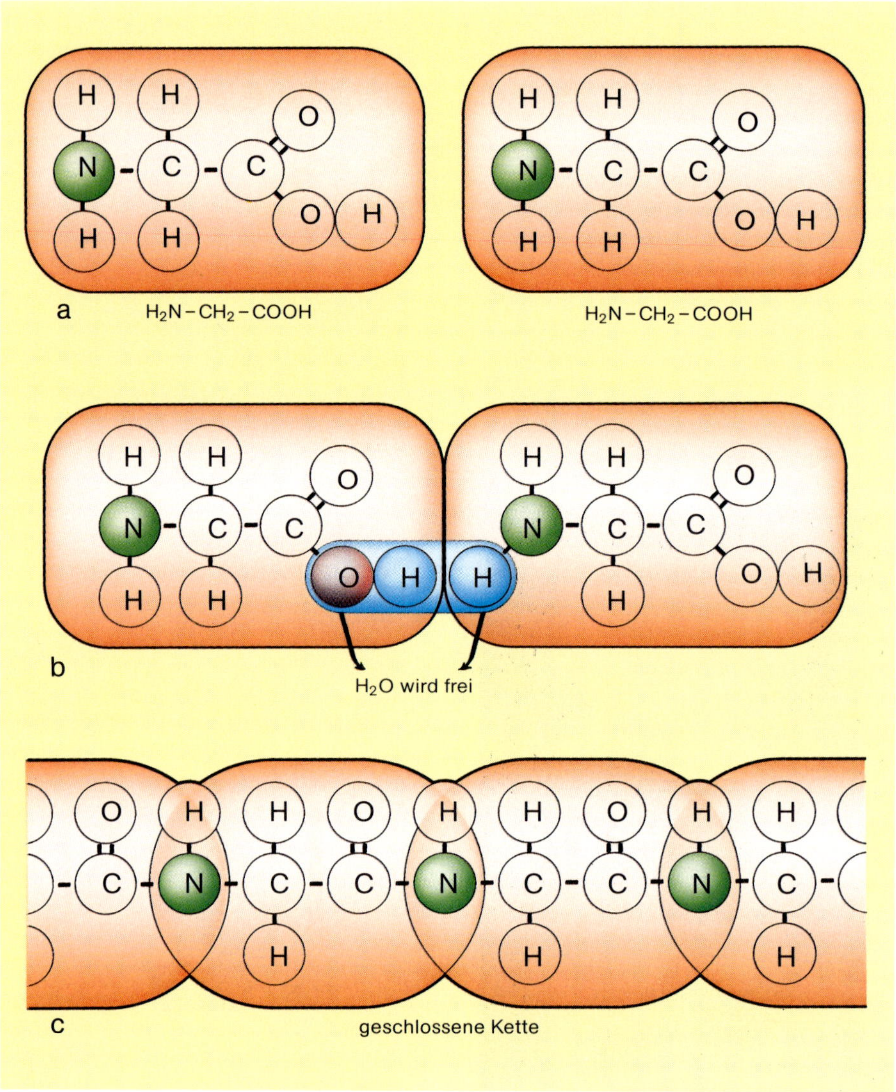

a H_2N-CH_2-COOH H_2N-CH_2-COOH

b H_2O wird frei

c   geschlossene Kette

Abb. 24: Einblick in ein Geheimnis der Natur: Wie aus Aminosäuren die Substanz der belebten Natur entsteht.
a) Getrennte Aminosäuren; b) sie wachsen zusammen, wobei Wasser frei wird; c) sie bilden Ketten, wobei das Stickstoffatom jeweils die Schaltstelle darstellt. Diese Ketten können praktisch unendlich lang sein und sich untereinander beliebig vernetzen und pflanzliches und tierisches Gewebe bilden.

Wie sich die Molekülketten bilden, können Sie in *Abbildung 24* sehen; der Einfachheit halber haben wir hier wieder die Aminosäure Glycin gewählt. In allen Fällen ist das Stickstoffatom die Verknüpfungsstation. Diese Verknüpfungsrolle kann es auch zwischen Fettsäure und Aminosäure spielen. Dabei wird H_2O – Wasser also – freigesetzt. Man spricht in diesem Zusammenhang von *Kondensation*. (Als Gedächtnishilfe: Sie können sich das dadurch merken, daß bei Kondensation z. B. an einer kalten Glasscheibe Wasser niederschlagen wird.)

Eine ähnliche Reaktion nutzt man auch dazu, unser mildes Waschmittel herzustellen. Man nennt es deshalb auch ein *Eiweißfettsäurekondensationsprodukt*.

Bei seiner Herstellung wird – wie beim Aufbau der Eiweißketten – das Stickstoffatom als Verknüpfer von Fettsäure (als dem ölliebenden Teil) und Eiweiß (als dem wasserliebenden Medium) benutzt. Vor allem Kollagen hat ja diese wasserliebende Eigenschaft. Das Eiweiß wird gewonnen, indem die für unseren Zweck viel zu langen Kollagenfasern zerkleinert werden. Diese Zerkleinerung erfolgt auf chemischem Wege. Während man beim *Aufbau* der Eiweißkette von *Kondensation* spricht, weil dabei Wasser frei wird, muß bei der *Zerteilung* jeweils das Wassermolekül wieder angefügt werden. Man spricht daher auch von *Hydrolyse* (Hydro = Wasser; vgl. *Abb. 26*).

Diese zerkleinerten Eiweißketten verwendet man nun, um sie mit einer Fettsäure zu verknüpfen. Hilfreich ist bei diesem Prozeß die chemische Verwandtschaft zwischen den beteiligten organischen Stoffen. Im Gegensatz

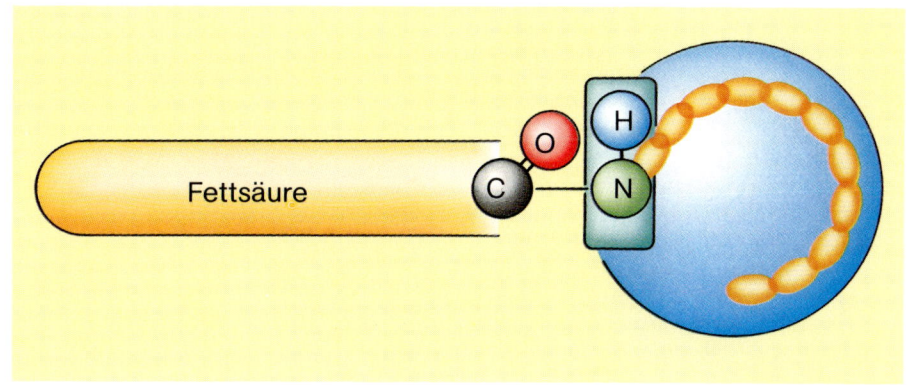

Abb. 25: Prinzip der Seifenbildung aus Kollagen, mit Stickstoff (Lamepon) als Schaltsubstanz (N).

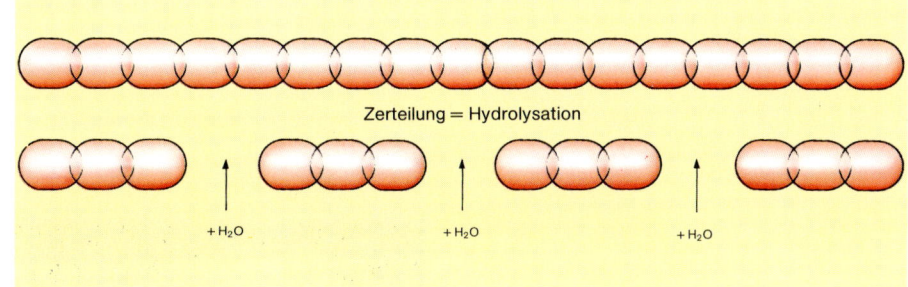

Abb. 26: Bei der Hydrolyse wird durch Aufnahme von Wasser das langkettige Kollagenmolekül in kürzere Stücke zerteilt. Das Ergebnis ist Eiweißhydrolysat.

zur Seife und vielen anderen Tensiden bestehen also beide Elemente – der wasserliebende Eiweißteil und der ölliebende Fettsäureteil – aus biologischen Stoffen. Diese Stoffe sind zugleich mit denen der Haut verwandt, und das ist der Grund für die Sanftheit dieser Waschsubstanz.

Wir haben unter anderem ein Produkt mit dem Namen *Lamepon S* getestet, das eine etwas umständliche chemische Bezeichnung hat, die Sie jetzt aber vielleicht verstehen werden. Sie lautet: *Kondensationsprodukt von Eiweißhydrolysat aus natürlichem Kollagen mit Kokosfettsäure und Kaliumsalz.* Aus letzterem wird deutlich, daß die Fettsäure aus Kokosfett gewonnen wurde, während der wasserliebende Teil aus zerkleinerten Kollagenmolekülen gewonnen wurde. Durch das Anhängen des Kaliumatoms an den Schluß der Eiweißkette wird die Waschkraft gesteigert. Kalium oder

Natrium werden ja auch bei der Schmier- oder Kernseife als Seifenbildner benutzt. In dieser neuen Kombination wirken sie aber wesentlich milder, weil sie in lange Eiweißmoleküle eingebettet sind.

Lamepon S ist ein Tensid mit schwach anionischen Eigenschaften. Trotzdem liegt sein pH-Wert knapp unter 7; es wirkt also neutral. Lamepon kann aber ohne Verlust seiner Waschkraft und Fähigkeit zur Schaumbildung mit Zitronensäure oder natürlichem Zitronensaft im pH-Wert nach Wunsch gesenkt werden.

Lamepon S wird in einer 30 %igen Konzentration WAS angeboten. Wenn man daraus ein 15 %iges Waschmittel herstellen will, wird es mit der gleichen Menge Wasser auf die doppelte Menge verdünnt. Auf diese Weise ist auch dieses Mittel relativ preiswert. Und Sie können zugleich sicher sein, daß Sie eine absolute Luxusseife erhalten. Im Rezeptteil werden wir Ihnen zeigen, daß man Lamepon auch mit anderen waschaktiven Substanzen mischen kann.

Lamepon S hat den Vorteil, daß es – wie auch die anderen hier genannten Substanzen – die Schleimhäute äußerst wenig reizt. Wir haben nicht zuletzt deshalb darauf geachtet, daß vor allem bei Haarwaschmitteln auch etwas für die Kinder dabei herauskommt. Brennende Augen gibt's da nicht mehr, und Entzündungen schon gar nicht.

Die Waschkraft dieser Substanzen entspricht der der aggressiven Tenside und Seifen. Die Sanftheit unserer Seifen bedeutet also nicht, daß Sie Konzessionen an die Sauberkeit machen müßten. Selbstverständlich kann man diesen Seifen auch noch Duftstoffe und rückfettende Substanzen beigeben. Lamepon S hat zwar einen leichten Eigengeruch, der aber eher angenehm ist. Nur bei der Parfümierung muß man ein wenig auf die Vereinbarkeit des Eigengeruchs mit dem Duft des Parfüms achten.

Eine andere sanfte Waschsubstanz: Seife aus Glycintensid

Auch diese zweite, besonders milde Waschsubstanz besteht wie alle anderen zunächst aus einer Fettsäure. Der wasserliebende Teil wird hier aber nicht aus einer langen Eiweißkette wie beim Lamepon S gewonnen, sondern mit Hilfe der einfachsten Aminosäure, Glycin also.

Auch hier ist das Stickstoffatom wie-

Abb. 27: Glycintensid bzw. -derivat.

der die Verknüpfungsinstanz. Gleichzeitig folgt ein zweites als eine Art Dreifachsteckdose, ähnlich wie das Glyzerin bei der Bildung von Fetten (vgl. *Abb. 28*). Die so gebildeten 3 Stränge sind gleichermaßen wasseranziehend, obwohl sie die Wassermoleküle nach verschiedenen Prinzipien anziehen. Der erste wirkt ähnlich wie beim Glyzerin, der zweite wie der einer Karbonsäure und der letzte wie der einer herkömmlichen Seife, nämlich durch das angehängte Natriumatom. Sie sehen hier die äußerliche Ähnlichkeit mit einem Emulgator, obwohl die fettlösende Wirkung viel stärker ist als dort. Auf ihr basiert möglicherweise auch die Hautverträglichkeit.

Es gibt aber noch etwas anderes sehr Interessantes bei diesem Tensid zu beobachten.

Während der wasserliebende Teil bei den bisher vorgestellten Waschsubstanzen elektrisch negativ wirkte – es sich also jeweils um anionische Tenside handelte, ist dies hier etwas anders, und zwar verursacht das mit (+) gekennzeichnete 4wertige Stickstoffatom eine kationische Wirkung; gleichzeitig gibt es aber durch entgegengesetzte Ladungen 2 $COO^{(-)}$ auch anionische Einflüsse.

In diesem Fall heben sich beide Ladungen innerhalb des Moleküls auf; das Seifenteilchen wirkt nach außen neutral. Man spricht in diesem Fall von *amphoterem Tensid*. Diese Tenside haben den Vorteil, sich besonders gut auf Reinigungsflächen zu verteilen, ohne den pH-Wert zu beeinflussen. Bei einem Haarwaschmittel hat das Vorteile; denn durch anionische Tenside laden sich die Haare gern elek-

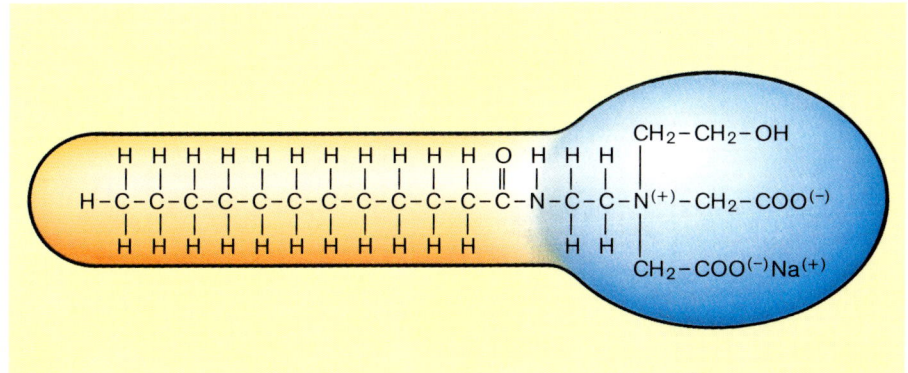

Abb. 28: Strukturformel des Glycinderivats (Rewoteric AM 2 C/NM).

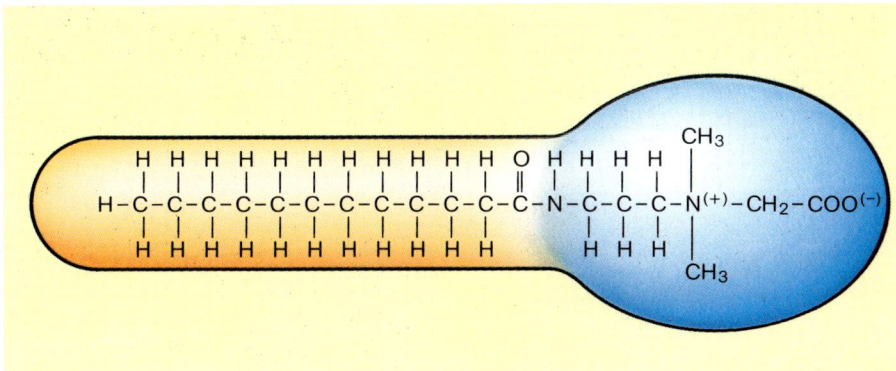

Abb. 29: Strukturformel eines Betains (Tegobetain L7).

trisch auf, wodurch sie sich gegenseitig abstoßen. Das ist auch der Grund dafür, daß einem bei manchen Haarwaschmitteln die frisch gewaschenen Haare im wahrsten Sinne des Wortes zu Berge stehen (wir kommen darauf noch zurück). Das wird durch den Zusatz dieser Waschsubstanz wesentlich abgeschwächt. Natürlich kann man das auch noch mit anderen Zusatzmitteln erreichen, die wir Ihnen später noch vorstellen werden.

Unter den verschiedenen Glycinderivaten schlagen wir das Produkt *Rewoteric AM 2 C/NM* vor. Es wird vorwiegend aus Kokosfett und der Aminosäure Glycin gewonnen; allerdings unter Mitwirkung von Kochsalz. Waschkraft und die Haut- und Schleimhautverträglichkeit sind groß. Die Substanz kann in der Rezeptur mit anderen Tensiden gemischt werden. Handelsüblich hat die goldgelbe Flüssigkeit 39 % WAS. Auch hier also er-

gibt die fertige Waschemulsion mit 15 % WAS durch Verdünnung mit Wasser mehr als die doppelte Menge. Der Geruch ist im Gegensatz zu Lamepon S völlig neutral.

Betain: Der Stoff, der aus der Rübe kommt

Dieser Waschgrundstoff ist vor allem deshalb interessant, weil als Vorbild eine in der Zuckerrübe vorkommende natürliche Substanz gilt (daher auch die Bezeichnung von Beta = Rübe, vgl. im übrigen *Seite 84*).
Ähnlich wie beim Glycinderivat stellt auch hier der Stickstoff die Brücke zwischen dem fettliebenden Fettsäureschwanz und dem wasserliebenden Kopf dar; eine Verbindung, die eine enge Verwandtschaft mit einer Aminosäure besitzt (vgl. *Abb. 24*).
Das zweite Stickstoffatom bildet eine positive Ladung (Kation), während die COO-Gruppe eine negative Ladung trägt (Anion). Auch hier wieder zeigt sich die Ähnlichkeit mit dem Glycinderivat. Beide Ladungen heben sich innerhalb des Moleküls auf; auch beim Betain handelt es sich also um ein *amphoteres Tensid*.
Die Hautfreundlichkeit dieser Substanz entspricht etwa derjenigen des Glycinderivats. Es ist völlig ungiftig und biologisch voll abbaubar, was nicht überrascht – handelt es sich hier doch um ein Produkt, das die Natur in der Zuckerrübe selbst aufbaut. Die Schleimhautverträglichkeit ist auch hier sehr gut, weshalb sich das Mittel für Baby- und Kinderseifen besonders eignet.

Unser spezielles Betain wird aus Kokosfett gewonnen. Mehrere Firmen stellen das Produkt her. Der Vereinheitlichung halber haben wir uns für das Produkt Tego-Betain L 7 entschieden.

Es handelt sich um eine klare, fast geruchlose Flüssigkeit mit 30 %iger WAS. Auch hier kann man also ein 15 %iges Hautwaschmittel durch Verdoppelung der Menge mit Wasser erzielen.

Die Substanz läßt sich mit anderen Tensiden mischen, ja sie machte sogar ein aggressiveres Tensid milder, was auch für Lamepon und Glycinderivate gilt. Sie können z. B. ein billiges Spül- oder Wischmittel durch einen Zusatz von 5 % dieser Tenside wesentlich hautfreundlicher machen — dies als Tip für all diejenigen, die Gummihandschuhe bei der Arbeit hassen. Ein anderer Vorteil dieser milden Tenside: Sie sind ungiftig.

Es gibt noch eine weitere Gruppe von Tensiden, denen gute Hautverträglichkeit zugeschrieben wird: die sogenannten *Sulfosuccinate*, die wir unter anderen schon einmal in einem Seifenblasenrezept im *Hobbythek-Buch 10* vorgestellt haben. Wir gehen hier bewußt nicht auf diese Tenside ein, um Sie nicht durch allzuviele Substanzen zu verwirren.

Abb. 30: Kunststoffbehälter sind für unsere Waschemulsionen besonders praktisch. Man kann die verschiedenen Seifen und Shampoos übrigens mit Lebensmittelfarbe tönen.

Unsere Seifen sind flüssig

Die von uns empfohlenen Hautwaschmittel bauen auf flüssigen Rohstoffen auf. Der Trend neigt ohnehin immer mehr zu flüssigen oder gel-artigen Seifen und Waschemulsionen. Diese Form ist nicht nur bequemer, weil dadurch das Aufweichen von Seifenstücken in irgendwelchen Schalen aufhört; sie sind einfach auch hygienischer. In einem kleinen Seifenspender oder einer Plastikflasche aufbewahrt, kommt man bei den selbstangerührten Emulsionen ohne Konservierungsstoffe aus und erzielt immer noch eine Haltbarkeit bis zu 2 Monaten. Das reicht bei selbstgemachten Seifen ohne weiteres aus. Seifen im Handel müssen aus den gleichen Gründen, die wir schon bei den Cremes aufgezählt haben, konserviert werden, weil dem Handel vom Gesetzgeber eine extrem lange Haltbarkeitsdauer aufgelegt worden ist.

Wenn Sie sich also der wirklich geringen Mühe des eigenen Zubereitens unterziehen wollen, haben Sie einen weiteren Vorteil: Ihre Haut wird nicht zusätzlich durch starke Konservierungsmittel irritiert. Sie brauchen also keine Angst mehr vor Formaldehyd zu haben, das zwar heute meist nicht mehr verwendet wird, in Mindestmengen aber immer noch erlaubt ist. Auch die Nachfolger des Formaldehyds sind nicht immer völlig harmlos.

Zusatzstoffe für Waschemulsionen

Verdickungsmittel

Die Waschemulsionen im Handel sind meist gel-artig oder zumindest dickflüssig. Sie sind dadurch besser zu dosieren und zu verteilen; außerdem wirken sie konzentrierter als eine dünne, wasserähnliche Flüssigkeit. Diese so verdickten Seifen wirken nach mehr, obwohl nicht mehr aktive Seife und damit Waschkraft in ihnen enthalten ist. In vielen Fällen also ein reiner Verkaufstrick, der nichts kostet.

Denn diese Verdickung ist bei den Sulfaten, die fast in allen käuflichen Mitteln enthalten sind, kein Problem, wie wir oben schon beschrieben haben. Einfach Kochsalz hinein, und schon kann die Viskosität – die mehr oder weniger große Zähflüssigkeit – selbst bis hin zum Gel eingestellt werden. Das kann Salzzugaben bis zu 10 % bedeuten. In unseren Rezepturen haben wir bewußt auf dieses Salz selbst dort verzichtet, wo wir Laurylether-Sulfat (Zetesol 856) verwendet haben. Abgesehen davon, daß bei den viel milderen Tensiden auf Eiweiß-, Aminosäure- und Betain-Basis dieses Verfahren ohnehin nicht funktioniert.

Nun gibt es auch andere Verdickungsmittel, die sogar den Vorteil einer hautpflegenden Wirkung haben. Aber auch da mußten wir sehr sorgfältig auswählen; denn in einem sehr verbreiteten Fettsäureamid (Cocoamid DEA) entdeckten wir freie Amine, und das

machte uns hellhörig. Solche freien Amine können sich nämlich – das wissen die Chemiker – unter Umständen in Nitrosamine umwandeln, die als Krebsauslöser verdächtigt werden. Dazu muß man freilich sagen, daß dies bisher nur für das Einnehmen angenommen wird, durch Umbildung in Magen und Darm. Ob eine krebsauslösende Wirkung auch *auf* der Haut eintreten kann, ist noch völlig unbewiesen. Obwohl dieses Mittel hervorragende sonstige Eigenschaften hat – es läßt sich sehr leicht unterrühren und geliert im Nu, außerdem fettet es die Haut zurück –, haben wir sicherheitshalber darauf verzichtet.

Wir haben uns für ein Mittel entschieden, das in dieser Hinsicht völlig unproblematisch ist. Es handelt sich um eine Art Emulgator, der aus Fettsäuren des Rindertalgs und aus Glyzerin gewonnen wird. Er entwickelt in Verbindung mit anderen Tensiden und Wasser eine ähnlich gelierende oder verdickende Wirkung. Da Emulgatoren den Tensiden sehr ähnlich sind, trägt dieses Mittel gleichzeitig zur waschaktiven Substanz bei. Es ist außergewöhnlich mild, und man könnte es sogar für sich allein mit Wasser verdünnt als Hautwaschmittel verwenden, wobei es allerdings nicht schäumen würde. Andererseits behindert es die Schaumbildung bei anderen Tensiden nicht. Bei Verwendung in Shampoos erzeugt es eine gewisse „Substantivität", was wir später noch erklären werden.

Das Mittel heißt *Rewoderm Li 420.* Es ist ein zähflüssiges Gel, das sich etwas schwerer als das Fettsäureamid in der Rezeptur auflöst, weshalb man ein wenig länger rühren muß.

Die Konzentration ist sehr hoch (70 % WAS), weshalb sie zur Gesamt-WAS der Waschemulsion beiträgt. Da es fast geruchlos ist, kann man auch so große Mengen hinzufügen, bis die gewünschte Zähflüssigkeit erreicht ist. In der Regel sind das 3 bis 5 % der Seifenmasse, inklusive Wasser und sonstige Zusätze.

Der Nachteil ist, daß diese Substanz nicht rückfettend wirkt. Dem kann man aber dadurch begegnen, daß man eine geringe Menge Sonnenblumen- oder sonstige Öle hinzufügt.

Eiweißhydrolysate für Haut und Haar

Was in der Creme das Kollagen ist, das kann in einer Waschemulsion das *Eiweißhydrolysat* sein, das aus Kollagen gewonnen wird. Ähnlich wie bei der Herstellung des Tensids Lamepon, wird das lange Kollagenfasermolekül in kleine Stücke durch Hydrolyse zerteilt. Es bleiben dann Moleküle von maximal 15 Aminosäuren übrig, während ein Kollagenmolekül aus 2 000 bis 3 000 Aminosäuren bestehen kann (vgl. noch einmal *Abb. 21*).

Das Eiweißhydrolysat ist deshalb so hautfreundlich, weil die Aminosäuren in der Zusammensetzung denen der Haut fast völlig entsprechen. Das Mittel bildet einen feinen schützenden Film auf Haut oder Haar. Das Aufziehvermögen soll umso größer sein, je mehr Haut oder Haar geschädigt sind. Bei unseren Tests fühlte sich nach dem Waschen die Haut jedenfalls samtiger an, und die Haare wurden glänzender und leichter kämmbar.

Experimentiert haben wir mit dem Mittel *Nutrilan*. Etwa 1 bis 2 % in der endgültigen Waschmittelmenge reichen völlig aus; d. h. auf 100 g braucht man etwa 15 bis 30 Tropfen.

Quats für die Haare

Wir sagten schon, daß beim Waschen der Haare mit anionischen Waschmitteln – zum Beispiel mit Sulfaten oder Eiweißkondensationsprodukten – die Haare nach dem Trocknen sich durch die entfettende Wirkung des Wasch-

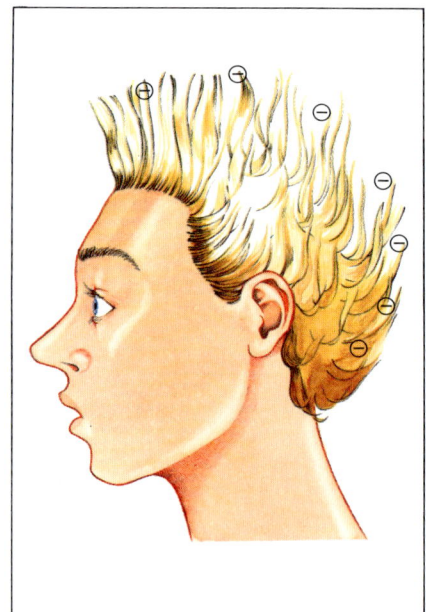

Abb. 31: „Fliegende" Haare entstehen durch negative Aufladung (gleichnamige Ladungen stoßen sich bekanntlich ab).

mittels elektrisch negativ aufladen können. Die Haare stehen dann zu Berge, weil gleich geladene Körper sich bekanntlich gegenseitig abstoßen. Sie können das an Ihrem Haar auch dadurch erreichen, indem Sie einen Hornkamm an Wolle reiben und ihn an die Haare halten. Sie werden wie von Geisterhand angezogen.

Mit der Zeit fetten sich die Haare wieder zurück, und sie halten dann auch wieder besser. Man kann das Zu-Berge-Stehen aber auch dadurch einschränken, daß man in das Shampoo rückfettende Substanzen mischt. Nicht jeder möchte aber fettige Haare haben. Deshalb ist es vorteilhaft, die Haare sozusagen im Vorgriff auf andere Weise zu entladen. Das kann man zum Beispiel dadurch erreichen, indem man dem Shampoo in geringen Mengen „kationaktive" Substanzen beimischt, also Stoffe, die auf der Bildung positiver Ionen basieren. Die Haare werden dadurch auch ohne Rückfettung erheblich besser kämmbar.

Ein solches Mittel wird *Quat* genannt, weil die Seifenwirkung hier nicht von Natrium, Glycin, Betain oder Eiweiß abgeleitet wird, sondern von einem 4wertigen Stickstoffatom. Der Stickstoff kann grundsätzlich mehrere Wertigkeiten annehmen. In seiner 4wertigen Form als sogenannte Ammonium-Verbindung wirkt er elektrisch positiv, d. h. die entsprechende Seifensubstanz ergibt ein kationisches Tensid. (Quat ist die Abkürzung für quaternär, auf deutsch 4wertig, was auf den 4wertigen Stickstoff hinweist.)

Dieses kationische Tensid kann beispielsweise die unerwünschte elektrische Wirkung eines anionischen Mittels neutralisieren, aber auch die elektro-statische Eigenelektrizität der Haare beseitigen. Ein kationisches Waschmittel zieht auf die Haare leichter auf – d. h. es hat mehr Substantivität (vgl. *Seite 147*).

Durch das Aufziehen der Substanz wird gleichzeitig eine bessere Glättung des Haarschaftes erreicht, die die Kämmbarkeit und den Haarglanz steigern.

Beim kationischen Tensid, das wir auswählten, haben wir wieder auf besondere Hautfreundlichkeit geachtet. Erreicht wird sie durch Vergrößerung des Moleküls. Dies erfolgt wieder durch ein Anhängen der Stickstoffverbindung an ein zerkleinertes Kollagenmolekül (Kollagenhydrolysat). Allein dadurch wird die Hautverträglichkeit extrem gesteigert.

Wir haben uns für das Mittel *Croquat L* entschieden, mit dem wir gute Erfahrungen gesammelt haben. 0,5 bis 1 % in der Gesamtmenge des Shampoos reichen völlig aus; also etwa ein halber Teelöffel auf 100 g.

Das Mittel ist eine geruchlose zähflüssige klare Masse, die sich unter Rühren in den Rezepten auflösen läßt.

Bei den Haarkuren haben wir ein weiteres kationisch wirkendes Mittel eingesetzt: *Incroquat Behenyl*.

Rückfettung für Haut und Haare

Das größte Problem stellt beim Waschen die Entfettung der Haut dar. Dadurch verliert sie ihren natürlichen Schutzfilm, und Krankheitserreger, chemische und mechanische Beanspruchungen können ihr um so leichter schaden. Die ersten, noch sehr aggressiven Tenside haben zum Teil die schutzlos freiliegenden Eiweißstoffe der Oberhaut angelöst, was zu Hautentzündungen oder zumindest zu starker Aufrauhung der Haut führte. Professor Tronnier hat eine Methode zur Messung der Aufrauhung von Haut entwickelt. Danach liegen die Waschrohstoffe, die wir Ihnen empfehlen, im Hinblick auf Hautfreundlichkeit absolut an der Spitze. Bei Eiweißhydrolysaten, aber auch bei den Glycinderivaten und Betainen ist die Aufrauhung der Haut praktisch gleich null. Entzündliche Prozesse sind deshalb völlig ausgeschlossen.

Trotzdem: besser ist besser, und deshalb haben wir bei einigen unserer Rezepte eine Mischung mit rückfettenden Ölen angegeben, die vor allem bei chronisch trockener Haut angebracht sind. Unter den Ölen kommen die gleichen wie bei der Creme in Frage; es müssen aber nicht unbedingt teure Öle sein. Handelsübliches Sonnenblumenöl reicht zum Beispiel völlig aus.

Allerdings sollten die Öle nicht einfach in die Seifenmasse eingerührt werden. Gleichmäßiger wird die Emulsion, wenn Sie mit dem Öl noch einen besonderen Emulgator hinzufügen. Emulgatoren, die wir bereits bei unseren Badeölen verwendet haben (z. B. Oxypon 288; vgl. *Seite 88*), sind zwar verwendbar, bei Oxypon kann es allerdings bei Kälte auch zu Ausfällungen kommen, was unschön aussieht. Wir empfehlen zusätzlich einen anderen hautfreundlichen Emulgator: *Mulsifan CPA*.

In die Gesamtrezeptur sollten etwa 2,5 % Öl und 5 % Emulgator eingebaut werden.

Wir fassen noch einmal zusammen

Wir sind bei der Beschreibung der Tenside und Zusatzstoffe bewußt etwas ins Detail gegangen, um Ihnen zu zeigen, warum manche Substanzen der Haut und den Haaren guttun und andere nicht. Wir wollten nicht in den Fehler der Industrie verfallen, vollmundig von den Vorzügen eines Produkts zu reden, die mitgekauften Nachteile aber unter den Tisch fallen zu lassen oder sie mit unklaren Wendungen zu vernebeln.

Nachdem Sie nun unsere Gründe kennen, aus denen wir die von uns getesteten Substanzen vorbehaltlos empfehlen können, fassen wir die Eigenschaften dieser Stoffe und unsere Beurteilungen noch einmal übersichtlich zusammen.

Tensid		Eigenschaften	Bewertung
Substanz	Handelsname		
Laurylsulfat		Sulfat mit nur 12 C-Atomen (= aggressiv) Durch Kochsalzzugabe verdickbar. In den meisten Wasch- und Spülmitteln der Industrie. Niedriger Preis.	Von uns nicht verwendet, da nicht mild genug!
Äthersulfat		Sulfat mit längerer C-Atom-Kette als Laurylsulfat. Durch Betain (vgl. dort) abmilderbar. In den meisten Industrieprodukten enthalten. Durch Kochsalz verdickbar. Niedriger Preis.	Für sich allein nicht mild genug. Akzeptabel in Mischung wie Zetesol 856 T.
Äthersulfat + Betain (ca. 5 %)	Zetesol 856 T	Mischung aus Äthersulfat und Betain (vgl. dort). Relativ niedriger Preis. Ausreichend mild. 56 % WAS-Konzentration; daher stark verdünnbar.	Von uns in verschiedenen Waschemulsionen verwendet, bei denen es nicht auf extreme Milde ankommt.
Eiweißfett-säurehydrolysat	Lamepon S	Seifensubstanz aus Kollagen (deshalb hautverwandt). pH-Wert aus 7 (neutral bis leicht sauer). Sehr mild bei guter Waschkraft. 30 % WAS-Konzentraton.	Ein Tensid der „Luxusklasse". Überaus hautfreundlich.
Glyzinderivat	Rewoteric AM 2C/NM	Sog. amphoteres Tensid. Extrem mild. Gute Verteilung auf Haut und Haar (Haare laden sich elektrisch nicht auf). 30 % WAS-Konzentration.	Gleichwertig Lamepon S. Ideal für Kindershampoo „ohne Tränen", Babyseifen usw.
Betain	Tegobetain L 7	Verwandt einem natürlichen Stoff in der Zuckerrübe. Völlig ungiftig, 30 % WAS-Konzentration.	Sehr mild und hautfreundlich. Besonders geeignet für Kindershampoos „ohne Tränen".
Verdickungsmittel		Eigenschaften	Bewertung
Substanz	Handelsname		
	Rewoderm Li 420	Geruchlos. Auch in größeren Mengen zusetzbar. Nicht rückfettend. 70 % WAS-Konzentration (erhöht also die Gesamt-WAS)	Sehr gut geeignetes Mittel ohne schädliche Nebenwirkungen.
Zusatzmittel			
	Nutrilan	Eiweißhydrolysat (aus Kollagen). Bildet *schützenden Film* auf Haut und Haar, gibt Substantivität.	hautfreundlich, da hautverwandt durch Kollagenbasis.
Quats	Croquat L	*Verhindert elektrische Aufladung* der Haare nach Waschen, gibt Substantivität.	Mildes Mittel ohne schädliche Nebenwirkungen

Parfüms und Kräuter für die Seifen

Damit auch die Nase etwas von der vielen Reinlichkeit hat, können Sie Ihre Waschemulsion natürlich auch parfümieren. Das geht mit ätherischen Ölen oder speziellen Parfümstoffen. Hier gilt dasselbe, was wir schon bei den Cremes gesagt haben. Bei verschiedenen ätherischen Ölen kann die durch den Verdicker eingestellte Zähflüssigkeit wieder verringert werden. Da müssen Sie einfach nur zusätzlichen Verdicker nachmischen.

Selbstverständlich können Sie auch Kräuterextrakte unterrühren, die Sie zum Beispiel durch Aufguß selbst gewinnen können. Den teeähnlichen Extrakt verwenden Sie dann anstelle des destillierten oder entmineralisierten Wassers.

Wasser zum Verdünnen der Konzentrate

Das Wasser zum Verdünnen darf nicht zu hart sein; zumindest darf es keinen höheren Härtegrad als 10 bis 15 dH (deutsche Härte) haben (Wasserwerk fragen).
Um allen Problemen aus dem Weg zu gehen, verwenden Sie am besten ent-

Abb. 32: Natürlich kann man auch Waschemulsionen parfümieren und mit Kräuteressenzen versetzen. Die Pflanzen auf diesem Bild liefern die Rohstoffe.

mineralisiertes Wasser aus der Drogerie. Hartes Wasser schränkt nämlich die Schaumbildung ein. Wenn Sie trotz allem Wasser aus der Wasserleitung nehmen – was durchaus möglich ist –, dann sollten Sie es aus hygienischen Gründen kurz aufkochen, damit eventuell vorhandene Krankheitskeime abgetötet werden.

Das Anrühren der Waschemulsionen

Im Gegensatz zur Creme-Herstellung ist das Anrühren der Waschemulsion ein Kinderspiel. Es geht sozusagen im Handumdrehen, denn mehr als 2 bis 3 Minuten muß man in der Regel nicht investieren.

Natürlich braucht man noch etwas Zeit für das Beschaffen der verschiedenen Zutaten. Daß dies bequem und preiswert geschieht, dafür haben wir gesorgt (vgl. Beschaffungsnachweis).

Im Prinzip benötigen Sie nur ein Glas zum Anrühren und einen Rührstab. Am besten verwenden Sie dazu dieselben Becher und Gläser, die auch bei der Creme-Herstellung gebraucht werden. 100 bis 150 ml Inhalt sind gerade richtig. Die Bechergläser besitzen Meßskalen, so daß das Abwiegen der Basissubstanzen entfällt. Da diese Substanzen fast alle ein etwa ähnliches spezifisches Gewicht wie Wasser haben, entspricht ein Milliliter (ml) ungefähr einem Gramm (g) in der Rezeptur. Der leichte Fehler verfälscht jedenfalls nicht das Ergebnis.

Die Substanzen sollten bei der Mischung etwa 20 bis 30 °C warm sein. Zimmertemperatur reicht jedenfalls aus. Wenn sie sie leicht auf 40 °C erwärmen, geht das Vermischen etwas leichter.

Geben Sie zunächst die *Tenside* in das Mischglas, dann das *Verdickungsmittel* und verrühren Sie beides miteinander. Zum Rühren empfiehlt sich wieder der Glasstab aus der Creme-Herstellung. Es geht aber auch mit einem Eierlöffel oder einem Holzspatel.

Dann geben Sie das Wasser hinzu und rühren alles so lange, bis die Mischung sich verdickt. Das geht bei

Sulfat- und Eiweißhydrolysat-Tensiden relativ schnell. Etwas länger kann es bei Betainen und Glycinderivaten dauern.

Dabei kann zunächst eine sehr dickflüssige bzw. cremige Substanz entstehen. Sie verdünnt sich in der Regel jedoch erheblich, wenn Sie Parfüm oder ätherische Öle hinzufügen. Mit nachträglich zugemischtem Verdickungsmittel, das ja auch eine Art Seife darstellt, können Sie die Konsistenz nach Ihrer Vorstellung einstellen. Aber

Abb. 33: Das Anrühren der Waschemulsion dauert nur 2 bis 3 Minuten.

aufpassen: das Verdickungsmittel muß gut und gleichmäßig verrührt werden; erst dann wirkt es.

Beim Vermischen bleibt es nicht aus, daß sich Bläschen bilden. Die Waschemulsion wird dadurch in der Regel milchig trüb. Bei manchen Rezepturen steigen die Bläschen im Laufe von einigen Stunden wieder nach oben und verflüchtigen sich. Die Emulsion wird dann ganz klar.

Wenn die Emulsion trüb bleibt, dann liegt das in der Regel am zugemischten Rückfettungsöl bzw. am Parfüm oder ätherischen Ölen, die sich oft in Form von feinsten Tröpfchen in der Lösung verteilen.

In einigen Fällen kann es auch passieren, daß sich einige Substanzen mit der Zeit absetzen. Dies ist nicht weiter schlimm; man muß dann nur vor Gebrauch einmal kräftig schütteln.

Wenn Sie wollen, können Sie die Mixturen auch mit ein paar Tropfen Lebensmittelfarbe tönen.

Shampoos werden auf die gleiche Weise hergestellt wie die Waschemulsionen.

Füllen Sie die fertig gemischten Emulsionen in eine Plastikflasche ab, die mit einem kleine Spritzverschluß besonders gute Dosierungen möglich machen. Weil die Flaschen elastisch sind, läßt sich die Seife leicht herausdrücken. Besonders komfortabel sind kleine Pumpspender.

Unsere nicht konservierten Waschemulsionen und Shampoos halten sich selbst in der warmen Sommerzeit bis zu 2 Monaten. Trotzdem sollten Sie pro Person nicht mehr als 100 bis 150 ml anrühren. Und denken Sie daran: unkonservierte Mittel dürfen Sie nicht verkaufen. Da gelten dieselben Re-

geln wie bei den Cremes. Natürlich ist nichts dagegen einzuwenden, wenn Sie diese milden Luxusseifen verschenken wollen.

Wir sagten schon, daß unsere Tenside in konzentrierter Form vorliegen: *Zetesol 856 T* beispielsweise mit einer WAS-Konzentration von 56 %, *Lamepon* mit 30 %, *Tegobetain L 7* mit 30 % und das Glycinderivat *Rewoteric AM 2 C/NM* mit 39 %.

Wenn Sie zusätzlich zu unseren Vorschlägen eigene Rezepte entwickeln wollen, dann können Sie nach untenstehender Tabelle die Wassermengen entnehmen, die Sie jeweils hinzufügen müssen. Die Normalkonzentration an WAS beträgt — wie gesagt — 15 %. Für Badegele und Spülmittel werden auch 20 % und für leichte Seifen 10 % genommen.

Hier ein Beispiel:

Nehmen wir an, Sie wollen 10 ml *Zetesol* und 20 ml *Lamepon* zu einer 15 %igen Waschlösung vermischen. Dann benötigen Sie:

```
  10 x 2,73 ml  =  27,3 ml Wasser
+ 20 x 1,00 ml  =  20,0 ml Wasser
insgesamt also   47,3 ml Wasser
```

Sie erhalten dann 47,3 ml + 10 ml + 20 ml = 77,3 ml Waschlösung.

Ein anderes Beispiel:

25 ml Betain und 30 ml Glycinderivat sollen zu einer 20 %igen Lösung gemischt werden. Dann benötigen Sie:

```
  25 x 0,50 ml  =  12,5 ml Wasser
+ 30 x 0,95 ml  =  28,5 ml Wasser
insgesamt also   41,0 ml Wasser
```

Ergibt 41 ml + 25 ml + 30 ml = 96 ml Lösung.

Letztes Beispiel:

Für eine 10 %ige WAS-Mischung aus 15 ml Zetesol und 20 ml Glycinderivat benötigen Sie:

```
  15 x 4,6 ml  =   69 ml Wasser
+ 20 x 2,9 ml  =   58 ml Wasser
insgesamt also  127 ml Wasser
```

Eigentlich müßten bei der Wassermenge auch die anderen Zusatzsubstanzen berücksichtigt werden. Da es sich aber um relativ geringe Mengen handelt, wollen wir nicht päpstlicher als der Papst sein und das vernachlässigen.

Tensid	Wasserzugabe für gewünschte WAS-Konzentration		
1 ml	10 % WAS	15 % WAS	20 % WAS
Zetesol 856 T	4,6 ml	2,73 ml	1,8 ml
Lamepon S	2,0 ml	1,0 ml	0,5 ml
Betain (30 %)	2,0 ml	1,0 ml	0,5 ml
Glycinderivat (39 %)	2,9 ml	1,6 ml	0,95 ml

Die folgenden Rezepte sollen Ihnen nur einen Anhaltspunkt geben. Wenn Sie die Grundsubstanzen zur Verfügung haben, können Sie natürlich die verschiedensten eigenen Abwandlungen probieren. Es empfiehlt sich ohnehin, eine Mindestmenge aller Tenside zu besorgen; dann können Sie die Ihnen am meisten zusagenden auswählen. Da die Tenside nicht sehr teuer sind, kann man da schon einmal etwas riskieren. Ein Tensid, das Ihnen ganz und gar nicht gefällt, können Sie immer noch als Feinwaschmittel für Ihre Wollsachen oder als Geschirrspülmittel verwenden.

Rezepte, Rezepte...

Grundsätzlich kann jedes Basis-Tensid für sich allein als waschaktive Substanz (WAS) in den folgenden Rezepturen verwendet werden. Wenn Sie eine extrem empfindliche Haut haben, sollten Sie aber probeweise das eine oder andere Tensid isoliert ausprobieren – natürlich entsprechend verdünnt (wie Sie die Verdünnung berechnen, haben wir im vorigen Abschnitt beschrieben). Das hat den Vorteil, daß Sie – sollten Sie mit der einen oder anderen Kombinationsrezeptur Probleme haben –, den Übeltäter einfach ausschalten. Das ist ja der Vorteil bei selbst hergestellten Seifen: hier kann man wirklich eine individuelle Mischung zusammenstellen, die mit der Scheinindividualität nichts zu tun hat, die die Werbung der Kosmetikindustrie verspricht.

Ich, Jean Pütz, habe nach der Wäsche mit einem der üblichen Shampoos immer stark aufgeladene Haare, so daß ich stets einen aufgeblähten, ungepflegten Wuschelkopf tragen mußte. Erst nach zwei bis drei Tagen legte sich das. Da ich Haarfestiger und Pomade hasse wie die Pest, mußte ich mich mehr oder weniger damit abfinden. Jetzt habe ich für mich persönlich das ideale Haarwaschmittel in mehreren Anläufen herausgefunden. Ähnlich geht es Christine Niklas.

Sie können bei der individuellen Anpassung von Seifen und Shampoos von unseren Rezepten abweichen. So können Sie zum Beispiel ein paar Tropfen Zitronensaft hinzufügen, wenn Sie den pH-Wert auf hautfreundliche Werte unter 5,5 einstellen wollen. Experimentieren Sie also ganz nach Ihren Wünschen; Sie werden sehen, es macht großen Spaß.

Wir haben die folgenden Rezepte also so gestaltet, daß die *endgültige Waschemulsionsmenge etwa 100 ml* ergibt. Pro Person reicht das für 2 bis 4 Wochen. Wir erwähnten auch schon, daß Sie unsere Mengenangaben in ml durch g ersetzen können, wenn Sie lieber abwiegen wollen.

Wasch- und Duschemulsionen

Sie haben in sämtlichen Rezepten einen Anteil an waschaktiver Substanz (WAS) von 15 %, sofern nichts anders vermerkt ist.

Für trockene, empfindliche Haut

Dieses Rezept ist außerordentlich mild. Sie brauchen folgende Zutaten:

①	20 ml Lamepon S
②	20 ml Rewoteric AM 2 C/NM
③	5 bis 10 ml Rewoderm Li 420
④	5 ml Sonnenblumenöl
⑤	10 ml Mulsifan CPA
⑥	10 bis 20 Tropfen Parfüm/ätherische Öle
⑦	52 ml Wasser
⑧	evtl. 10 Tropfen Zitronensaft oder 2 bis 5 Tropfen Zitronensaftkonzentrat

Die Zutaten ① und ② sind die eigentlichen Tenside, ① ist ein Eiweißkondensat (ein anionisches Waschmittel), ② als Glycinderivat ein neutrales bzw. amphoteres Tensid. ③ ist der Verdicker, dessen Menge Sie je nach gewünschter Zähflüssigkeit festlegen können, ⑤ der Emulgator.

Geben Sie die Substanzen ① und ② in das Mischgefäß. Fügen Sie von Substanz ③ etwa 5 ml hinzu und verrühren Sie alles. Die Mischung verdickt sich zum Gel. Dann folgt das Wasser ⑧. Geben Sie danach die Substanzen ④, ⑤ und ⑥ hinzu und verrühren Sie alles noch einmal gründlich. Mit ⑧ können Sie den pH-Wert auf etwa 5,5 senken. Wenn die Emulsion zu flüssig ist, können Sie von der Substanz ③ noch etwas hinzugeben. Ist die Seife hingegen zu dick geworden, dann können Sie noch etwas ätherisches Öl oder Parfüm nachmischen, auch mehr Wasser zugeben. Der Waschkraft tut es keinen Abbruch; denn das Verdickungsmittel besitzt ja selbst waschaktive Wirkung.

Sie erhalten eine helle, cremige Lotion, an die man sich wegen des leichten Eigengeruchs des Lamepon etwas gewöhnen muß. Wir finden aber, daß es durchaus angenehm riecht. Sie müssen die Vereinbarkeit dieses Lamepongeruchs mit den zugefügten Parfümölen einfach einmal ausprobieren. Wenn Sie Salbei oder Thymianöl in die Rezeptur geben, erhalten Sie eine Kräuterseife, die bei strapazierter Haut (Wundscheuern, Sonnenbrand usw.) Linderung bringt. Natürlich können Sie auch andere Kräuterextrakte oder Teeauszüge anstelle des Wassers zugeben. (Zu Teeauszügen gibt es viele gute Tips im *Hobbythek-Buch 10*.)

Noch ein Waschgel für trockene, empfindliche Haut

Dieses Rezept ergibt ein sehr mildes und zugleich stark rückfettendes Waschgel. Wir empfehlen es jedem, der extrem trockene Haut hat.

①	25 ml Lamepon S
②	20 ml Tegobetain L 7
③	8–10 ml Rewoderm Li 420
④	5 ml Sonnenblumenöl
⑤	10 ml Mulsifan CPA oder Oxypon 288
⑥	10 bis 20 Tropfen Parfüm oder ätherische Öle
⑦	45 ml Wasser
⑧	evtl. 5 Tropfen Zitronensaft oder 3 Tropfen Konzentrat

Die Mischung geht wie bei dem vorher beschriebenen Rezept.

Eine Waschemulsion für trockene bis normale Haut

①	15 ml Zetesol 856
②	20 ml Tegobetain L 7
③	5 ml Rewoderm Li 420
④	5 ml Sonnenblumenöl
⑤	10 ml Mulsifan CPA oder Oxypon 288
⑥	20 Tropfen Nutrilan
⑦	10 bis 20 Tropfen Parfüm, zusätzlich evtl. ätherische Öle
⑧	60 ml Wasser
⑨	evtl. 10 Tropfen Zitronensaft oder 5 Tropfen Konzentrat

Die Substanzen ① und ② sind wieder die Tenside, ③ das Verdickungsmittel, ④ und ⑤ Substanzen zur Rückfettung, ⑥ das Eiweißhydrolisat. Mit den übrigen Zutaten ergibt das eine 15 %ige WAS-Emulsion. Wenn Ihre Haut leicht saure Seife bevorzugt, können Sie mit dem Zitronensaft den pH-Wert auf 5,5 einstellen.
Und so wird die Seife zubereitet:
Die Substanzen ①, ② und ③ miteinander solange verrühren, bis ein gleichmäßiger Gel entsteht. Dann die Substanzen ⑤ bis ⑧ hinzufügen und wieder gut mischen. Wenn Ihnen alles zu dickflüssig erscheint, einfach etwas Wasser nachgießen. Ist sie zu dünn, dann noch etwas Verdickungsmittel (③) zugeben und weiter gut verrühren. Nach ein bis zwei Minuten müßte alles fertig sein. Am Schluß Zitronensaft unterrühren.

Für dieselbe Haut eignet sich auch folgendes Rezept:

①	15 ml Zetesol 856 T
②	20 ml Lamepon S
③	3 bis 5 ml Rewoderm Li 420
④	5 ml Sonnenblumenöl
⑤	10 ml Mulsifan CPA oder Oxypon 288
⑥	10 bis 20 Tropfen Parfüm oder/ und zusätzlich ätherische Öle
⑦	60 ml Wasser
⑧	10 Tropfen Zitronensaft oder 5 Tropfen Konzentrat

Gemischt wird alles wie beim vorhergehenden Rezept beschrieben.

Waschemulsion für normale Haut

Diese Emulsion ist so beschaffen, daß Sie sich damit auch häufig waschen können. Sie ist mild genug. Dieses Rezept ist also geradezu ideal für alle, die sich aus beruflichen, sportlichen oder sonstigen Gründen häufig waschen müssen.

①	20 ml Lamepon S
②	20 ml Rewoteric AM 2 C/NM
③	5 bis 8 ml Rewoderm Li 420
④	10 bis 30 Tropfen Parfüm oder ätherisches Öl bzw. Kräuterextrakte
⑤	52 ml Wasser
⑥	evtl. 10 Tropfen Zitronensaft oder 5 Tropfen Konzentrat

Die Substanzen ①, ② und ③ mischen. Erst danach Substanzen ④ und ⑤ hinzufügen und die gewünschte Zähflüssigkeit einstellen. Wird die Mischung zu dick, dann zusätzlich noch etwas Öl oder von der Substanz ⑤ hinzufügen. Ist sie zu dünn, dann mit Substanz ③ ausgleichen.

Zum Schluß alles gut verrühren, bis sich die Zähflüssigkeit nicht mehr verändert.

Für denselben Zweck eignet sich auch folgendes Rezept:

①	15 ml Zetesol 856 T
②	15 ml Rewoteric AM 2 C/NM
③	3 bis 5 ml Rewoderm Li 420
④	ev. 5 ml Oxypon 288
⑤	10 bis 20 Tropfen Parfümöl oder ätherische Öle
⑥	64 ml Wasser
⑦	ev. 1 TL Zitronensaft oder 10 Tr. Konzentrat

Zubereitung wie beim vorhergehenden Rezept.

Eine Emulsion mit hoher Reinigungskraft für normale Haut

①	20 ml Zetesol 856 T
②	10 ml Lamepon S
③	3 ml Rewoderm Li 420
④	20 Tropfen Nutrilan
⑤	5 ml Mulsifan oder Oxypon
⑥	20 Tropfen ätherische Öle oder Parfümöl
⑦	64 ml Wasser
⑧	evtl. 10 Tropfen Zitronensaft oder 5 Tropfen Konzentrat

Die Zubereitung erfolgt wie bei den vorhergehenden Emulsionen.

Abb. 34: Waschemulsion aus dem praktischen Pumpspender.

Hier noch eine Variante:

①	20 ml Zetesol 856 T
②	10 ml Rewoteric AM 2 C/NM
③	3 bis 5 ml Rewoderm Li 420
④	20 Tropfen Nutrilan
⑤	5 ml Mulsifan oder Oxypon
⑥	20 Tropfen ätherisches Öl oder Parfümöl
⑦	70 ml Wasser
⑧	evtl. 10 Tropfen Zitronensaft oder 5 Tropfen Konzentrat

Eine milde Emulsion für fettige, empfindliche Haut

①	10 ml Zetesol 856 T
②	20 ml Lamepon S
③	5 ml Rewoderm Li 420
④	20 Tropfen Nutrilan
⑤	10 Tropfen D-Panthenol (50 %)
⑥	10 Tropfen Bisabolol (ein Stoff aus der Kamille)
⑦	5 Tropfen Salbei
⑧	Parfümöl
⑨	47 ml Wasser

⑩ evtl. 10 Tropfen Zitronensaft oder
5 Tropfen Konzentrat

Diese Rezeptur ist besonders für Menschen mit fettiger Haut geeignet, die von Akne geplagt werden. Die Substanzen ⑤, ⑥ und ⑦ sind entzündungshemmend, weshalb wir sie auch bei der Zubereitung entsprechender Cremes schon verwendet haben.

Das Parfüm kann auch weggelassen werden, was bei besonders empfindlicher Haut sogar zu empfehlen ist. Auch bei der Reduzierung des pH-Wertes durch Zitronensaft evtl. vorsichtig vorgehen.

Waschemulsion für fettige bis normale Haut

Das folgende Rezept hat eine besonders hohe Reinigungskraft.

① 20 ml Zetesol 856 T
② 10 ml Rewoteric AM 2 C/NM
③ 5 ml Rewoderm Li 420
④ 15 Tropfen Nutrilan
⑤ Parfümöl
⑥ 70 ml Wasser
⑦ evtl. 5 Tropfen Zitronensaft oder 3 Tropfen Konzentrat

Gute Erfahrungen haben wir auch mit diesem Rezept gemacht:

① 20 ml Zetesol 856 T
② 15 ml Lamepon S
③ 3 bis 5 ml Rewoderm Li 420
④ 10 Tropfen Nutrilan
⑤ Parfümöl
⑥ 70 ml Wasser

Eine Seife für trockene und normale Gesichtshaut

Der Gesichtshaut sollte man ja besonderer Aufmerksamkeit widmen. Andererseits braucht man von solchen Waschemulsionen keine sehr großen Mengen, weshalb hier die einzelnen Zutaten auch verringert wurden.

① 10 ml Lamepon S
② 10 ml Rewoteric AM 2 C/NM
③ 1 TL Rewoderm Li 420
④ 2 TL Mulsifan CPA oder Oxypon
⑤ 1 TL Sonnenblumen- oder Maiskeimöl
⑥ evtl. 10 Tropfen Nutrilan
⑦ evtl. Parfümöle
⑧ 25 ml Wasser
⑨ evtl. 5 Tropfen Zitronensaft

Hier noch eine zweite Rezeptur für dieselbe Haut:

① 10 ml Rewoteric AM 2 C/NM
② 10 ml Tegobetain L 7
③ 1 bis 2 TL Rewoderm Li 420
④ 2 TL Mulsifan CPA oder Oxypon
⑤ 1 TL Sonnenblumen-, Weizenkeim- oder Avocadoöl
⑥ evtl. 10 Tropfen Nutrilan
⑦ evtl. Parfümöle
⑧ 25 ml Wasser
⑨ evtl. 5 Tropfen Zitronensaft

Waschemulsion für fettige Gesichtshaut ohne Akne

① 10 ml Lamepon S
② 10 ml Rewoteric AM 2 C/NM

③ 1 bis 1 1/2 TL Rewoderm Li 420
④ evtl. 5 Tropfen Nutrilan
⑤ evtl. Parfümöle
⑥ evtl. 1 TL Zitronensaft oder ½ TL Konzentrat
⑦ 25 ml Wasser

Sie können auch dieses Rezept ausprobieren:

① 10 ml Rewoteric AM 2 C/NM
② 10 ml Tegobetain L 7
③ 1 bis 2 TL Rewoderm Li 420
④ evtl. 5 Tropfen Nutrilan
⑤ evtl. Parfümöl
⑥ evtl. 1 TL Zitronensaft oder ½ TL Konzentrat
⑦ 25 ml Wasser

Waschemulsion für fettige Gesichtshaut mit Akne

① 10 ml Lamepon S
② 10 ml Rewoteric AM 2 C/NM
③ 1 bis 1 1/2 TL Rewoderm Li 420
④ 5 Tropfen Bisabolol und/oder 10 Tropfen D-Panthenol (50 %)
⑤ 5 Tropfen Salbeiöl
⑥ 20 ml Wasser

Bei dieser Rezeptur empfehlen wir kein Parfüm und auch keinen Zitronensaft, weil der pH-Wert ohnehin bei ca. 6 liegt. Seifen Sie Ihr Gesicht mit der Emulsion ein und lassen Sie sie 1 bis 2 Minuten einwirken; danach gut abspülen.

Waschgel für strapazierte Haut

① 10 ml Lamepon S
② 10 ml Rewoteric AM 2 C/NM

Abb. 35: Unsere milden Emulsionen gestatten selbst bei Kindern ein Waschen ohne Tränen.

Wie kompliziert der Aufbau des ganz gewöhnlichen Haares ist, verdeutlicht Ihnen vielleicht die Tatsache, daß der genaue Haaraufbau bis ins letzte Detail immer noch nicht erforscht ist. So viel weiß man aber, daß die Kittsubstanz – die immerhin 40 % der gesamten Rinde ausmacht – für das Haar von besonderer Wichtigkeit ist. Wir werden gleich noch sehen, daß sie bei der dauerhaften Verformung der Haare zum Beispiel bei Dauerwellen beeinträchtigt werden kann.

In der Rinde sitzen schließlich auch die *Haarpigmente*, von denen die Haarfarbe abhängt.

Die Schuppenschicht

Sie hat, wie gesagt, nichts mit den Schuppen zu tun, die durch abgestoßene Hautzellen entstehen und sehr störend wirken.

Die Schuppenschicht bildet die äußere Ummantelung des Haarschaftes. Sie macht etwa 10 % des gesamten Haares aus. Dieser Mantel bildet sich aus etwa 5 bis 10 Schichten flacher Schuppen. Wie Fisch-Schuppen oder Dachziegel liegen sie dicht übereinander, und auch sie werden durch eine kittähnliche Substanz miteinander und mit ihrer Unterlage verklebt. Diese Schuppen schützen die Fibrillen der Rinde. Man ist sich noch nicht sicher, ob es noch einen weiteren äußeren Überzug aus Protein gibt und ob dieser vielleicht den guten Zusammenhalt der Schuppen bewirkt.

Die Schuppenschicht selbst enthält keine natürlichen Farbpigmente; sie ist jedoch durchsichtig und läßt deshalb die Farbe aus der Haarrinde sichtbar werden.

Die Schuppenränder sind immer zur Haarspitze hin gerichtet. Bei gesundem und gut gepflegtem Haar liegen die Schuppen ganz flach aufeinander, sie bilden dadurch eine derart glatte Oberfläche, daß das darauf fallende Licht reflektiert wird. Durch chemische oder mechanische Beanspruchung können die Schuppen sich jedoch zum Teil aufrichten und vom Haarschaft abspreizen. Auf *Abbildung 40* können Sie das auf einer mikroskopischen Aufnahme gut sehen. Solche abgespreizten Haarschuppen reflektieren das Licht natürlich nicht. Die Haare wirken deshalb stumpf.

Aber nicht nur chemische Behandlungen wie z.B. *Bleichen, Färben* und *Dauerwellen* strapazieren die Haare, sondern auch Lockenwickler oder allein schon das Kämmen. Das ist vor allem bei strukturgeschädigten Haaren der Fall. Dort lösen sich zunächst die Kittsubstanz und dann ein Teil der Schuppen; das Haar ist „kaputt".

Abb. 40: Bei geschädigten Haaren stehen die Schuppen ab und machen das Haar stumpf.

Das Abspreizen der Haarschuppen wird bei chemischen Behandlungen immer alkalisch bewirkt – also durch eine Lauge. Deshalb sorgt eine saure Spülung nach der alkalischen Behandlung dafür, daß sich die Schuppen wieder anlegen (Säuren neutralisieren Laugen). Allerdings sollte man daraus nicht schließen, daß sich *jede* Haarschädigung wieder reparieren ließe.

Die Haarform

Jeder kennt die Unterscheidung zwischen *normalem, dickem* und *dünnem* Haar. Bei mitteleuropäischen Menschen hat das Haar durchschnittlich einen Durchmesser von 0,06 mm. Bei 0,05 mm hätte man also dünnes Haar und bei allem, was über 0,07 mm liegt, würde man von dickem Haar sprechen. Immerhin können besonders dicke Haare 0,15 mm stark sein.

Aber wußten Sie, daß es flache oder fast rechteckige Haare gibt?

Der *Querschnitt* des Haares ist verantwortlich dafür, wie sich die Haare insgesamt formen. Haare mit rundem Querschnitt wachsen meist sehr gerade und kräftig. Typische Beispiele sind dafür die Haare der Ostasiaten und der Mongolen. Ein fast rechteckiger Querschnitt ergibt lockiges bis krauses Haar, wie man es etwa bei den Negroiden findet. Aber es gibt auch rhombenförmige und ellipsenartige Querschnitte bei den Haaren. Besonders schwer zu frisieren sind Haare mit bandartigem Querschnitt, der sehr flach und entsprechend breit ist.

Beim Lockenwickeln spielt der Querschnitt des Haares eine wichtige

③ 1 bis 1½ TL Rewoderm Li 420
④ 20 Tropfen Nutrilan
⑤ 5 Tropfen D-Panthenol (50 %) + 5 Tropfen Bisabolol oder sonstige entzündungshemmende Kräuterextrakte
⑥ 25 ml Wasser
⑦ 10 Tr. Zitronensaft oder 5 Tr. Konzentrat

Seifen Sie sich damit vorsichtig ein und lassen Sie den Gel 2 Minuten einwirken. Abspülen und anschließend mit unserer Spezialcreme für strapazierte Haut (vgl. *Seite 74*) eincremen.

After-Sun-Duschgel

Er ist vor allem bei Haut zu empfehlen, die durch Sonnenbrand gefährdet ist.

① 10 ml Lamepon S
② 10 ml Rewoteric AM 2 C/NM
③ 1 bis 1½ TL Rewoderm Li 420
④ 10 bis 15 Tropfen Aloe Vera (10fach konzentriert)
⑤ 5 Tropfen D-Panthenol (50 %) oder sonstige entzündungshemmende Kräuterextrakte
⑥ 25 ml Wasser

Ein Baby-Waschgel

① 10 ml Lamepon S
② 10 ml Tegobetain oder Rewoteric AM B13
③ 1 bis 1 1/2 TL Rewoderm Li 420
④ 25 ml Wasser

Dieses Gel reizt praktisch überhaupt nicht – nicht einmal die Augen. Selbst eine Gesichtswäsche wird da ohne Tränen möglich. Selbstverständlich ist dieser Waschgel völlig ungiftig.
Natürlich ist er nicht nur fürs Baby gut, sondern auch für empfindliche Haut von Erwachsenen.

Intim-Waschmittel

① 10 ml Lamepon S
② 10 ml Rewoteric AM 2 C/NM
③ 1 TL Rewoderm Li 420
④ 2 Tropfen ätherisches Öl vom Thymian + 2 Tropfen Salbeiöl
⑤ 25 ml Wasser

Ein kräftiges Handwaschmittel

Es hat ausnahmsweise eine WAS-Konzentration von 20 %, die bei schmutzigen Händen für die nötige Sauberkeit sorgt.

① 25 ml Zetesol 856 T
② 10 ml Rewoteric AM 2 C/NM oder 10 ml Tegobetain L 7
③ 3 bis 5 ml Rewoderm Li 420
④ evtl. 10 Tropfen Nutrilan
⑤ Parfüm
⑥ 55 ml Wasser

Wenn Sie von der Substanz ③ (Rewoderm Li 420) mehr nehmen, können Sie eine Handwasch*paste* erzeugen. Wenn Sie zugleich eine scheuernde Wirkung erzielen wollen, dann mischen Sie 25 g feinen Vogelsand unter die Paste. Sie erhalten dann zwar

noch nicht jenes aggressive Scheuermittel, das in Autowerkstätten unter der Bezeichnung „Grüne Tante" läuft; dafür ist unser Mittel aber auch wesentlich weniger strapaziös für die Haut.

Hier noch eine ausgezeichnete Rasiercreme

Nehmen Sie:

① 20 g Lamepon S
② 20 g Tegobetain L 7
③ 10 g Mulsifan
④ 5 g Avocadoöl oder andere
⑤ 10 g Rewoderm Li 420
⑥ 10 Tr. Nutrilan
⑦ 30 g Wasser
Parfümieren nach Belieben

Die Zubereitung ist wie bei den Waschemulsionen.
Tragen Sie die Rasiercreme wie eine Hautcreme auf und verschäumen Sie sie mit dem Rasierpinsel. Wenn der Schaum nicht ganz so stabil ist, tut das der den Bart aufweichenden Wirkung keinen Abbruch. Sie haben jedenfalls eine extrem milde Rasierseife – die Haut fühlt sich danach wie ein Kinderpopo an. Intensiveren Schaum erhalten Sie unter Zumischung von Zetesol.

Kräuterschaumbad

Die 3 folgenden Rezepte haben eine WAS-Konzentration von rund 20 %. Trotzdem sind diese Bäder sehr mild. Die 3 Rezepte haben unterschiedliche

Wirkungen: das erste wirkt belebend, das zweite beruhigend, und das dritte hilft bei Erkältung.

Die Mischung mit *belebender* Wirkung:

①	30 ml	Zetesol 856 T
②	10 ml	Lamepon S
③	3 ml	Rewoderm Li 420
④	5 ml	Oxypon
⑤	50 ml	Wasser
⑥	2 ml	ätherisches Rosmarinöl
	1 ml	ätherisches Fichtenna- delöl
	1 ml	ätherisches Thymianöl

Das Schaumbad mit *beruhigender* Wirkung:
Hier nehmen Sie die Bestandteile wie beim vorhergehenden Rezept, tauschen aber die ätherischen Öle gegen folgende aus:

⑥	3 ml	ätherisches Melissenöl
	1 ml	ätherisches Fenchelöl
	1 ml	ätherisches Salbeiöl

Und schließlich das Rezept für *Erkältungen*:

Auch hier werden nur die ätherischen Öle ausgetauscht, und zwar in:

⑥	1 ml	ätherisches Pfefferminzöl
	1 ml	ätherisches Eukalyptusöl
	1 ml	ätherisches Latschenkie- feröl
	1 ml	ätherisches Thymianöl
	1 ml	ätherisches Rosmarinöl
	1 paar	Tropfen Kampfer

Ein garantiert ungiftiges Geschirrspülmittel

Von den zahllosen Geschirrspülmitteln hört man immer wieder – und das gewiß nicht zu unrecht – daß sie Rückstände auf dem Geschirr hinterlassen, die nicht problemlos sind. Deshalb soll man auch mit klarem Wasser nachspülen. Jedes Risiko und das Nachspülen können Sie sich sparen, wenn Sie die von uns empfohlenen Betaine verwenden. Man kann sie entweder pur nehmen (1 Spritzer ins Becken) oder sie auf 15 % WAS verdünnen. Dann brauchen Sie auf die Dosierung nicht so genau zu achten.

Die Haare –
Ihr schönster Schmuck

Was nützte Ihnen die schönste Haut, wenn Sie ungepflegte, stumpfe Haare hätten? Aber was sagen wir da… Wer seine Haut pflegt, vernachlässigt auch die Haare nicht.

Nun muß allerdings im Hinblick auf Pflegemittel für die Haare ebensoviel Kritisches gesagt werden wie im Hinblick auf Hautpflegemittel. Da gibt es unter klingendem Namen manches, was den Haaren ganz und gar nicht guttut – im Zusammenhang mit unserer kleinen Seifenkunde sind wir schon darauf eingegangen. Deshalb haben wir uns darangemacht, mit zum Teil denselben milden Substanzen, die wir für Hautpflegemittel verwenden, Shampoos und Haarkuren für die verschiedensten Haartypen und Belastungen der Haare zusammenzustellen. Auch hier gilt also wieder, daß Sie wirklich individuell auf Ihre Haare zugeschnittene Pflegemittel selbst herstellen können.

Dazu genügt es auch bei den Haaren nicht, einfach nur ein paar Rezepte aneinanderzureihen. Wie bei der Haut, wollen wir Ihnen zunächst sagen, was ein Haar überhaupt ist, wie überaus sinnreich und zugleich empfindlich es gebaut ist, wodurch es Schaden nehmen kann und wie man es gesund, geschmeidig und schön erhalten kann.

Nun wissen auch wir, daß „schädlich" und „nützlich" beim Thema Haare schnell zu einem Widerstreit zwischen „schön" und weniger „schön" werden kann – denken Sie nur an Färben und Dauerwelle. Beides belastet das Haar. Wir wollen es Ihnen nicht vergraulen, sondern Ihnen nur ein paar Tips für Vermeidbares geben.

„Mit Haut und Haaren" meint: der ganze Mensch. Den ganzen Menschen zu pflegen ist auch das Ziel dieses Bu-

ches. Nach der Haut nun also die Haare…

Was Sie über Ihr Haar wissen sollten

Der Urmensch war wesentlich behaarter als der neuzeitliche *homo sapiens*. Seine Behaarung hatte vor allem die Aufgabe, vor Sonne und Kälte zu schützen. Für uns hingegen ist das Haar einer der wesentlichen schmückenden Bestandteile unseres Körpers. Deshalb achten auch fast alle Menschen auf das gute Aussehen und die Gesundheit ihrer Haare. Schönes Haar will aber auch gepflegt sein. Und da genügt es nicht, es mit irgendwelchen Mitteln zu waschen. Denn falsches Waschen kann für Ihre Haare eine Strapaze sein, die sie nur schwer verkraften.

Haare sind nämlich überaus komplizierte und auch empfindliche Gebilde. Schauen wir sie uns deshalb einmal genauer an. Oder wissen Sie, wie Ihr Haar gebaut ist und wie es wächst?

Der Mensch hat im Durchschnitt 90000 bis 100000 Haare auf dem Kopf. Bei dickem Haar können es auch einmal nur 80000, bei dünnem Haar sogar 120000 sein.

Schon der Embryo bildet im Mutterleib nach dem dritten Monat die ersten Haare. Sie sind bereits mit all den feinen Mechanismen ausgestattet, die der Mensch später braucht. Dazu gehört auch ein Überbleibsel aus der Frühzeit des Menschen, das sich in der sogenannten Gänsehaut äußert. Sie wird durch den Haaraufrichtemuskel ausgelöst, der an jeder einzelnen Haarwurzel sitzt und bei Kälte das

Haar aufstellt. Sie kennen das vielleicht von frierenden Tieren, die durch ein aufgeplustertes Fell ein dickes, wärmeisolierendes Luftpolster zwischen ihren Haaren entstehen lassen. Wer üppiges Haupthaar hat, der weiß außerdem, daß er im Gegensatz zu kahlköpfigen Menschen sehr gut gegen Kälte, aber auch gegen Sonnenstrahlen geschützt ist.

Haare üben aber auch eine Schutzfunktion an Stellen aus, wo wir sie zunächst gar nicht vermuten. Etwa die kleinen Härchen in Nase und Ohren, die die von außen kommende Luft sozusagen filtern, indem Staubpartikel und anderes zwischen den feinen Härchen hängenbleibt. Auch die Augenbrauen und Wimpern dienen in erster Linie nicht der Schönheit, sondern sie sollen von der Stirn fließenden Schweiß und umherfliegenden Staub von den Augen fernhalten.

Uns soll hier vor allem das Kopfhaar interessieren.

Aufbau der Haarwurzel

Grob gesehen besteht jedes Haar zunächst einmal aus seinem sichtbaren Teil über der Hautoberfläche – dem sogenannten *Haarschaft*, den wir üblicherweise als Haar bezeichnen – und einem nicht sichtbaren Teil in der Haut – der *Haarwurzel* (vgl. *Abb. 38*). Die Haarwurzel ragt bis in die Lederhaut hinein, und sie wird umgeben von einer Einstülpung der Oberhaut, die als bindegewebsartige Schicht in diesem Bereich die sogenannte innere und äußere *Wurzelscheide* bildet. Diese Schicht wandert beim Wachsen

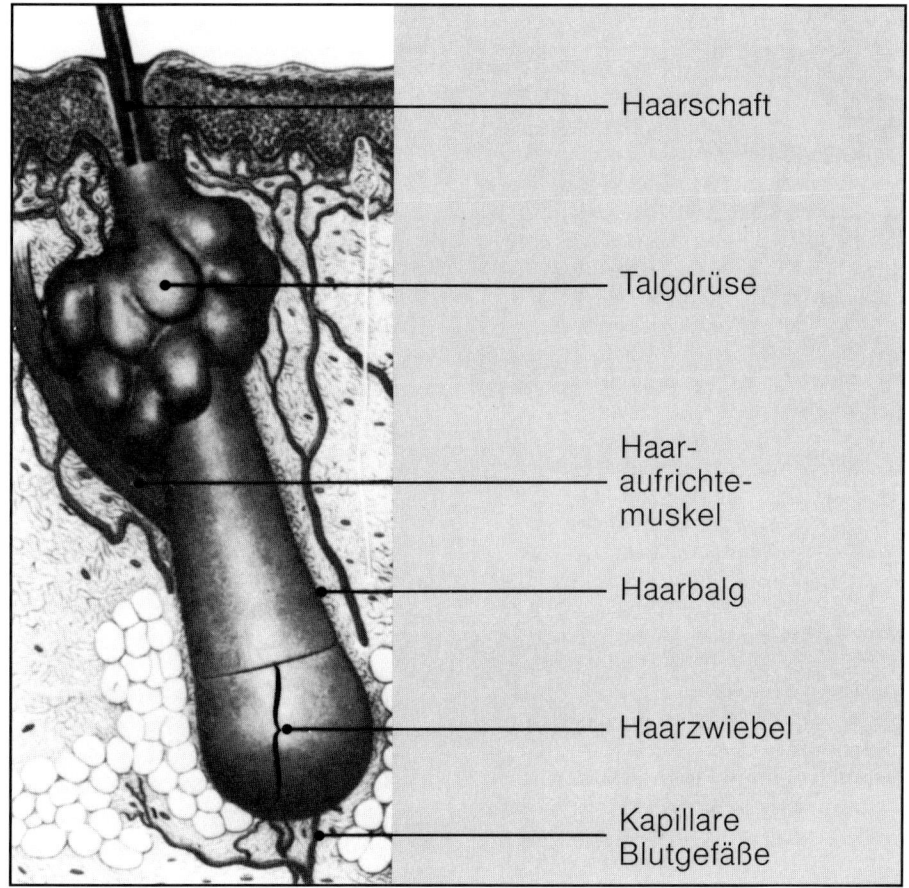

Haarschaft

Talgdrüse

Haar-
aufrichte-
muskel

Haarbalg

Haarzwiebel

Kapillare
Blutgefäße

Abb. 37: Dieser Teil des Haares sitzt in der Haut.

des Haares nach oben, wobei sie zunehmend verhornt und schließlich oberhalb der Hautfläche abgestoßen wird.

Die in der Haut liegende äußere Wurzelscheide wird von zusätzlichem Bindegewebe umschlossen – dem *Haarbalg.*

Im oberen Bereich der Haarwurzel wird die Wurzelscheide von der *Talg-* *drüse* vollständig umhüllt. Diese Drüse hat die wichtige Funktion, das Haar zu fetten, was wir im Zusammenhang mit dem Hydrolipidmantel auf *Seite 14* schon beschrieben haben. Pro Tag produziert der Mensch etwa 2 g Talg, wovon die Hälfte auf die Kopfhaut entfällt. Der Haaraufrichtemuskel hat dabei nicht nur die Aufgabe, die Gänsehaut zu erzeugen, sondern auch dafür zu sorgen, daß der produzierte Talg abgestoßen wird.

Der untere verdickte Bereich der Haarwurzel wird als *Haarzwiebel* bezeichnet.

In die ausgebuchtete Haarzwiebel ragt ganz unten die *Haarpapille* hinein. Auf der Oberfläche dieser Papille befindet sich die *Keimschicht* (Matrix), die für die Bildung neuer Haarzellen verantwortlich ist. Versorgt wird sie von kapillaren Blutgefäßen, die Nährstoffe heranbringen und Schlackenstoffe wieder abtransportieren. Die teilungsfähigen Zellen der Keimzone produzieren ständig neue Zellen, die sich zunächst um die Haarpapille herum anlagern, von den nächsten neuen Zellen aber in die Haarwurzel hineingeschoben werden, bis sie an der Hautoberfläche herauskommen und zum Bestandteil des Haarschaftes werden. Die neu gebildeten Zellen sind zunächst noch weich. Wenn sie den Bereich der Haarzwiebel verlassen haben, beginnen sie zu verhornen.

Da die kapillaren Blutgefäße für Nährstoffzufuhr und Schlackenabtransport der Keimzone sorgen, wird angenommen, daß eine verbesserte Durchblutung der Kopfhaut die Zellteilungsaktivität beschleunigen kann und damit das Haarwachstum günstig beeinflussen.

Die gesamte Haarwurzel einschließlich der Talgdrüsen und dem Haaraufrichtemuskel bezeichnet man zusammenfassend auch als Haarfollikel. In einem Quadratzentimeter Kopfhaut sitzen durchschnittlich etwa 150 Follikel. Der normale Follikel steht etwas schräg in der Haut, wodurch der „Fall" des Haares festgelegt ist.

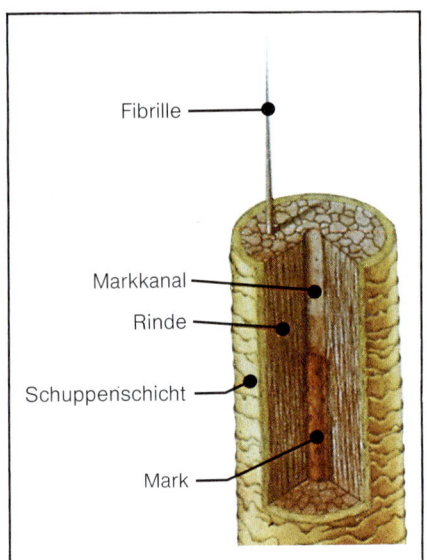

Abb. 38: Aufbau des Haares.

Die Struktur des Haarschaftes

Das Haar besteht hauptsächlich aus *Proteinen*, aus Eiweißstoffen also. Die am häufigsten vorkommende Proteinart ist das *Keratin* – verhorntes Eiweiß. Der Haarschaft – das eigentliche Haar also – läßt sich in drei Bestandteile untergliedern: Im Innern befindet sich das *Mark*, es wird umgeben von der *Rinde*, während die äußerste Schicht die *Schuppenschicht* bildet. Sie ist nicht zu verwechseln mit den Haarschuppen, die von der Kopf*haut* gebildet werden.

Was für das Haar zu sagen ist, gilt auch für Wolle und andere tierische Haare.

Das Mark

Es bildet sozusagen den Kern des Haares, spielt aber offenbar keine so wichtige Rolle, wie man früher glaubte. Bei manchen Haaren fehlt es nämlich völlig. Normalerweise bildet das Mark verschiedene Luftkammern, deren Hohlräume durch Wände voneinander abgegrenzt sind. Diese Wände verleihen dem Haar eine gewisse Stabilität.

Die Rinde

Die Rinde macht den Hauptbestandteil des Haares aus: etwa 80 %. Sie besteht vor allem aus Keratin und hat einen sogenannten *Fibrillenaufbau* (vgl. *Abb. 35*). Unter dem Mikroskop erkennt man, daß diese Fibrillen wie lange Fasern aussehen. Da sie miteinander wie bei einem Seil verdrillt sind, sind sie relativ stark belastbar. Natürlich spielt dabei auch ihre Elastizität eine wichtige Rolle.

Die einzelnen Fibrillen setzen sich wiederum aus Gruppen von *Mikrofibrillen* zusammen, den sogenannten Filamenten. Aber damit ist die Unterteilung noch nicht zu Ende. Jedes einzelne Filament setzt sich nämlich noch einmal aus einer ganzen Anzahl von *Protofibrillen* zusammen, die von einer kittähnlichen Substanz zusammengehalten werden. Derselbe Kitt verbindet auch die Filamente zu Fibrillen. Der Grundbaustein des Proteins im Haar ist schließlich eine sogenannte *α-Helix*. Sie hat eine Schraubenstruktur, aus der sich in zunehmend komplexeren Strukturen die Haarfibrillen aufbauen.

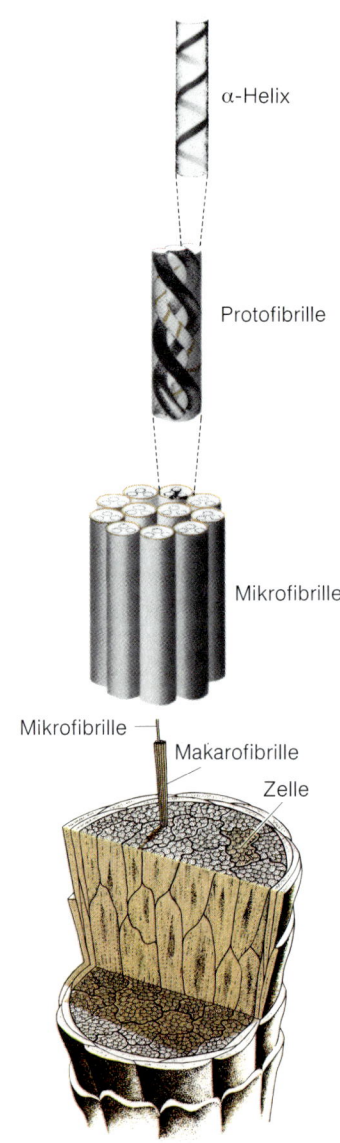

Abb. 39: Das Haar ist in seinen wesentlichen Teilen aus Fibrillen zusammengesetzt.

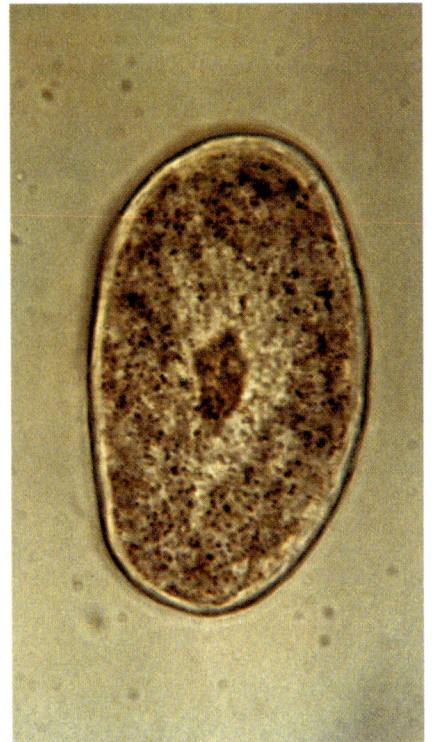 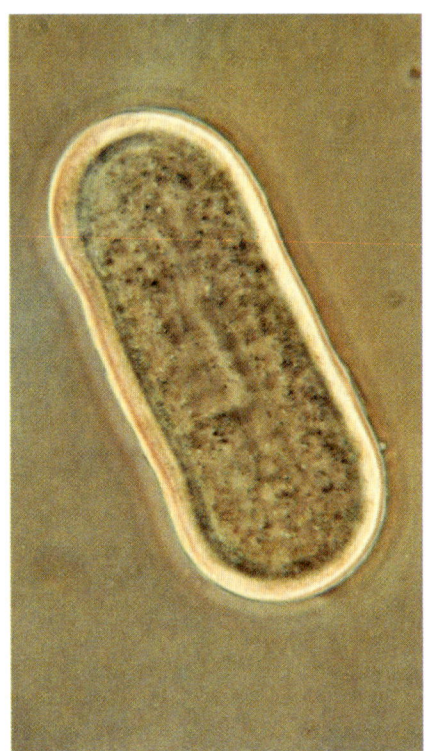 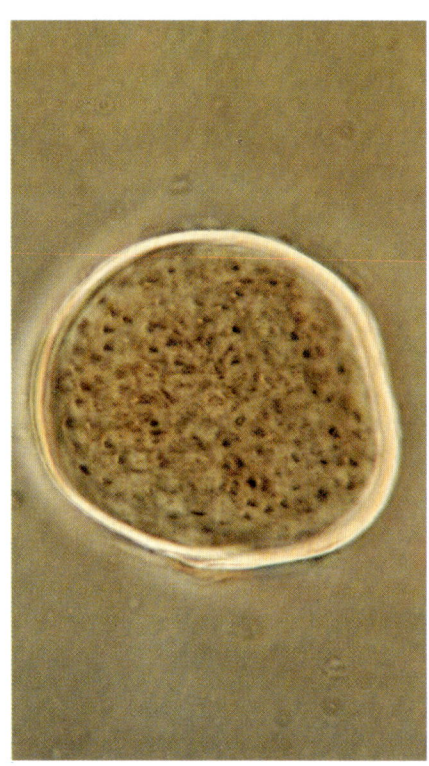

Abb. 41: Je nach Querschnitt sind die Haare (von links nach rechts) gewellt, kraus, glatt.

Rolle. Ob auch die Form des in der Haut sitzenden Haarfollikels ausschlaggebend für die Form des Haarschaftes ist, weiß man noch nicht genau.

Die Haarfarbe

In der Keimzone der Haarpapille sitzen zwischen den Keimzellen die *Melanozyten.* Ihre besondere Aufgabe ist die Farbstoffproduktion. Man be-

zeichnet diesen Farbstoff auch als *Melanin.* Die Zellen bilden immer nur gelb/rote oder grau/braune Einzelpigmente. Die fertig gemischte individuelle Haarfarbe entsteht aus diesen beiden Pigmenten im Follikel erst nach einigen Tagen, wenn die Farbpigmente etwas weiter nach oben gewandert sind. Deshalb sieht das Haar im unteren Wurzelbereich auch besonders hell aus, was Sie leicht erkennen können, wenn Sie sich ein Haar mit der Wurzel ausreißen.

Die vielen Möglichkeiten der natürlichen Haarfarben entstehen also durch

Mischung von nur 2 Farbpigmentreihen. Dabei wird die Farbrichtung entweder stärker von gelb/rot oder von grau/braun geprägt, je nachdem, welcher Pigmentteil überwiegt.

Weitere Variationsmöglichkeiten ergeben sich durch die *Farbtiefe.* Abhängig davon, wieviele Pigmente im Haar überhaupt enthalten sind, entstehen hellere oder dunklere Haarfarben. Außerdem erscheint glänzendes Haar optisch immer etwas heller als stumpferes Haar. Bei geschädigtem Haar wirkt die Farbe also anders als bei normalem gesunden Haar.

Je älter ein Mensch wird, um so geringer wird die Zahl der Melanozyten, der pigmentbildenden Zellen also. Dadurch wachsen allmählich immer mehr weiße Haare nach. Graue Haare sind nichts anderes als eine Mischung aus dunklem naturfarbenem und weißem Haar.

Das Haarwachstum

Wir sagten schon, daß es beim Fötus bereits im dritten Monat beginnt. Es gibt Kinder, die mit langen Haupthaaren auf die Welt kommen.

Im Durchschnitt wächst das Haar pro Tag 0,3 mm, also etwa 1 cm pro Monat. Insgesamt werden Kopfhaare aber nicht viel länger als 80 cm. Die Wachstumsphase eines Haares dauert etwa 5 bis 6 Jahre. Dann stellt es sein Wachstum ein, die Haarwurzel bildet sich zurück und nach etwa 2 bis 3 Monaten fällt es aus. Im Durchschnitt verliert jeder Mensch täglich zwischen 30 und 50 Kopfhaare. Aber keine Angst: sie werden – außer bei Kahlköpfigen – durch ebenso viele neue ersetzt.

Die wunderbaren Eigenschaften unserer Haare

Wie Sie auf *Abbildung 35* gesehen haben, besteht ein Haar aus mehrfach miteinander verdrillten Einzelsträngen. Das beginnt mit der sogenannten *α*-Helix, von der je 3 zu einer *Protofibrille* verdrillt werden, die sich wie-

derum in ganzen Gruppen zur *Mikrofibrille* zusammenschließen. Insgesamt sind es 7 untergeordnete Stufen bis hin zum kompletten Haarschaft. Vergleichbar ist dieser Aufbau mit einem Seil oder auch Garn, das ja ebenfalls aus vielen miteinander verdrillten Fasern besteht. Dieser Aufbau ist der Grund für die enorme Zugfestigkeit des ja relativ dünnen Haares.

Normales, gesundes Haar läßt sich um etwa 30 bis 40 % dehnen, ohne daß es reißt. Das hat mit der spiralförmigen Struktur der α-Helix zu tun. Bei entsprechender Zugbelastung dehnen sich besondere Verbindungsbrücken in dieser Helix solange, bis sie völlig gestreckt sind. Allerdings hat dann das Haar seine Elastizität verloren; es verkürzt sich nicht wieder auf seine ursprüngliche Länge.

Soll das Haar seine Elastizität behalten, darf man es also nicht extrem dehnen. Das gilt vor allem für Haar, das durch Dauerwellen, Färben oder Blondieren bereits strukturgeschädigt ist. Es läßt sich im feuchten Zustand sogar bis zu 100 % dehnen, also auf seine doppelte Länge. Da hat es fast die Eigenschaften eines Gummibandes; allerdings eines nicht mehr in die ursprüngliche Lage zurückschnippenden Bandes. An seiner Dehnungsfähigkeit können Sie erkennen, ob Ihr Haar bereits Schaden genommen hat. Machen Sie das lieber mit einem einzelnen Haar als mit dem gesamten Haarschopf; denn diese strukturgeschädigten Haare sind längst nicht mehr so reißfest wie gesunde. Die Reißfestigkeit von gesundem Haar ist nämlich enorm. Man kann mit einem einzigen Haar bis zu 90 g heben.

Zu den typischen Merkmalen des Haares zählt auch, daß es *hygroskopisch* ist; also wasseranziehend. Das Wasseraufnahmevermögen von Haaren ist derart groß, daß es sich selbst dann noch trocken anfühlt, wenn es bis zu 17 % Wasser aufgenommen hat. Das macht man sich zum Beispiel beim Locken des Haares mit einem erwärmten Frisierstab zunutze. Durch die Restfeuchte läßt es sich leicht locken. Sind die Haare dann trocken, so behalten sie durch einen komplizierten Prozeß, den wir hier nicht weiter beschreiben wollen, ihre stabile Form.

Je poröser und geschädigter ein Haar ist, um so stärker nimmt es Wasser auf. Aber es braucht auch relativ viel Wasser, um nicht spröde und ausgetrocknet zu wirken.

Mit dem Wasser nimmt das Haar natürlich auch andere Stoffe auf. Vor allem bei der Behandlung mit aggressiven Mitteln müssen Sie davon ausgehen, daß sie sich nicht nur äußerlich auf dem Haar verteilen, sondern einziehen und dort möglicherweise Schaden anrichten.

Das starke Wasseraufnahmevermögen der Haare ist auch der Grund dafür, weshalb sich bei feuchtem Wetter ohne Regen eine nur noch schwach vorhandene Dauerwelle plötzlich als starke Krause äußern kann. Man kann dann aussehen, als sei man in den Regen geraten, obwohl nur die feuchte Luft schuld hat. Bei geschädigtem Haar ist dieser Effekt besonders stark. Deshalb versuchen viele, die Natur ein wenig zu überlisten, indem sie einen leichten Film über die Haare decken, sei es durch eine Spülung, eine Haarkur, Spray, Festiger oder Frisiercreme.

Die alltäglichen Strapazen für die Haare

Wir sagten schon, daß einfache mechanische Beanspruchungen wie Kämmen oder Lockenwickeln die empfindlichen Haarschuppen angreifen können. Scharfe Kanten am Kamm oder der Bürste oder nicht ganz einwandfreie Lokkenwickler aus Metall können sogar großen Schaden anrichten. Schon die ständige Berührung mit der Kleidung kann die Ursache für gespaltene Haarspitzen (Spliß) sein.

Gehen Sie also sorgsam mit Ihren Haaren um. Knicken Sie beim Wickeln niemals die Spitzen ab und machen Sie den Frisierstab oder den Fön nicht zu heiß. Seien Sie auch vorsichtig mit Haarspangen und -Klammern oder -Gummis, die an den Haaren scheuern oder sie gar ausreißen. Alles andere als eine Wohltat für die Haare ist auch ständiges Toupieren.

Auch intensive Sonnenbestrahlung ist für das Haar nicht gut. Es trocknet allzu stark aus. Es hat also durchaus einen Sinn, in der prallen Sonne einen Hut, ein Kopftuch oder etwas anderes zu tragen.

Viele Haarschäden lassen sich nicht mehr beheben; auch durch intensive Haarkuren nicht. Sie haben allenfalls eine Wirkung für wenige Tage — bis zur nächsten Haarwäsche. Gehen Sie also nicht gedankenlos mit Ihrem schönsten Kopfputz um und tun Sie vielleicht etwas zur Vorbeugung von Schäden, wofür wir Ihnen später noch Tips geben.

Übrigens sind lange Haare stärker gefährdet als kurze. Bevor es bei kurzen Haaren Probleme mit den Haarspitzen geben könnte, schneidet man sie wieder ab. Lange Haare werden hingegen immer älter, je weiter die Haarspitzen von der Kopfhaut entfernt sind. Es leuchtet ein, daß das für die Haare notwendige Nachfetten durch die Talgdrüsen zur weit entfernten Spitze hin immer komplizierter wird. Da hilft nur besonders schonendes Waschen und regelmäßige Pflege mit Haarkuren. Sind die Haarspitzen erst einmal strohig und ausgetrocknet, dann hilft auch kein Nachfetten mehr, sondern nur noch das Abschneiden.

Die Chemie machts möglich: Wellen, Färben, Blondieren

Mit den folgenden Hinweisen möchten wir Ihnen keinesfalls die Freude an Ihrer Dauerwelle nehmen. Auch gegen das Haarfärben sind wir nicht. Denn es kann durchaus sein, daß Sie erst bei einer Haarfarbe, die nicht Ihre natürliche ist, sich mit Ihrer Frisur identifizieren und Freude daran haben.

Wir möchten aber auf die Problematik solcher Eingriffe mit Hilfe der Chemie aufmerksam machen, Ihnen beschreiben, welche Haarschäden auftreten und wie Sie sie vermeiden können. Ganz deutlich muß man aber doch sagen: Leider ist es ein unerfüllbares Wunschdenken, daß man die Haare zu-

nächst einmal mit allen erdenklichen alkalischen Behandlungen wie Dauerwellen, Blondieren usw. strapazieren könnte und hinterher alles mit einer intensiven Haarkur wieder zu beheben sei. Das trifft leider nicht zu.

Grundsätzlich sind dicke Haare mit über 0,07 mm Durchmesser gegenüber Strapazen aller Art weniger empfindlich als besonders dünnes Haar.

Das Blondieren

Die radikalste chemische Haarbehandlung ist und bleibt das Blondieren, also das mehr oder weniger starke Aufhellen der natürlichen Haarfarbe. Man erreicht das, indem man mit Hilfe von Chemikalien an die Haarpigmente herangeht, die in der Schicht mit den Fibrillen sitzen – der Faserschicht also. Um an diese Faserschicht zu kommen, muß zunächst die gesunde, glatt anliegende und schützende Schuppenschicht geöffnet werden. Das erreicht man durch eine stark alkalische Behandlung. Dabei quellen die Haare auf und die Schuppenschicht spreizt sich vom Haarschaft ab. Die Chemikalien dringen nun ungehindert in die Faserschicht vor und zerstören dort die Farbpigmente. Die natürliche Haarfarbe wird heller. Gleichzeitig lockert sich aber auch die gesamte Faserstruktur des Haarschaftes. Das Haar ist nun – darüber muß man sich im klaren sein – strukturgeschädigt.

Diese Tatsache kann auch eine anschließende Haarkur nicht mehr vollständig aus der Welt schaffen. Die Haarkur glättet zwar das Haar von außen, sie kann aber die veränderte Faserstruktur

nicht „reparieren". Erst das nachwachsende Haar ist dann wieder ganz unbeschädigt. Sie brauchen also nicht Angst vor Dauerschäden zu haben.

Eine leichte Einschränkung der Strukturschädigung des vorhandenen Haares kann eine anschließende „saure" Haarkur bewirken. Sie ist nach dem Blondieren besonders wichtig. Dadurch werden alkalische Reste im Haar wieder neutralisiert und die Schuppenschicht kann sich wieder ein wenig zusammenziehen und glätten.

Verwenden Sie also für blondiertes Haar möglichst Haarkuren mit einem besonders niedrigen, also sauren pH-Wert von etwa 4. Wegen der glättenden Wirkung auf die Haarschuppen bezeichnet man deshalb auch Haarspülungen mit Zitrone als Glanzspülungen (die anliegenden Schuppen machen das Haar glänzend, die abstehenden stumpf). Ein Frisör wird eine saure Nachbehandlung in jedem Fall vornehmen. Wenn Sie aber Ihre Haare zu Hause aufhellen, dann sollten Sie diese Nachbehandlung auf keinen Fall vergessen.

Das Haarfärben

Auch beim Färben wird zunächst einmal die Schuppenschicht durch eine alkalische Behandlung aufgeschlossen. Bei einem Färben mit Oxidationsfarben dringen kleine, sogenannte Farbbildnermoleküle durch die Schuppen bis zur Faserschicht der Haarrinde vor, in der – wie wir wissen – auch die natürlichen Farbpigmente sitzen. Dort verbinden sich die kleinen Farbteilchen zu größeren Farbstoffmolekülen, die so

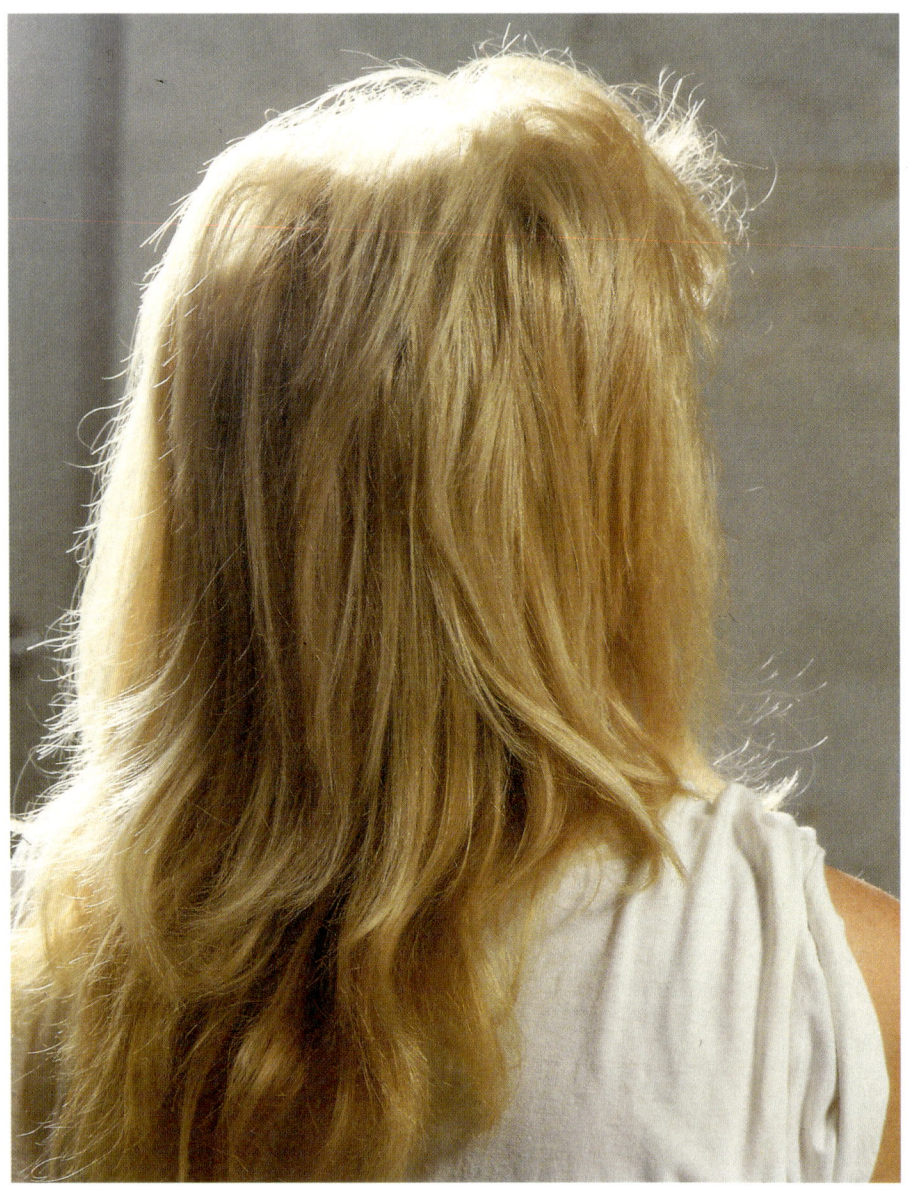

Abb. 43: Blondiertes Haar.

groß sind, daß sie aus der Faserschicht nicht mehr herauskommen. Darauf beruht die Dauerhaftigkeit der künstlichen Haarfarben.

Bei einer Farbwahl in einem Ton, wie er auch natürlichweise vorkommt, erklärt sich das natürliche Aussehen der Färbung mit Hilfe der Chemie dadurch, daß die künstlichen Farbmoleküle an der gleichen Stelle in der Haarrinde sitzen, wie normalerweise die natürlichen Farbpigmente.

Auch nach dem Färben ist eine saure Haarspülung wichtig.

Die Haartönung

Neben dem Färben gibt es auch die weniger beständige Haartönung. Sie beruht häufig auf einer Anlagerung der Farbstoffe von außen. Zum Teil dringen die Stoffe auch ins Haar ein; dies allerdings nur in geringem Maße. Getönte Haare sind also nicht so stark geschädigt wie blondierte oder gefärbte.

Die Dauerwelle

Bei der Dauerwelle wird sehr tief ins Haar eingegriffen. In den Grundbausteinen der Haare — der schon erwähnten α-Helix — gibt es sehr komplizierte strukturelle Verbindungen, die wir hier nicht weiter erklären wollen. Soviel ist aber wichtig zu wissen: etwa 70 % dieser Strukturen im Haar werden bei der Dauerwelle zunächst durch chemischen Einfluß gelöst, von denen sich beim anschließenden Fixieren nur noch 70 % zu neu geordneten

Strukturen verbinden. 30 % bleiben also unverbunden. Die Haare haben dann zwar die Form erhalten, die man ihnen mit Hilfe der Dauerwellwickler zugedacht hat; die innere Struktur des Haares bleibt aber gestört.

Die Veränderungen finden hauptsächlich in der Kittsubstanz des Haarschaftes statt.

Beim Dauerwellen, Blondieren und Färben sollte man darauf achten, daß man sie nur bei *ungewaschenen* Haaren vornimmt. Der natürliche Talgfilm auf der Kopfhaut übernimmt dabei eine wichtige Schutzfunktion. Er verhindert, daß Chemikalien allzu stark in die unter der Kopfhautoberfläche sitzenden Haarfollikel eindringen und dort großen Schaden anrichten können. Wir wissen ja bereits, daß das Haar in diesem Bereich weich und nur teilweise verhornt ist und deshalb besonders anfällig ist. Deshalb sind auch Schädigungen im unteren Bereich der Haarzwiebel dauerhaft.

Daß die Haare nach einer Dauerwelle nicht mehr die natürliche Elastizität und Spannkraft haben, erklärt sich aus der oben beschriebenen Tatsache, daß nur etwa 70 % der gelösten Haarstruktur durch die Dauerwelle wieder neu strukturiert wird. Deshalb sollte man jeden Bereich des Haarschaftes nur einmal dauerwellen. Wiederholt man die Dauerwellenbehandlung am gleichen Haar, so werden die Haare dadurch immer schwerer frisierbar.

Mittlerweile gibt es verschiedene Dauerwell-Methoden von der Sauerwelle bis zur Schaumwelle oder thermogesteuerten Formwelle. Immer aber ist das Ziel, eine dauerhafte Verformung des Haares zu bewirken. In gleichem Maße schädigen Sie die Haarstruktur.

Abb. 44: Dauerwelle.

Krause Haare glänzen übrigens durch die Biegung des Haarschaftes etwas weniger als glatte.

Haar- und Kopfhautprobleme

Aber auch ohne chemische Einwirkungen kann man Probleme mit den Haaren, der Kopfhaut oder mit beidem haben.
Wie bei den schon beschriebenen verschiedenen Hauttypen, gibt es auch bei der behaarten Kopfhaut Unterschiede. Wer eine fette Gesichtshaut hat, wird auch mit übermäßiger Talgproduktion auf der Kopfhaut zu tun haben. Für trockene Haut gilt das Umgekehrte. Nun ist aber fettige Kopfhaut nicht gleich fettige Kopfhaut, wie wir gleich sehen werden.

Die Seborrhoe

Damit bezeichnet man eine Überproduktion der Talgdrüsen in der Kopfhaut. Dabei wird ständig zuviel Fett produziert und abgestoßen. Fast die Hälfte aller Menschen in Mitteleuropa leidet darunter. Bei diesem Hauttyp tritt Haarausfall häufiger auf als bei anderen Typen.
Zwei Arten von Seborrhoe werden unterschieden:

Seborrhoe oleosa

Dieser Name bedeutet soviel wie „öliger Talg". Bei Überproduktion ist er der Grund für die typischen fettigen Haare. Schon wenige Stunden nach der Haarwäsche beginnen die Haare mehr oder weniger stark nachzufetten. Hat sich der ölige Talg erst einmal über das gesamte Haar verteilt, dann erhalten sie einen fettigen Glanz und lassen sich nicht mehr frisieren.
Solche Haare müssen sehr oft gewaschen werden, was aber bei aggressiven Haarwaschmitteln eher zu einer noch größeren Überproduktion von öligem Talg führen kann. Ein Teufelskreis, aus dem man nur mit einem speziellen Mittel einigermaßen herauskommt, wie wir es Ihnen im Rezeptteil noch empfehlen werden.
Wer übrigens nachts an der Kopfhaut stark schwitzt, kann morgens derart vom Schweiß verklebtes Haar haben, daß er glaubt, fettes zu besitzen. Mit Seborrhoe oleosa hat das natürlich nichts zu tun.

Seborrhoe sicca

Auch hier wird vermehrt Talg produziert, der allerdings schon eintrocknet, wenn er von den Talgdrüsen an die Hautoberfläche abgegeben wird. Dadurch entstehen die hellen Talgschuppen, die zwischen den Haaren auf der Kopfhaut sitzen. Diese großen, fettigen Schuppen lassen sich von den trockenen Hautschuppen, die wir gleich noch beschreiben werden, dadurch unterscheiden, daß sie sich leicht zwischen den Fingern zerreiben lassen.
Talgschuppen bilden auf der Kopfhaut oft einen regelrechten Belag. Der Haarschaft fettet nur am Ansatz stark nach, die Haarspitzen können trocken und spröde sein.
Auf diesen fetten Schuppen wachsen sehr leicht Pilze und Bakterien, die unter Umständen Entzündungen auf der Kopfhaut hervorrufen können. Wer an Seborrhoe sicca leidet, muß seine Haare besonders häufig pflegen, unter anderem mit bakteriziden und fungiziden Wirkstoffen, die die Bakterien und Pilze töten.
Seborrhoe allgemein kann hormonelle Ursachen haben, aber auch auf Ernährungsfehler und Stoffwechselstörungen zurückgehen. Hormonellen Störungen, die vor allen Dingen mit der Pubertät zusammenhängen, gehen bei zunehmendem Alter etwas zurück. Es gibt aber auch die Meinung, daß eine allzu intensive und häufige Haarwäsche mit aggressiven Waschsubstanzen das schnelle Nachfetten anregt.
Deshalb unser Tip: Waschen Sie fettige Haare ruhig täglich, nehmen Sie dafür aber sehr milde Tenside. Entsprechende Shampoos finden Sie in unserer Rezeptsammlung.
Wir empfehlen bei der Haarwäsche auch eine Kopfhautmassage, damit die Talgdrüsen schon während der Wäsche möglichst viel Talg ausstoßen und sich so weitgehend entleeren. Dadurch wird das Nachfetten der Haare verzögert.
Behandlungsmittel gegen Seborrhoe enthalten häufig Schwefel oder Teer; allerdings sind gerade die Schwefelverbindungen in letzter Zeit ins Gerede gekommen. Eine Wirkung von Antischuppenmitteln werden Sie nie sofort feststellen, sondern erst nach einem längeren Anwendungszeitraum.

Die Sebostase

Hier handelt es sich um eine Unterfunktion der Talgdrüsen. Es wird also zu wenig Fett produziert. Die Kopfhaut ist trocken und damit auch das gesamte Haar. Dadurch lösen sich häufig trockene, kleine Hornschuppen von der Kopfhaut ab. Sie sind kleiner als die fetten Schuppen bei der Seborrhoe und sie lassen sich auch nicht zerreiben.

Im Grunde handelt es sich bei der Sebostase um den ganz natürlichen Prozeß der Hauterneuerung, bei dem sich die abgestorbenen Zellen von der verhornten Oberhaut lösen. Bei zu geringer Talgproduktion wird dieser Prozeß jedoch verstärkt und bei den Haaren auch eher sichtbar als bei anderen Partien der Haut, bei der man diese Erscheinung durch Eincremen korrigieren kann.

Trockenes Haar glänzt wenig und macht insgesamt einen spröden Eindruck. Regelmäßige intensive Haarkuren zum Nachfetten sind also besonders wichtig und hilfreich. Zum Waschen sollten Sie nur mildeste Substanzen verwenden, wie wir sie in unseren Rezepten empfehlen. Vermeiden Sie auf jeden Fall alkoholhaltiges Haarwasser; denn es entfettet die Kopfhaut zusätzlich.

Die Haarpflege beginnt bei der Haarwäsche

Gleich ein Tip vorweg: Zur richtigen Haarwäsche gehören nicht zwangsläufig Berge von Schaum. Die Werbung will uns zwar weismachen, daß ohne Schaum kein Waschvergnügen zustande käme, und daß man deshalb die Haare gleich mehrmals hintereinander shampoonieren müsse, weil ja erst dann alles so richtig schäumt. Wir wissen aber, daß gerade die aggressiven Tenside die höchste Schaumkraft entwickeln, die für den eigentlichen Waschvorgang so gut wie keine Bedeutung hat. Die gleichen Tenside sind es auch, die Haut und Haar stark entfetten und das Keratin angreifen. Könnte man bei der Hautwäsche allenfalls noch argumentieren, daß die beim Waschen abgenommenen Hornplättchen ohnehin schon abgestorbene Zellen der Oberhaut seien, die ständig abgestoßen werden, so sieht das bei der Haarwäsche schon anders aus. Die Keratinschuppen des Haarschaftes können sich nur durch Nachwachsen des Haares wieder erneuern. Deshalb ist eine besonders milde Wäsche bei den Haaren überaus wichtig.

Sinnvoll ist auch eine gründliche *Kopfhautmassage* während der Wäsche. Sie regt die Durchblutung an und damit die Bildung neuer Zellen in der Haarwurzel.

Bei *trockenen* oder *strukturgeschädigten* Haaren, die ja das Shampoo samt allen Wirkstoffen wie ein Schwamm aufsaugen, genügt es auf jeden Fall, einmal zu shampoonieren.

Während bei *fettigem* Haar gegen die tägliche Haarwäsche mit einem milden Shampoo nichts einzuwenden ist, sollten Sie bei trockenem Haar nicht öfter als alle drei bis vier Tage waschen.

Wir sind schon bei der Beschreibung der verschiedenen Substanzen für unsere Seifen und Haarwaschmittel darauf eingegangen, daß bestimmte Stoffe die elektrostatische Aufladung der Haare verhindern oder zumindest einschränken können (vgl. *Seite 122*). Um das Fliegen oder die schlechte Frisierbarkeit der Haare zu verhindern, gibt es grundsätzlich die beiden Möglichkeiten der *Rückfettung* oder der sogenannten *Weichspülung*.

Als *Weichspülmittel* werden kationaktive Substanzen eingesetzt, die die von den anionischen Tensiden aufgeladenen Haare wieder neutralisieren, wie wir ab *Seite 122* im einzelnen schon beschrieben haben. Gleichzeitig bildet sich dabei auf dem Haar ein dünner Film, der den weichen Griff erzeugt. Vor allem die Naßkämmbarkeit wird dadurch enorm gesteigert.

Haarwaschmittel mit solcher Wirkung bezeichnet man auch als Conditioner-Shampoo. Sie enthalten Öl oder kationaktive Substanzen. Man kann aber auch ein Shampoo verwenden, das ausschließlich reinigt und anschließend einen Weichspüler oder eine Kurpackung separat anwenden. Dieses getrennte Verfahren empfiehlt sich vor allem für strapazierte und strukturgeschädigte Haare.

Typische Filmbildner sind die *Quats* (vgl. *Seite 122*), die wir auch in unseren Rezepten empfehlen. *Croquat L* ist besonders wichtig für strukturgeschädigte Haare, weil es einen glatten Film auf dem Haarschaft bildet. Beschädigte Stellen werden in gewissen Grenzen nachgebessert, das Haar wirkt dicker und fülliger (erhält mehr Substantivität), es glänzt stärker und macht unter Umständen bis in die Haarspitzen einen gesunden Eindruck. Das Haar fühlt sich weich und geschmeidig an und läßt sich auch im nassen Zustand leicht kämmen. Trotzdem müssen Sie wissen: Dieser Film hält höchstens bis zur nächsten Wäsche; wirklich „repariert" hat er das Haar nicht. Getan wurde vor allem etwas für die Frisierfähigkeit.

Bei fettem oder dünnem Haar sollten Sie Quats möglichst nicht verwenden, weil das Haar sonst beschwert und klebrig wirkt und zusammenfällt.

Ein anderes Mittel ist *Incroquat Behenyl TMC*. Das ist ein kationaktiver Emulgator, der eine angelagerte Fettkette enthält. Er wird als weichmachende Substanz in Cremespülungen und Kurpackungen verwendet, für die wir Ihnen im Rezeptteil entsprechende Vorschläge machen. Auch diese Substanz verbessert den Griff und die Kämmbarkeit der Haare und macht sie antistatisch.

Spezielle Wirkstoffe

Natürlich können Sie auch die schon beschriebenen ätherischen Öle in Haarwaschmittel mischen. Sie entfalten dort ähnliche Wirkungen wie auf der Haut. Rosmarin hat zum Beispiel einen durchblutungsfördernden Effekt für die Kopfhaut.

Die Antischuppenmittel enthalten Wirkstoffe, die zum einen die Zellteilungsaktivität der Kopfhaut verringern und zum anderen eine antimikrobielle Funktion haben. Wir sagten schon, daß auf den fetten Kopfschuppen besonders leicht Pilze und Bakterien wachsen. Die Antischuppenmittel sind außerdem in der Lage, Hautfett und Schuppen gut von der Kopfhaut zu lösen.

Wir haben in unseren Rezepten *Pirocton-Olamin* als Antischuppenwirkstoff eingesetzt, von dem eine Dosierung von nur 1 % ausreicht (auf keinen Fall höher dosieren!).

Wir haben einige objektive Abhandlungen vorliegen, die die Wirksamkeit

dieser komplizierten chemischen Substanz belegen. In der angewandten Konzentration ist es außerdem praktisch ungiftig. Auch bei längerem Gebrauch greift es die Haut nicht an. Trotzdem empfehlen wir Ihnen auch hier den Allergietest.

Rezepte, Rezepte...

Haarwaschmittel und Shampoos

Über das Haar, seinen Aufbau, seine Eigenschaften und seine Gefährdungen haben wir ausführlich ab *Seite 136* geschrieben.

Unsere Shampoo-Rezepte unterscheiden sich von den Dusch- und Körperwaschemulsionen im wesentlichen durch die Basis-Tenside. Außerdem fügen wir ein Mittel hinzu, das das schon beschriebene statische Aufladen der Haare verhindert. Nach dem Waschen werden Sie also nicht das übliche Problem der Zu-Berge-stehenden Haare haben. Es handelt sich dabei um ein sogenanntes *Quat* – ein kationisches Tensid –, das die Haare entlädt. Sie werden die Wirkung auch daran erkennen können, daß sich Ihre Haare viel besser frisieren lassen.

Wir möchten Sie allerdings auf eine – auf den ersten Blick – scheinbar unangenehme Eigenschaft unserer besonders milden Shampoos aufmerksam machen, die möglicherweise mitverantwortlich dafür ist, daß die Kosmetikfirmen die extrem haut- und haarfreundlichen Waschgrundsubstanzen ungern verwenden.

Beim Waschen mit Shampoos, die ausschließlich Lamepon, Betain oder das Glycinderivat enthalten, können sich die Haare in Ausnahmefällen stumpf anfühlen und nicht so recht zum Schäumen kommen. Das liegt daran, daß diese Substanzen auf das Haar aufziehen. Lassen Sie sich dadurch nicht beirren; nach gründlichem Abspülen mit klarem Wasser werden Sie merken, daß sich die Haare danach wegen der Substantivität besser und voller als je zuvor anfühlen.

Wenn Ihnen dieser Effekt trotzdem unangenehm bleibt, dann können Sie ihn durch Zugabe von Ethersulfat (Zetesol 856) in Ihre Rezeptur abstellen. Vergessen Sie aber nicht, dann zusätzlich Wasser hinzuzugeben (pro 10 ml Zetesol 27,3 ml Wasser); denn die WAS-Konzentration unserer Shampoos haben wir auf 15 % festgelegt.

Natürlich können Sie nach dem Waschen Ihr Haar auch noch mit Cremespülungen und Haarkuren behandeln (vgl. dazu *Seite 150*).

Shampoo für normales, dünnes Haar

①	10 ml Zetesol 856 T
②	30 ml Lamepon S
③	5 ml Rewoderm Li 420
④	3-5 ml Croquat L
⑤	10 bis 20 Tropfen Parfüm und/oder ätherische Öle
⑥	evtl. 30 Tropfen Nutrilan oder 5 ml Eigelb
⑦	55 ml Wasser
⑧	10 Tr. Zitronensaft oder 5 Tr. Konzentrat

Abb. 45: Genießen Sie die Haarwäsche mit einem milden Shampoo und gönnen Sie sich anschließend eine Haarkur.

Mischen Sie zunächst wieder die Substanzen ①, ② und ③ wie bei den Waschemulsionen beschrieben.
Substanz ④ ist das besagte Quat, das anschließend hinzukommt.
Wenn Sie Kräuterextrakte bzw. ätherische Kräuteröle zusätzlich untermischen, dann erhalten Sie ein *Kräutershampoo.*
Wenn Sie Nutrilan (⑥) dazutun, dann könnten Sie das Haarwaschmittel ohne weiteres ein „Proteinshampoo" nennen. Das wäre nicht nur ein klin-

gender Name, sondern zugleich ein Mittel, das zusätzliche *Substantivität* erzeugt; auf gut deutsch: das Haar wirkt voller.
Nehmen Sie anstelle des Nutrilan 5 ml frisches Eigelb, dann wird es ein *Eishampoo* mit derselben Wirkung.
Auch hier wieder können Sie mit entsprechender Zumischung der Substanz ③ den Flüssigkeitsgrad einstellen.
Für Leute, die sich die Haare häufig waschen müssen, haben wir hier noch

eine besonders milde Variante dieses Rezepts. Anstelle der 10 ml Zetesol 856 T (①) nehmen Sie 20 ml Glyzerinderivat (Rewoteric AM 2 C/NM) oder 20 ml Betain (Tegobetain L 7).

Shampoo für normales, dickes Haar

①	20 ml Zetesol 856 T
②	15 ml Lamepon S
③	3 bis 5 ml Rewoderm Li 420
④	5 ml Croquat L
⑤	10 bis 20 Tropfen Parfüm oder ätherische Öle
⑥	evtl. 20 Tropfen Nutrilan oder 5 ml Eigelb
⑦	65 ml Wasser
⑧	10 Tr. Zitronensaft oder 5 Tr. Konzentrat

Auch hier wieder eine Variante für alle, die sich die Haare häufiger waschen müssen:

①	10 ml Zetesol 856 T
②	15 ml Lamepon S
③	20 ml Rewoteric AM 2 C/NM
④	3 bis 5 ml Rewoderm Li 420
⑤	5 ml Croquat L
⑥	10 bis 20 Tropfen Parfüm oder ätherische Öle
⑦	30 Tropfen Nutrilan oder 5 ml Eigelb
⑧	55 ml Wasser
⑨	10 Tr. Zitronensaft

Shampoo für trockenes Haar

①	10 ml Zetesol 856 T
②	30 ml Lamepon S

③ 5 ml Rewoderm Li 420
④ 5 ml Mulsifan CPA oder
　 Oxypon 288
⑤ 2 ml Sonnenblumenöl
⑥ 5 ml Croquat L
⑦ 10 bis 20 Tropfen Parfüm oder
　 ätherisches Öl
⑧ evtl. 30 Tropfen Nutrilan oder
　 5 ml Eigelb
⑨ 50 ml Wasser

Auch hier als zweite Variante eine besonders milde Mischung für häufige Haarwäschen: alles wie im vorhergehenden Rezept, nur nehmen Sie anstelle von 10 ml Zetesol 856 T jetzt 20 ml Glycinderivat (Rewoteric AM 2 C/NM) oder 20 ml Betain (Tegobetain L 7).

Shampoo für fettiges Haar

① 20 ml Zetesol 856 T
② 20 ml Lamepon S oder Rewoteric
③ 3-5 ml Rewoderm
④ 10 Tr. Nutrilan
⑤ 1 Msp. Croquat L
⑥ 50 ml Wasser
⑦ 1 TL Zitronensaft oder
　 ½ TL Konzentrat

Shampoo für dauergewelltes Haar

Dieses Haar hat ja milde Pflege besonders nötig.

① 20 ml Zetesol 856 T
② 25 ml Lamepon S
③ 3 bis 5 ml Rewoderm Li 420
④ 5 ml Croquat L

⑤ 10 bis 20 Tropfen Parfümöl oder
　 ätherische Öle oder Kräuterextrakte (dann wird es ein Kräutershampoo)
⑥ 20 Tropfen Nutrilan
⑦ 60 ml Wasser
⑧ 10 Tr. Zitronensaft

Bei besonders trockenem Haar können noch 3 ml Mulsifan bzw. 3 ml Sonnenblumen- oder Avocadoöl zugefügt werden.

Shampoo für gebleichtes bzw. gefärbtes Haar

① 15 ml Zetesol 856 T
② 25 ml Tegotain L 7
③ 3 bis 5 ml Rewoderm Li 420
④ 5 ml Croquat L
⑤ 10 bis 20 Tropfen Parfümöl, ätherisches Öl bzw. Kräuterextrakte
⑥ 20 Tropfen Nutrilan
⑦ 60 ml Wasser
⑧ 1 TL Zitronensaft oder
　 ½ TL Konzentrat

Eine noch mildere Variante dieses Rezeptes erhalten Sie bei folgenden Zutaten:

① 25 ml Lamepon S
② 20 ml Rewoteric AM 2 C/NM
　 oder Tegobetain L7
③ 3 bis 5 ml Rewoderm Li 420
④ 5 ml Croquat L
⑤ 10 bis 20 Tropfen Parfümöl,
　 ätherische Öle oder Kräuterextrakte
⑥ 20 Tropfen Nutrilan
⑦ 45 ml Wasser
⑧ 1 TL Zitronensaft oder
　 ½ TL Konzentrat

Shampoo gegen Schuppen

① 1 gestr. TL Pirocton-Olamin
② 20 ml Zetosol 856 T
③ 20 ml Lamepon oder Tegobetain
④ 3–5 ml Rewodern Li 420
⑤ ½ TL Croquat L (entfällt bei fettigem Haar).
⑥ 1 TL Nutrilan
⑦ 60 ml Wasser
⑧ Parfüm
⑨ 4 TL Zitronensaft

①-③ gut durchmischen. 5 Minuten stehenlassen, damit ① sich gleichmäßig auflöst. Dann erst ④-⑥, anschließend Wasser unterrühren. Zum Schluß ⑧ und ⑨ dazugebn. Zitronensaft ist diesmal unbedingt notwendig, weil sonst das Shampoo aggressiv ist.

Kindershampoo
Das ist wieder ein derart mildes Mittel, das selbst bei Schaum in den Augen keine Tränen fließen.

① 25 ml Tegobetain L 7
② 20 ml Lamepon S
③ 5 ml Rewoderm Li 420
④ 1 TL Croquat L
⑤ evtl. Parfüm
⑥ 45 ml Wasser

Rezepte für Cremeweichspülungen und Haarkuren

Weichspülmittel werden nach dem Waschen auf die feuchten Haare verteilt und nach rund 2 Minuten Einwirkzeit wieder ausgewaschen.

Cremespülungen und Haarkuren sind Emulsionen, wie die vorn beschriebenen Pflegecremes. Sie bestehen jeweils aus einer *Fettphase* und einer *Wasserphase*; zusätzliche Wirkstoffe runden die Rezepte ab.

Cremeweichspülungen

Fettphase und Wasserphase werden getrennt in feuerfesten Bechergläsern oder ähnlichen Behältnissen auf der Herdplatte erhitzt. Das geht genauso wie bei der vorn beschriebenen Cremeherstellung. Bei etwa 90 °C wird die Wasserphase langsam in das geschmolzene Fett gerührt (evtl. mit elektrischem Rührstab).

Lassen Sie alles ein wenig abkühlen. Bei etwa 40 °C werden zum Schluß Parfüm, ätherische Öle und zusätzliche Wirkstoffe untergerührt.

Auf eine Konservierung können Sie normalerweise verzichten. Die Cremes halten sich nach unserer Erfahrung ein bis zwei Monate; im Kühlschrank sogar noch länger.

Wie häufig Sie Ihre Haare behandeln können, hängt natürlich ganz von der Haarlänge und Fülle ab.

Tips fürs Abmessen der kleinen Mengen:

5 g	Incroquat	=	1 geh. EL
1 g	Croquat L	=	1 MSP
2 g	Cetylalkohol	=	1 gestr. TL
3 g	Cetylalkohol	=	1 geh. TL
8 g	Nutrilan	=	1 kl. EL
1 g	Öl	=	20 Tr.
3-4 g	Öl	=	1 TL
5-6 g	Öl	=	1 kl. EL
1 g	Croquat L	=	1 MSP

Cremespülung für fettes Haar

Für die *Fettphase* brauchen Sie:

5 g	Incroquat Behenyl TMC
2 g	Cetylalkohol

Für die *Wasserphase*:

8 g	Nutrilan L
25 ml	entmineralisiertes Wasser

Zusätzliche *Wirkstoffe*:

10 Tr.	ätherisches Thymianöl
6 Tr.	Zitronensaftkonzentrat (ergibt pH-Wert 5)

Cremespülung für normales Haar

Zutaten für die *Fettphase*:

5 g	Incroquat Behenyl TMC
3 g	Cetylalkohol
1 g	ätherisches Distelöl

Für die Wasserphase:

1 g	Croquat L
90 ml	entmineralisiertes Wasser

Zusätzliche Wirkstoffe:

Parfüm oder ätherisches Öl

Diese Spülung hat von sich aus den pH-Wert 5.

Haarkuren

Für alle trockenen und strapazierten Haare sind regelmäßige Haarkuren nach der Wäsche unerläßlich.

Bei Haarkuren ist eine Einwirkzeit von etwa 30 Minuten optimal. Anschließend wieder ausspülen. Diese Zeit kann verkürzt werden, wenn man die Haare gleichzeitig erwärmt. Und wer es besonders eilig hat, kann ein erbsengroßes Stück der Haarkur zwischen den Handflächen verreiben und sie gleichmäßig im Haar bzw. zwischen den Haarspitzen verteilen. Ausgespült wird dann nicht.

Probieren Sie die hier angegebenen Rezepturen einfach einmal durch, bis Sie die richtige Kurpackung für Ihr Haar gefunden haben.

Für blondierte, gefärbte oder dauergewellte Haare ist ein pH-Wert von 5 zu empfehlen. Das kann allerdings bei getönten Haaren zu einer Veränderung der Farbe führen. Deshalb sollte dann der pH-Wert besser bei 6 liegen; die Kur also weniger sauer sein.

Haarkur für normales Haar

Für die *Fettphase* brauchen Sie:

5 g	Incroquat Behenyl TMC
3 g	Cetylalkohol
2 g	Distelöl

Und für die *Wasserphase*:

8 g	Nutrilan L
75 ml	entmineralisiertes Wasser

An zusätzlichen *Wirkstoffen* empfehlen wir:

4 g	D-Panthenol (50 %ig)
5 g	Brennessel-Frischpflanzenextrakt
	Parfüm nach Ihrer Wahl
6 Tr.	Zitronensaftkonz. (ergibt pH-Wert 5)

Haarkur für trockenes Haar

Für die *Fettphase* brauchen Sie:

10 g	Incroquat Behenyl TMC
5 g	Jojobaöl
5 g	Distelöl

Für die *Wasserphase*:

30 g	Nutrilan L
30 ml	entmineralisiertes Wasser

Zusätzliche *Wirkstoffe*:

4 g	D-Panthenol (50 %ig)
6 Tr.	Zitronensaftkonz. (ergibt pH-Wert 5)
	Parfüm nach Wahl

Diese Haarkur eignet sich auch sehr gut für dauergewellte und gefärbte Haare. Wenn Sie getönte Haare haben, darf der pH-Wert nicht saurer als 6 sein, sonst kann die Tönung ausgewaschen werden.
Die Haarkur ist für normales, etwas dünneres Haar zu fetthaltig. Nehmen

Sie dafür lieber eine etwas leichtere Kur, zum Beispiel eine für normales Haar.

Haarkur für trockenes, dickes Haar

Für die *Fettphase* nehmen Sie:

10 g	Incroquat Behenyl TMC
5 g	Weizenkeimöl
5 g	Distelöl

Für die *Wasserphase*:

½ TL	Croquat L
70 ml	dest. Wasser

Zusätzliche *Wirkstoffe*:

4 g	D-Panthenol (50 %ig)
	Parfüm nach Wahl

Diese Spülung hat von sich aus den pH-Wert 5.

Haarkur für strukturgeschädigtes Haar

Fettphase:

10 g	Incroquat Behenyl TMC
5 g	Avocadoöl
5 g	Distelöl

Wasserphase:

2 g	Croquat L
70 ml	dest. Wasser

Zusätzliche *Wirkstoffe*:

4 g	D-Panthenol (50 %ig)
	Parfüm nach Wahl

Die Haarkur hat von sich aus den pH-Wert 5.
Diese Haarkur ist genau das Richtige für wirklich angegriffene Haare. Für dünnes Haar ist sie jedoch weniger geeignet. Falls Sie kaputte Haarspitzen haben, dann tragen Sie die Kur nur auf die Spitzen auf.
Das Croquat L in dem Rezept bildet einen Film auf dem Haar und „kittet" so die beschädigten Stellen. Wenn das Haar getrocknet ist, haben Sie das Gefühl, daß Ihre Haare wieder „gesund" sind. Sie fühlen sich sogar an den Spitzen glatt an und glänzen. Im noch nassen Haar spüren Sie deutlich die Filmbildung. Probieren Sie aus, ob Sie das Mittel mögen.

Haarkur für fettes Haar

Fettphase:

5 g	Incroquat Behenyl TMC
2 g	Cetylalkohol

Wasserphase:

85 ml	Wasser
½ TL	Crotein C

Zusätzliche *Wirkstoffe*:

4 g	D-Panthenol (50 %ig)
10 Tr.	ätherisches Salbeiöl

7 Tropfen Zitronensaftkonzentrat (ergibt pH-Wert 5).
Für getöntes Haar Zitronensaftkonzentrat weglassen.

Diese Haarkur ist sowohl für dünnes normales wie für dickes fettes Haar geeignet. Wenn Sie allerdings dauergewelltes Haar haben, brauchen Sie eine Haarkur mit etwas mehr Fettgehalt – es sei denn, Ihre dauergewellten Haare sind dünn und fettig, dann ist diese Kur genau richtig. Dünne Haare fallen ja bei zu fetter Behandlung schnell zusammen.
Für getöntes Haar auch hier wieder einen pH-Wert nicht saurer als 6 nehmen, damit die Tönung nicht auswäscht.

Haarkuren vor chemischen Haarbehandlungen

Wenn Sie Ihre Haare dauerwellen oder tönen wollen, dann sind Haarkuren eine ausgezeichnete Vorbehandlung. Gerade bei Tönungen hat man oft das Problem, daß die Haarspitzen mehr Farbe annehmen als der Haaransatz. Je unregelmäßiger Ihre Haare in der Strukturbeschaffenheit sind, um so schwieriger sind sie zu tönen.
Diese Struktur wird gleichmäßiger, wenn Sie ein bis zwei Tage vor der Behandlung eine Haarkur mit Proteinzusätzen wie Croquat L oder Nutrilan L machen. In den ein bis zwei Tagen kann sich außerdem wieder natürlicher Talg auf der Kopfhaut bilden – ein wichtiger Schutz der Haarwurzeln bei der chemischen Behandlung der Haare.

Wir haben versucht, Ihnen in diesem Buch so viele Informationen zu geben, daß Sie nicht jeder Werbung auf den Leim kriechen. Ein wenig ins Detail mußten wir aber auch deshalb gehen, damit Sie wissen, warum bestimmte Stoffe Ihrer Haut und Ihren Haaren gut tun und andere Stoffe nicht.
Wir hoffen, daß Sie nicht nur ein wenig schlauer geworden sind, sondern Ihre Haut und Ihre Haare zugleich auch mit etwas anderen Augen betrachten.

Wir wünschen Ihnen alles Gute.

Bezugsquellen

Wie Sie im nachfolgenden Bezugsquellennachweis sehen, haben wir dafür gesorgt, daß Sie alle Stoffe, die in der Kosmetikwerbung eine dominante Rolle spielen (Jojobaöl, Aloe vera, Kollagen, Calendula – um nur einige zu nennen) äußerst preiswert bekommen können. Die Konkurrenz hat's möglich gemacht.

An folgende Firmen können Sie sich wenden:

Fa. Spinnrad, Klosterstr. 13, 4650 Gelsenkirchen, Tel.: 0209/272171

Fa. COLIMEX GmbH, Mozartstr. 7, 5000 Köln 1, Tel.: 0221/210413 oder 210412

Fa. ALC, Kranichstr. 4, 2876 Berne 2, Tel.: 04406/6144

Fa. Stella, Postfach 66, 7336 Uhingen, Tel.: 07161/37321

Fa. HEICOS GmbH, Bleichstr. 15, 6900 Heidelberg, Tel.: 06221/475588

Die nachfolgenden Produkte und DM-Preise sind nur ein kleiner Auszug aus dem Angebot der Anbieter. Wir empfehlen Ihnen, sich die Preislisten schicken zu lassen. Sollten Sie mit den Versandfirmen Ärger bekommen, sagen Sie es uns. Die Firmen mußten eine Bürgschaft, geltend bis 30. 4. 1987, hinterlegen als Garantie für seriöse Bedienung. Mittlerweile haben diese Firmen eine derart große Erfahrung gesammelt, daß wir sicher sind, daß Sie auch nach diesem Termin fachmännisch und korrekt beliefert werden.

Cremezutaten

	Spinnrad		Colimex		ALC		Stella		Heicos	
Emulgatoren	**50g**	**100g**	**50g**	**100g**	**50g**	**100g**	**50g**	**100g**	**50g**	**100g**
Tegomuls 90 S	1,75	2,85	1,70	2,80	1,80	2,90	2,00	3,50	2,50	3,50
Lamecreme ZEM	1,50	2,40	1,60	2,40	1,60	2,50	1,65	2,60	2,60	4,00
Naturöle (Speiseöle für Cremes)	**100ml**	**500ml**	**100ml**	**500ml**	**100ml**	**500ml**	**100ml**	**500ml**	**100ml**	**500ml**
Mandelöl	3,25	10,75	3,20	10,70	3,30	10,80	3,50	12,00	5,90	26,00
Avocadoöl	4,20	17,75	4,80	17,70	5,50	17,80	5,50	19,00	6,50	28,80
Weizenkeimöl	4,15	16,55	4,20	16,50	4,20	16,60	5,50	19,00	6,50	28,80
Jojobaöl	7,50	36,00	9,70	40,90	9,90	41,60	12,50	43,50	9,80	44,80
Konsistenzgeber	**50g**	**100g**	**50g**	**100g**	**50g**	**100g**	**50g**	**100g**	**50g**	**100g**
Kakaobutter	2,65	4,95	2,90	5,50	3,20	5,10	3,25	6,50	7,80	13,50
Cetylalkohol	1,45	2,45	2,50	3,50	2,00	2,90	1,75	3,50	3,90	6,00
Walratersatz	1,40	2,25	2,20	3,50	2,00	2,90	2,05	4,10	3,90	7,50
Schibutter	6,45	11,90	6,80	12,50	6,50	11,90	–	–	–	–
	10g	**20g**	**10g**	**20g**	**10g**	**20g**	**10g**	**20g**	**10g**	**20g**
Unverseifbares der Schibutter (25 % Konz.)	11,85	22,90	11,90	22,80	–	–	–	–	–	–
Unverseifbares des Avocadoöls (25 % Konz.)	6,85	12,70	7,50	14,00	7,50	14,00	–	–	–	–
Zusatzstoffe	**10g**	**50g**	**10g**	**50g**	**10g**	**50g**	**10g**	**50g**	**10g**	**50g**
Vitamin E	2,65	10,65	3,80	15,80	3,80	15,80	3,65	13,10	3,50	8,50
D-Panthenol 50 %ig	1,65	5,05	2,50	9,90	2,00	5,10	1,95	7,00	3,00	6,00
Aloe vera 10fach	2,70	11,30	2,50	9,50	2,40	7,90	3,25	12,00	5,00	19,80
Bisabolol	6,25	26,75	6,90	29,50	9,90	32,10	–	–	4,80	14,00
Kollagen nativ	2,65	10,55	3,20	11,90	3,20	11,90	–	–	3,50	7,80
Frischkräuterextrakt	**10ml**	**100ml**	**10ml**	**100ml**	**10ml**	**100ml**	**10ml**	**100ml**	**10ml**	**100ml**
Calendula	1,90	12,30	–	–	–	–	1,90	13,50	4,00	8,00
Hamamelis	2,05	14,50	2,50	17,00	–	–	1,90	13,50	4,00	8,00
Parfümöle für Cremes und Seifen	**10ml**	**50ml**	**10ml**	**30ml**	**10ml**	**50ml**	**10ml**	**50ml**	**10ml**	**30ml**
Rosenöl	3,60	15,60	3,20	7,00	3,40	13,50	3,50	8,40	8,50	18,50
Moschus	3,60	14,75	5,50	11,90	4,50	14,90	3,80	9,20	5,00	9,80
Opium	3,50	13,15	3,50	7,20	–	–	–	–	5,00	9,80
Sandelholz	4,20	18,55	4,90	10,50	6,50	19,50	7,20	17,20	4,40	7,40
Jasmin	1,95	7,45	6,30	15,50	6,30	18,90	–	–	5,00	9,80
Konservierungsstoffe	**10ml**	**50ml**	**10ml**	**50ml**	**10ml**	**50ml**	**10ml**	**50ml**	**10ml**	**50ml**
Euxyl K 100 (1:10 Konzentrat)	1,45	4,85	2,10	7,80	2,20	8,00	–	–	–	–
Aqua Conservans (Konzentrat für 5 Ltr.)	–	4,90	–	4,90	–	4,50	–	–	–	–
Sonnenfiltersubstanz	**10ml**	**50ml**	**10ml**	**50ml**	**10ml**	**50ml**	**10ml**	**50ml**	**10ml**	**50ml**
Parsol MCX	2,05	8,90	3,30	12,90	3,50	13,50	–	–	–	–

Seifenzutaten

	Spinnrad		Colimex		ALC		Stella		Heicos	
Seifengrundstoffe (Tenside)	**500g**	**1000g**	**500g**	**1000g**	**500g**	**1000g**	**500g**	**1000g**	**500g**	**1000g**
Zetesol 856 T	6,20	11,35	6,60	12,90	6,70	13,00	–	–	–	–
Lamepon S	6,25	11,95	6,80	13,50	6,80	13,00	7,40	14,00	17,80	28,00
Tego-Betain L7	6,55	12,70	6,70	13,00	6,70	13,00	8,80	16,80	9,80	16,80
Glycintensid bzw. -derivat Rewoteric AM-C/NM	6,85	12,95	9,80	15,50	9,60	15,00	–	–	–	–
Emulgatoren für Badeöle	**50ml**	**100ml**	**50ml**	**100ml**	**50ml**	**100ml**	**50ml**	**100ml**	**50ml**	**100ml**
Mulsifan CPA	1,60	2,90	1,80	3,20	2,00	3,40	–	–	–	–
Oxypon 288	1,70	2,85	1,80	3,20	–	3,10	–	–	–	–
Zusatzstoffe für Seifen und Shampoos	**100ml**	**500ml**	**100ml**	**500ml**	**100ml**	**500ml**	**100ml**	**500ml**	**100ml**	**500ml**
Verdicker (Rewoderm LI 420)	2,10	8,00	3,00	9,30	3,20	9,60	–	–	–	–
	50ml	**100ml**	**50ml**	**100ml**	**50ml**	**100ml**	**50ml**	**100ml**	**50ml**	**100ml**
Croquat L (Quat)	5,05	9,45	5,90	11,50	6,00	11,00	–	–	–	–
Incroquat Behenyl TMC	3,15	5,50	3,20	5,90	3,50	5,80	–	–	–	–
Nutrilan L (Eiweißhydrolysat)	1,45	2,50	2,90	5,60	3,20	5,80	–	–	–	–
Antischuppenwirkstoff	**10ml**	**50ml**	**10ml**	**50ml**	**10ml**	**50ml**	**10ml**	**50ml**	**10ml**	**50ml**
Pirocton-Olamin	5,50	24,50	10,30	33,10	9,90	32,10	–	–	–	–

Geräte

	Spinnrad		Colimex		ALC		Stella		Heicos	
Thermometer	**0-100°C**		**−10-150°C**		**−10-100°C**		**0-110°C**		**−10-110°C**	
	ab 8,95		12,50		13,50		12,50		19,50	
Cremedosen	**30ml**	**50ml**	**30ml**	**50ml**	**30ml**	**50ml**	**30ml**	**50ml**	**30ml**	**50ml**
	0,85	0,95	1,50	1,60	1,30	1,50	0,95	1,40	2,50	3,00
Bechergläser	**100ml**	**250ml**	**100ml**	**250ml**	**150ml**		**150ml**	**400ml**	**150ml**	**250ml**
	5,45	5,75	5,70	5,90	4,70		5,50	7,90	6,50	7,90

Waagen: Fa. Gottl. Kern & Sohn, Gartenstr.63, 7470 Albstadt 1, Tel.: 0 74 31 / 5 20 17; Hobby-Präzisionswaagen 150/73 301/0,05g. Stativ DM 131.– und 150/83 101/0,05g DM 92.– Fa. Spinnrad: Briefwaage bis 250g, 2g-Einteilung, ab DM 13,95 u. a.

Preise und Lieferbarkeit ohne Gewähr (Preisstand Oktober 1986).
Gewährleistung wird von den Autoren und vom Verlag nicht übernommen.

Register